生活技能 100

開始在關西
自助旅行

作者◎King Chen

太雅

☑垃圾(ゴミ)分類要做好！

理由：基本分類可分為可燃垃圾、不可燃垃圾兩大類，可燃垃圾分為紙類、塑膠袋、包裝物品及塑袋容器等，不可燃垃圾分為資源可回收垃圾(包括塑料、陶器、金屬、瓶子、鋁罐、玻璃等)及大型垃圾(包括沙發、床、櫃櫥、書架、桌子等)。通常飯店房間裡的垃圾桶會有兩個，一個為可燃垃圾桶，另一個為瓶罐類的垃圾桶，假設只看到一個垃圾桶的話，飯店服務人員打掃時會再進行分類。若在超商、便利商店及飲料販賣機旁的垃圾桶變得比較多，原因是又細部分類為可燃(報紙、塑膠袋等)、罐(カン)、瓶(ビン)、寶特瓶(ペットボトル)等。

☑靠左靠右大不同！

理由：不知道大家有沒有發現，關西地區各城市的民眾走路及上電扶梯的時候，靠左或靠右的方向都不相同，大阪人習慣靠右，但一離開大阪市區後，其他城市(如京都、神戶等)的民眾都是靠左邊，雖然日本政府有推廣電扶梯左右兩側都可以站著，不要用大步行走或跑衝的方式增加危險意外，不過對於趕時間的日本民眾與上班族來說，還是會讓開左側或右側，給其他人通行。

大阪地鐵內電扶梯
人行靠右

京都車站內電扶梯
人行靠左

☑浴衣(ゆかた)穿著要正確！

理由：飯店、溫泉旅館及民宿大多會提供公眾浴場或泡湯池的設施供客人使用，浴衣通常會放置在房間內的床上或衣櫃裡，穿著的方式為，浴衣右襟朝左內側至左腰部位，左襟朝右外側至右腰部位，再來綁腰帶繩。假如你穿著浴衣的方式為左襟朝右內側，右襟朝左外側的話，依照日本習俗規定為往生者的穿著方式，所以穿浴衣時，千萬不要穿錯方向哦！

浴衣右襟朝左內側至左腰部位

左襟朝右外側至右腰部位

☑鞋子與拖鞋放置方式要正確！

理由：鞋子左右兩邊需併攏，鞋尖朝外整齊放置；若放置鞋櫃的話，也是鞋尖朝外整齊放置。日式料理餐廳、日式民宿的出入門口處、日本城內天守閣的室內展示區，以及神社、神宮及寺院的主殿內等等，許多地方都需先脫鞋子才能進入屋內哦！飯店及民宿房間內都有提供室內使用的拖鞋，要前往浴場泡湯時，拖鞋也是鞋尖朝外整齊放在鞋櫃裡。

☑自來水生飲大丈夫(沒問題)！

理由：關西地區的自來水(日文稱為「水道水(すいどうすい)」需經過許多嚴格程序及檢驗才可以給民眾使用，所以水質乾淨、清潔，可以直接生飲。在任何公共場所，通常都會有免費的飲水設施提供給民眾飲水使用。若你喝不習慣自來水的話，可以自行前往便利商店或投幣式販賣機購買礦泉水哦！

編輯室提醒

出發前，請記得利用書上提供的Data再一次確認

每一個城市都是有生命的，會隨著時間不斷成長，「改變」於是成為不可避免的常態，雖然本書的作者與編輯已經盡力，讓書中呈現最新最完整的資訊，但是，我們仍要提醒本書的讀者，必要的時候，請多利用書中的電話，再次確認相關訊息。

資訊不代表對服務品質的背書

本書作者所提供的飯店、餐廳、商店等等資訊，是作者個人經歷或採訪獲得的資訊，本書作者盡力介紹有特色與價值的旅遊資訊，但是過去有讀者因為店家或機構服務態度不佳，而產生對作者的誤解。敝社申明，「服務」是一種「人為」，作者無法為所有服務生或任何機構的職員背書他們的品行，甚或是費用與服務內容也會隨時間調動，所以因時因地因人，可能會與作者的體會不同，這也是旅行的特質。

新版與舊版

太雅旅遊書中銷售穩定的書籍，會不斷再版，並利用再版時做修訂工作。通常修訂時，還會新增餐廳、店家，重新製作專題，所以舊版的經典之作，可能會縮小版面，或是僅以情報簡短附錄。不論我們作何改變，一定考量讀者的利益。

票價震盪現象

越受歡迎的觀光城市，參觀門票和交通票券的價格，越容易調漲，但是調幅不大(例如倫敦)，若出現跟書中的價格有微小差距，請以平常心接受。

謝謝眾多讀者的來信

過去太雅旅遊書，透過非常多讀者的來信，得知更多的資訊，甚至幫忙修訂，非常感謝你們幫忙的熱心與愛好旅遊的熱情。歡迎讀者將你所知道的變動後訊息，善用我們提供的「線上回函」或是直接寫信來taiya@morningstar.com.tw，讓華文旅遊者在世界成為彼此的幫助。

太雅旅行作家俱樂部

關西 Q&A

Q1 關西交通周遊券及周遊卡種類很多，該如何選擇？

：在選擇交通周遊券及周遊卡之前，要先了解你的飛機抵達關西機場的航班時間，住宿的地理位置距離哪個鐵路車站比較近，以及行程安排的景點有哪些，將行程規畫依天數排好之後，才能比較精確地選擇適合的交通周遊券及周遊卡(詳見P.52)，若你行程沒有規畫好，就直接買了很多交通券來使用的話，可能會造成使用率不高，以及不必要的金錢浪費哦！

Q2 大阪、京都、神戶、奈良地區住宿地點該如何選擇？

：建議住宿的地點，例如JR大阪、梅田、難波、天王寺、JR京都、京都烏丸、京都河原町、神戶、元町、三宮、JR奈良、近鐵奈良車站等附近，原因是交通便利，不管你從哪出發，都可以很快到達目的地(詳見P.90)。

Q3 大阪駅與「新」大阪駅、神戶駅與「新」神戶駅差別在哪？

：「新」大阪駅及「新」神戶駅都是可以搭乘新幹線的車站，而大阪駅與神戶駅都是搭乘JR特急、快速、普通等列車的車站。

※「駅」是指車站的意思。

Q4 關西地區的「JR西日本」、「私鐵」、「地鐵」有何不同？

：Japan Railways (簡稱JR)以前是日本國營鐵路，於1987年民營化之後，依地區範圍劃分為6家JR鐵路公司，其中JR西日本營運範圍包含關西地區。除了JR西日本鐵路之外，關西地區還有五大私鐵公司，分別為阪急電鐵、阪神電鐵、南海電鐵、京阪電鐵、近畿日本鐵道，以及三大市營(交通局)地鐵，分別為大阪地鐵、京都地鐵和神戶地鐵。

Q5 如何購買大阪環球影城入場票券？

：購買入場票券的方法如下：
1. 大阪環球影城現場售票處。
2. 環球影城官方網站購買(詳見P.173)。
3. 關西機場1F入境大廳Travel Desk或關西空港駅2F JR Office Ticket (綠色窗口)。
4. 與環球影城合作的日本飯店(僅住宿者才可購買)。
5. 與環球影城合作的旅行社、網路售票平台。
6. 旅行套票商城(美金或其他外幣計價)。
7. 日本Lawson便利商店內的Loppi機台。

Q6 遊客到京都遊玩時，有哪些和服租賃店(京都着物レンタル)可以選擇呢？

：提供租賃服務的店家很多，其中岡本織物(詳見P.144)、染匠きたむら及夢館是遊客最常去租賃的店家，通常租賃店只接受外國遊客使用官網線上登記或E-mail的方式預約。

岡本和服（中文）
http www.okamoto-kimono.com
染匠きたむら（中文）
http www.sensho-kitamura.jp/info/chinese.html
夢館（中文）
http www.yumeyakata.com/taiwan/index.html

So Easy 100

開始在關西自助旅行

作者、攝影	King Chen

總 編 輯	張芳玲
發想企劃	taiya旅遊研究室
編輯部主任	張焙宜
企劃編輯	邱律婷
特約主編	洪育奇
修訂主編	鄧鈺澐
封面設計	林惠群
美術設計	蔣文欣
地圖繪製	蔣文欣、涂巧琳
修訂美編	林惠群

太雅出版社
TEL：(02)2882-0755　FAX：(02)2882-1500
E-mail：taiya@morningstar.com.tw
郵政信箱：台北市郵政53-1291號信箱
太雅網址：http://taiya.morningstar.com.tw
購書網址：http://www.morningstar.com.tw
讀者專線：(04)2359-5819 分機230

出 版 者　太雅出版有限公司
　　　　　台北市11167劍潭路13號2樓
　　　　　行政院新聞局局版台業字第五〇〇四號

總經銷　　知己圖書股份有限公司
　　　　　106台北市辛亥路一段30號9樓
　　　　　TEL：(02)2367-2044／2367-2047　FAX：(02)2363-5741
　　　　　407台中市西屯區工業30路1號
　　　　　TEL：(04)2359-5819 FAX：(04)2359-5493
　　　　　E-mail：service@morningstar.com.tw
　　　　　網路書店 http://www.morningstar.com.tw
　　　　　郵政劃撥 15060393(知己圖書股份有限公司)

法律顧問　陳思成律師

印　　刷　上好印刷股份有限公司　TEL：(04)2315-0280
裝　　訂　大和精緻製訂股份有限公司　TEL：(04)2311-0221

四　　版　西元2020年02月10日
定　　價　390元
(本書如有破損或缺頁，退換書請寄至：
台中市工業30路1號　太雅出版倉儲部收)

ISBN　978-986-336-365-1
Published by TAIYA Publishing Co.,Ltd.
Printed in Taiwan

國家圖書館出版品預行編目資料

開始在關西自助旅行 / King Chen作. -- 四
版. -- 臺北市：太雅, 2020.02
　　面；　公分. -- (So easy；100)
ISBN 978-986-336-365-1(平裝)
1.自助旅行　2.日本關西
731.7509　　　　　　　　　108020368

作者序

從讀者角度出發，規畫關西之旅

記得我第一次到日本大阪、京都自助旅行的時候，心中充滿好奇與驚喜，當時不懂得規畫行程，也不懂如何搭乘交通工具，左手拿著日本關西地圖，右手拿著一本旅遊指南，就拉著行李開始自助旅行。旅行的過程中不知走錯了多少路？也不知花了多少時間迷路？當時語文能力不夠好，且完全不懂日語的我，使用人類的共通語言「微笑」，以及比手畫腳的方式來與當地商店購物、交通問路及點餐，就這樣迷迷糊糊地完成第一次自助旅行。之後，每一次的旅程都讓我深深體會當地生活及文化習俗，當然也累積了不少旅遊務實經驗。

隨著科技進步，網路資訊及分享旅遊的內容越來越多，加上廉價航空前往日本關西機場的航空班機普及，許多人也想試著選擇及體驗自助的方式旅行，但是卻往往都忘記一件事，就是規畫行程及交通路線要花很多時間做功課。準備功課對許多朋友來說有點困難，主要的原因是沒有想法、沒有方向、沒有時間準備，就算已經參考很多書籍及網路資訊，還是搞不清楚怎麼規畫？為了解決以上的問題及需求，經幾個月思考後，決定以讀者準備功課的角度來撰寫這本書的內容。

在寫作與拍攝外景的過程中，非常感謝親朋好友提供的照片及資訊。首先要感謝我的好友鐵道員，因為你對日本鐵道文化的熱愛，也漸漸讓我開始喜歡搭乘鐵道電車悠閒旅行；感謝美女 Emma Chen，除了親身體驗日式和服之外，也分享美美的外拍照片，提供給各位讀者參考與欣賞；感謝愛吃美食及逛街的 Herchyn Huang、KO桑、Evita Tsai、Penny Liao、Oiio Liao、Woody Liu、Neal Wu與Joyce等團友們，有你們的大力推薦，才有美味佳肴可以享用；感謝部落格的讀者們支持，這本書才有機會精采呈現；最後要感謝太雅出版社的編輯與工作團隊，謝謝你們與我一起努力製作。以上有大家的情義相挺及鼓勵，King Chen才能順利完成這本書的創作。

King Chen

K a n s a i · 關 西 地 區

關於作者

King Chen

　　大家都叫我King哥，很喜歡自己規畫行程到處旅遊探險及攝影，從西元2000年開始自助旅行，旅遊經驗豐富，日本是我最常去旅遊的國家，尤其是東京、大阪及京都，我很喜歡日本的風景、溫泉、人文歷史、鐵路電車、美食、3C電子產品等。近幾年，前往日本大阪、京都、神戶及奈良(關西地區)自助旅行的人非常多，人人都想嘗試自助規畫旅行，但往往因為沒有方向而傷透腦筋，不知道要如何著手準備行程、機票、交通車券、住宿等。為了幫助讀者可以很容易地準備好旅行功課，King哥將運用多年來的旅行經驗來撰寫這本旅遊工具書，幫助大家輕鬆照著書籍的行程，就能出發去旅行。

興趣及專長：旅遊行程規畫、專業攝影、電腦資訊工程、電腦3C愛好者
痞客邦部落格網站：King Chen旅遊札記
Facebook部落格網站：ikimasho travel notes
YouTube：King Chen旅遊講堂
獲得獎項：
痞客邦頒發第二屆休閒旅遊潛力獎(2015)

目 錄

84

住宿篇

32

機場篇

14

認識關西

20

行前準備

46

交通篇

94

美食購物篇

如何使用本書

行家密技

《開始在關西自助旅行》，是以針對前往日本關西自助旅行而設計的實用旅遊指南，規畫了9大主題單元，詳細介紹關西旅遊需知，以大量深入淺出、圖文步驟的教學，給予遊客適當的旅行建議，讓你一書在手，輕鬆探索京都、大阪、神戶、奈良四大城市風情。

★作者長年旅日的豐富經驗

擁有10年以上的日本旅遊經驗，深厚的旅行背景，教你如何自助玩關西。精選最熱門的玩樂景點、最推薦的美食購物、行家才知道的票券選購撇步，公開獨家的景點走法與行程建議，帶你探訪最迷人的關西。

★專治旅行疑難雜症

旅行一開始的準備規畫、辦護照、購買機票、安排行程、機場入出境手續、行李打包、如何搭乘各種大眾交通工具、打國際電話、如何選擇入宿，全都預先設想周到，並給予適當的指示和解答。絕對是害怕自助旅遊者的救星，自助旅遊愛好者的好幫手。

★實用資訊小專欄

證件哪裡辦、豆知識、行家密技、路上觀察、貼心小提醒等小專欄，提供給你各景點的玩樂撇步、旅行中必須知道的事情，給你最即時的旅遊情報。

Step by Step圖文解說

行前網路購票、搭機入境通關、各種交通工具搭乘接駁、住宿訂房，Step by Step圖解法，全部流程步驟化，文字與圖片搭配，易懂，操作容易。

貼心小提醒

旅遊行程規畫

針對不同城市，皆規畫有2～3種一日遊法，提供你自由組合自己自由行。

玩樂景點分量加倍

網羅四大城市各城市重要景點，京都的清水寺、金閣寺、三十三間堂、和服體驗；大阪的環球影城、大阪城、海遊館、黑門市場；神戶的北野異人街、明石海峽大橋、甲子園；日本國寶姬路城；奈良的東大寺、春日神社等地，外加大阪環球影城攻略、和服租借體驗教學，讓你一次將關西玩透透。

景點介紹

各地景點相關資訊，時代背景與特色等。

DATA資訊

地址、電話、營業時間、入場門票等統一整理，位置超清楚。

145 Traveling in Kansai So Easy!

南禪寺

春櫻秋楓時節的必遊景點

日本最早由皇室發願建造的禪宗最高寺院，寺內供奉釋迦牟尼、善財童士及十六羅漢等。當你來此禪寺，有許多景點為遊客必賞，包含寺外有兩層的三門(名為天下龍門，高約22公尺)、幽靜的大小方丈庭院(國寶)及水路閣，都是被列為日本京都重要文化遺產。水路閣(疏水)在建造的時候，據說參考古代羅馬時代的水道橋，以紅磚砌成，在明治時代的時候，民眾利用水路閣將琵琶湖的湖水送往京都，建置水力發電使用。而每年春天賞櫻、秋天賞楓紅的季節，此地已成為遊客必來景點。

DATA 京都市左京區南禪寺福地町 075-771-0365 12/1～隔年2/28、29為09:00～16:30；3/1～11/30為08:30～17:00 方丈庭園、三門各別收門票(一般日幣500円、高校生日幣400円、中小學生日幣200円)，南禪院(一般日幣300円、高校生日幣250円、中小學生日幣150円) www.nanzen.net 建議待50分鐘遊玩 參閱地圖P.145

玩樂篇

如何前往南禪寺

- 從JR京都駅可搭乘5巴士至南禪寺、永觀堂道站牌下車，步行約8分鐘即可抵達；或搭乘地鐵烏丸線至烏丸御池駅，再轉乘地鐵東西線至蹴上駅1號出口，步行約8分鐘即可抵達。
- 從河原町或祇園出發的話，可先步行10分鐘至三条京阪駅搭乘地鐵東西線蹴上駅1號出口，步行約8分鐘即可抵達。

銀閣寺、哲學之道、南禪寺建議步行路線
32、203、急行100、急行102 京都巴士銀閣寺前站牌
5、17、急行100 京都巴士銀閣寺道站牌
銀閣寺町
銀閣寺
白川通
法然院
よーじやCafé銀閣寺店
哲學之道
京都巴士東天王町站牌
204、203、5、急行100
熊野若王子神社
永觀堂禪林寺
南禪寺
隧道(Twisted Tunnel)
蹴上駅

1.從地鐵蹴上駅1號出口步行約1分鐘看到隧道(Twisted Tunnel)右轉進去可直達南禪寺／2.三門／3.水路閣(疏水)

景點路線走法地圖

周遭景點規畫走法，一清二楚。

京都巴士東天王町站牌
204、203、5、急行100
熊野若王子神社
巴士岡崎公園、動物園前站牌
5、急行100、急行110
市美術館
永觀堂禪林寺
都動物園
南禪寺
仁王門通
隧道(Twisted Tunnel)
蹴上駅

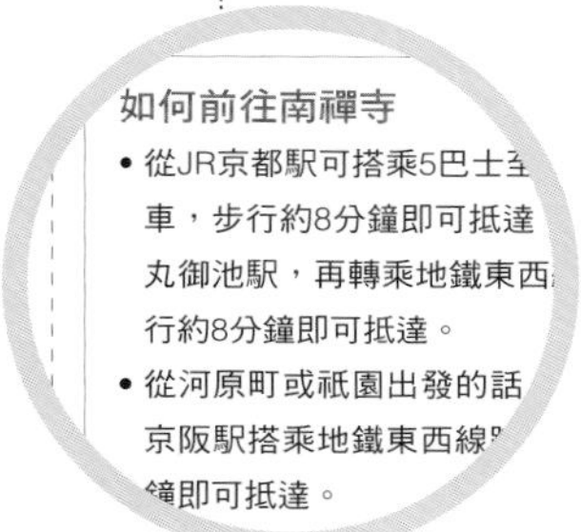

如何前往南禪寺
• 從JR京都駅可搭乘5巴士至
車，步行約8分鐘即可抵達
丸御池駅，再轉乘地鐵東西
行約8分鐘即可抵達。
• 從河原町或祇園出發的話
京阪駅搭乘地鐵東西線
鐘即可抵達。

交通資訊這裡查

多達4～5種的交通推薦，可從多個地區前往目標。

行家購買情報

多種伴手禮推薦，讓受禮者尤其難忘。

伴手禮推薦
仙貝餅乾
草莓白巧克力
福不倒翁餅乾
宇治茶葉

傳統市場
大阪 黑門市場
黑門中川スーパー
千成屋

地圖範例說明

景點	32、203、急行100 巴士站牌
旅館	鐵路駅
美食	出口5 鐵路駅出口
購物	

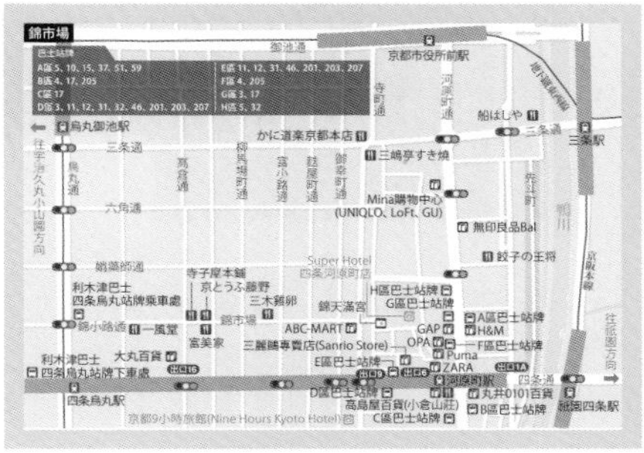

錦市場
御池通
京都市役所前駅
烏丸御池駅
三条通
かに道楽京都本店
三嶋亭すき焼
Mina購物中心(UNIQLO、LoFt、GU)
六角通
無印良品Bal
餃子の王将
蛸薬師通
寺子屋本舗
京とうふ藤野
三木鶏卵
錦天満宮
錦小路通
一風堂
錦市場
ABC-MART
富美家
三麗鷗專賣店(Sanrio Store)
GAP
H&M
OPA
Puma
ZARA
利木津巴士四条烏丸站牌乘車處
大丸百貨
四条烏丸駅
河原町駅
高島屋百貨(小倉山荘)
丸井0101百貨
祇園四条駅
京都9小時旅館(Nine Hours Kyoto Hotel)

特色商圈好買好逛

想要買最新時髦好物，挑選大阪難波、梅田、心齋橋，以及京都河原町商圈遊逛，必能買得開心；想品味傳統特色美食，不妨造訪京都的錦市場與奈良站周遭商圈。

京都
Kyoto
古色古香之美

古老神社秋楓紅葉之美，
令人讚歎不已！

京都茶道的文化不懂沒關係，
但是抹茶蛋糕及冰品一定要吃看看。

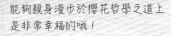

能夠親身漫步於櫻花哲學之道上
是非常幸福的哦！

大阪
Osaka
繁華都市之美

道頓堀、心齋橋商圈是購
物的天堂，想要逛到膩、
逛到走透透都很難，總之
就多來幾次吧！

來訪大阪必吃的美食！到處都
可以見到拉麵及章魚丸子燒等
店鋪，但哪一間店鋪有名又好
吃？看看排隊的人潮就知道。

環球影城是世界級的主題樂園，
不分男女老幼都能盡情地玩樂。

神戶 Kobe
港灣異國之美

北野異人街道保有濃濃
復古的歐美風情。

日本國寶級名城，
帶你探訪姬路白鷺城之美。

欣賞港灣美景，
感受神戶現代風情。

奈良 Nara
千年古都之美

奈良小鹿可愛指數破表，出國旅行就是
要懂得放鬆一下，若有機會來此看看小鹿的話，
可以療癒一下心靈哦！

奈良寺院的精神象徵，日本第一大青銅大佛。

認識關西
About Kansai

關西是什麼？地理位置在哪裡？

日本數百年來，政治、經濟、宗教及文化中心皆位於關西地區，
本篇介紹關西地理、歷史、氣候、航程等相關資訊，讓你初步認
識關西。

關西速覽

對關西地區的基本了解，加強對當地的認知。

📷 關西小檔案 01

地理 | 位於日本本州中部偏西地帶

日本關西(近畿)地區位於本州中部偏西，範圍為大阪府、京都府、兵庫縣、奈良縣、和歌山縣、三重縣、滋賀縣共2府5個縣構成，北邊是日本海，南邊面向瀨戶內海和太平洋。本書所介紹與內容的範圍為大阪、京都、神戶及奈良。

日本全圖與關西地區

📷 關西小檔案 02

歷史 | 日本古代政經重鎮暨眾多文化發源地

奈良時代大約始於8世紀初(西元710年)，日本當時是以天皇為權力中心所統治的集權國家，建都為平城京(現今奈良地區)，當時佛教文化興盛。

西元794年，奈良首都平城京遷移至平安京(現在的京都)進入平安時代，經歷貴族源氏及平氏兩大政治勢力的對抗，於12世紀末，源賴朝將平氏打倒，在鎌倉建立日本歷史上第一個幕府武士政權，也就是鎌倉幕府，當時大力推行佛教文化，各地成立許多佛教宗派，包括淨土宗、淨土真宗、時宗、臨濟宗等。於14～15世紀歷經了足利義滿將軍執政的室町時代、亂世戰國時代的名將織田信長，直到豐臣秀吉完成日本統一大業，並建立日本第一名城(大阪城)，大阪於是成為日本的政治及經濟中心。到了16世紀初，德川家康受封征夷大將軍，在江戶(東京)建立幕府政權，此後德川家族統治日本長達260多年。

代表性的傳統文化，包括茶道、花道、能劇、文樂、歌舞伎等發源地都來自關西地區，也擁有眾多的世界文化遺產與國寶，尤其每座神社寺院各具特色，可祈求事業順利、生意興隆、學業順利、愛情如意，以及身體健康等，除了感受一下祈福體驗，也有各種可愛Q版的御守(平安符)哦！

關西小檔案 03

氣候 | 春夏秋冬皆有迷人之處

日本關西地區的氣候四季分明，春夏秋冬4個季節的風景都有迷人之處，春季(3月～5月)及秋季(9月～11月)，氣溫早晚溫差大(約10～12℃的溫差)，白天你只要穿上長袖的上衣，外面再加上羽絨外套；清晨及夜晚較冷，可以再加穿一件毛衣，等到早上10點氣溫較高時，再脫下來。

夏季(6月～8月)，從6月分開始正是梅雨季節，降雨的機率較高，到了7月分至8月分的仲夏，最高平均溫度也有30幾度哦！你在白天及夜晚只需穿上短袖的上衣即可。

冬季(12月～2月)，氣溫大多在0～10℃以上，空氣較為乾燥，有時冷氣團來襲時，會有下雪的機會，若你到郊外山區旅行遇到雪地時，請小心行走不要奔跑，以免滑倒受傷。在白天及夜晚可以戴帽子、圍巾、手套，穿著厚外套(羽絨)，因日本電車、巴士、飯店及公共場所的室內都會開暖氣，外套可以先脫下，等到要外出再穿上。

關西小檔案 04

人口 | 人口負成長的老年化社會

依據日本總務省、厚勞省、大阪府、京都府及各縣市的人口動態調查結果顯示，因日本人口老年化及少子化等問題，近幾年的總人口數呈現負成長。日本關西地區總人口數約21,086,600人，包含大阪府人口約8,847,600人、京都府人口約2,608,000人、兵庫縣人口約5,521,000人及奈良縣人口約1,367,000人。

關西小檔案 05

語言 | 地方腔調各有特色

日本全國的語言為日語，通常大家在學校讀書修日文課，或日文補習班所學習的日語都以東京(關東)腔為主，而大阪腔的日語，一般俗稱為關西腔(関西弁)，若你有機會走訪鄉村，就會發現鄉村居民口中的日語，大多帶有獨特的腔調。

近幾年日本政府大力開放觀光，吸引世界各地的旅人來此購物及遊玩，你可以發現日本都市裡的知名服務業(百貨公司、電器賣場、藥妝店及服飾店等)都很重視英文、中文及韓文能力的人才，藉此服務外國遊客的需求，會讓你覺得溝通是零距離的哦！

日本關西地區平均溫度(每月)一覽表

月分及℃	1月	2月	3月	4月	5月	6月	7月	8月	9月	10月	11月	12月
平均高溫	9	10	13	20	24	27	31	33	29	23	17	12
平均低溫	2	3	5	10	15	20	24	25	21	15	9	5

關西小檔案 06

航程 | 僅約3小時的飛航距離

每家航空公司的飛機航班及航線所維持的飛行速度都不同，桃園機場到關西機場的距離約1,707公里，桃園機場飛往關西機場的航班時程約2小時30分鐘～2小時50分鐘左右；關西機場飛往桃園機場的航班時程約3小時10分鐘～3小時30分鐘左右。高雄機場到關西機場距離約1,975公里，高雄機場飛往關西機場的航班時程約2小時40分鐘～3小時左右；關西機場飛往高雄機場的航班時程約3小時20分鐘～3小時40分鐘左右。

關西航線圖

關西小檔案 07

時差 | 兩地差距1小時

比台灣早1小時(+1小時)，如日本上午08:00時，台灣則為早上07:00。使用傳統手錶者，記得手動設定調整時差，使用智慧型手機者，只要連上數據網路並開啟定位服務，就會自動與日本時間同步。

關西小檔案 08

電壓 | 插座以兩孔式為主

日本的插座是以兩孔式為主，電壓為100伏特(V)，你所攜帶的手機、相機充電器及行動電源(USB充電線、傳輸線)等電子用品的轉接器都可以使用兩孔插座，若要使用筆記型電腦的話，記得攜帶三孔轉接兩孔的插座裝置即可使用。

▲三孔轉接兩孔、USB轉接電源插座及USB轉接電源插座

關西小檔案 09

貨幣 | 最高面額 日幣10,000円紙幣

貨幣單位是日圓／元(JPY)、円(YEN)，貨幣符號為¥。日元硬幣有：1円、5円、50円、100円、500円。日元紙幣有：1,000円、2,000円、5,000円及10,000円。雖然有紙幣2,000円，但鮮少人使用。

認識關西

關西小檔案 10

假日 | 國定假期出國人潮眾多

通常日本國定假期時,在關西機場會看到正準備出國的人潮,還有日本民眾也會安排前往風景區旅遊,這時你會發現新幹線、特急列車,以及快速巴士的票券比較難訂得到,還有深受大眾喜愛的大阪環球影城,人潮相對也會比較多。其實在日本黃金假期這幾天還是可以安排前去旅行,若你主要的活動都是在購物中心及百貨商場的話,旅遊所受的影響程度不會很大。

日本國定假期的資訊整理如下

月分及日期	假日名稱
1/1	新年元旦(年底12/29～1/4新年假期)
1月的第二個週一	成人日
2/11	建國紀念日
3/20	春分之日(掃墓)
4/29～5/5	黃金週假期(4/29昭和天皇誕生日、5/3憲法紀念日、5/5兒童節)
7月的第三個週一	海之日(海洋節)
8/11、8/14～8/16	山之日、盂蘭盆節
9月的第三個週一	敬老日
9/22	秋分之日(掃墓)
10月的第二個週一	體育日(紀念東京奧運會)
11/3	文化日(明治天皇誕生日)
11/23	勤勞感謝日(感謝父母及每一位勞動者的辛勞)
12/23	日本天皇誕生日

(日本的法定節假日如逢週六或週日,則次日補假一天)

🍵 豆知識

神社、神宮要如何參拜?

日本關西地區有很多知名的神社都被列入世界文化遺產,或列入日本重要文化財,有些遊客會入境隨俗參拜一下,通常走到鳥居牌坊前都要先鞠躬後再走進去,參拜神明之前需要先淨心淨身。

步驟及方法如下:

 1 Step 右手取水杓,舀一瓢水,由掌心向指頭淋下,將左手洗淨。

 2 Step 左手拿著水杓,舀一瓢水,由掌心向指頭淋下,將右手洗淨。

 3 Step 右手持水杓舀一瓢水,放在左手掌心上,將水送至口中漱漱口後吐掉。

 4 Step 兩手將水杓垂直,將水杓的柄清洗乾淨。

走到主殿前有個賽錢箱(指的是香油錢),一般民眾會投入硬幣祈福,日幣5円(代表「ご緣」與神明結緣的意思)、10円(2枚5円,代表重疊的緣分)、15円(代表「十分ご緣」,滿滿的緣分)、45円(代表「始終ご緣がありますように」,願自始至終與神明結緣)。

賽錢箱的上方有個繫著鈴鐺的繩索,若心中有事祈求神明的話,可拉著繩索搖一兩下來呼喚神明,若沒有拉著鈴鐺的話,一般的拜禮的方式為二拜、二拍手一拜。

※「拜」是指鞠躬彎身行禮的意思。

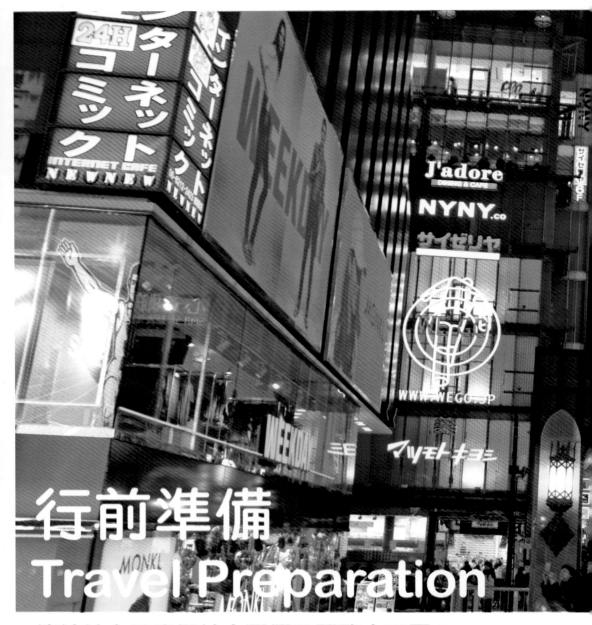

行前準備
Travel Preparation

傳統航空及廉價航空票價及服務大不同？

飛往日本關西之前，除了充滿期待與興奮的心情之外，
事前準備的項目與功課都不能馬虎，本篇將告訴你出發前需要準備哪些東西，
以及應要注意哪些重要事項！

旅遊資訊

蒐集相關資料，能幫助決定想要前往的地點。

日本關西地區一年四季都很美，每年3月25日～4月10日期間為春天賞櫻花旺季，每年11月15日～12月5日期間為秋天賞楓葉旺季，這兩段期間遊客人潮絡繹不絕。所以在此時購買的機票及住宿的費用也是最貴，不過遊客不會因為費用較高，而放棄前往觀光旅遊哦！畢竟每年的櫻花及楓葉是日本關西地區最值得欣賞的景色。

如何蒐集旅遊資訊？
Information

參考相關書籍雜誌

自助旅行的功課需要花很多時間安排與準備，實用的旅遊工具書籍及雜誌可以幫助你節省許多準備的時間，內容有包含行程規畫、航空機票、住宿地點、觀光景點等資訊。在旅遊的過程中，若有機會及空餘時間，記得到當地的觀光案內所或觀光情報所索取免費的資料，對你往後的旅遊規畫會有很大的幫助！

參考旅遊官方網站

善加運用網路資訊，許多日本觀光旅遊官方網站可以查詢，包含氣象、賞櫻花最前線、神社寺院、文化、景點、美食等資訊。

實用旅遊網站推薦

日本氣象廳(Japan Meteorological Agency)
🔗 www.jma.go.jp/jma/index.html

日本政府氣象單位所發布的消息，除了可以查詢天氣預測之外，也可查詢火山噴發、地震、積雪情報等資訊。

日本雅虎氣象
🔗 weather.yahoo.co.jp/weather

日本Yahoo提供天氣預測資訊，氣象預報人員網路Online說明，如天災、氣溫及降雨機率等。

日本旅遊與生活指南
🔗 tw.japan-guide.com

提供日本觀光資訊網站，介紹觀光景點、美食購物、交通路線、住宿等資訊。

日本政府觀光局中文版網站
🔗 www.welcome2japan.tw

可以查詢日本各大地區的美食、主題樂園、購物等資訊。

京都旅遊指南中文版網站
🔗 kyoto.travel/tw

京都文化交流會議局為旅遊相關團體、產業及京都市合作經營的民營機構,介紹京都觀光旅遊等資訊。

大阪旅遊指南(Osaka Convention & Tourism Bureau)

🌐 osaka-info.jp

由大阪觀光會展協會提供有關大阪觀光資訊網站,介紹最新的活動資訊、觀光景點、住宿設施、推薦路線等。

神戶旅遊指南/觀光網站Feel Kobe

🌐 feel-kobe.jp/_tw/useful

提供神戶觀光資訊網站,介紹美食購物、觀光景點、住宿設施、交通路線等資訊。

奈良市觀光協會中文網站

🌐 narashikanko.or.jp/tw

提供查詢奈良觀光資訊網站,介紹觀光景點(世界遺產)、傳統節日、交通路線等。

さくら開花予想

🌐 sakura.weathermap.jp

提供查詢每年日本全國櫻花開花預測情報及交通等資訊。

日本紅葉観るなび(日本観光振興協会)

🌐 www.nihon-kankou.or.jp/kouyou

提供查詢每年日本全國紅葉預測的情報及交通路線等資訊。

查詢電車時刻表

駅探ekitan時刻表

🌐 time.ekitan.com

提供JR電車、新幹線及私鐵交通時刻表查詢、車站地圖等交通資訊。

JRおでかけネット

🌐 www.jr-odekake.net

提供JR電車及新幹線交通時刻表查詢、車站設施、車票費用、地圖等交通資訊。

機票與航空公司
Airlines & Tickets

如何購買航空機票

洽詢旅行社購買機票。

航空公司的官方網站都有中文版,可直接上網連線購買機票。

航空公司網站

中華航空公司China Airline
🌐 www.china-airlines.com
長榮航空公司Eva Air
🌐 www.evaair.com/zh-tw/index.html
國泰航空Cathay Pacific
🌐 www.cathaypacific.com/cx/zh_TW.html
日航Japan Airlines - JAL
🌐 www.tw.jal.co.jp/twl/zhtw
全日空All Nippon Airways - ANA
🌐 www.ana.co.jp/asw/wws/tw/ch
捷星航空Jetstar
🌐 www.jetstar.com/sg/zh/home
樂桃航空Peach Aviation
🌐 www.flypeach.com/pc/tw
台灣虎航Tigerair
🌐 www.tigerairtw.com/zh-tw
亞洲航空AirAsia
🌐 www.airasia.com/zh/tw
菲律賓航空Philippine Airlines
🌐 www.philippineairlines.com/zh-tw/tc/home
中國東方航空CHINA EASTERN
🌐 tw.ceair.com/hk

訂票注意事項

若在航空公司網路刷卡購買機票者,有些航空公司為了保障信用卡持卡人權益,須攜帶購票的信用卡至機場Check-in櫃檯核對,相關規定請仔細瀏覽航空公司網站內容,以免權益受損。

行程規畫

從目的決定如何規畫自助行程。

日本是一個治安很好的國家,很適合安排自助旅行,在規畫的過程中,首先想想你的興趣是什麼、思考一下你想要去什麼景點遊玩,如果你喜歡購物美食、主題樂園、歷史文化遺產的話,大阪、京都、神戶及奈良是不錯的選擇。經參考相關旅遊書籍及蒐集網路資訊之後,就可以開始規畫你的行程了。

或許有些朋友是屬於隨性買機票、訂住宿及走景點的人,這種隨性的玩法也是旅遊的一種方式,但若能提早準備的話,就更事半功倍!

行程規畫Step by Step

Step ① 購買機票

機票購買完成後,這就代表你的旅行時程也確定了。因有幾間航空公司都可以提早360天以內選購機票,若你預定櫻花或楓葉季節前往,且又想買到便宜的優惠機票,建議在10個月前完成訂票。有的廉價航空公司有分夏季或冬季的機票方案,若想購買便宜的優惠機票,就需隨時注意各家航空公司官方網站的公告與通知,例如樂桃有分冬季機票(10/26～隔年3/25)約7月分開賣、夏季機票(3/26～10/25)約前年12月分開賣。

Step ② 住宿訂房

住宿的類型包含膠囊旅館、日式民宿、青年旅館、公寓式旅館、商務飯店及豪華大飯店(詳見P.86),可依你的住宿需求品質及價位,選擇出適合的住宿地點。

Step ③ 依天數列出想去的景點

在安排行程景點時,建議要以地區性為主,第一優先考量自身的體力與行動力,若是1～3人的小團體,建議一天內安排的景點約是3～4個景點,但景點之間的距離不能太遠;若是4～6人以上的團體,或者有年長者、年幼小朋友的話,建議一天內安排的景點約為2～3個地點比較適合。當然你也可以運用周遊券的路線圖來規畫旅行哦!

Step ④ 選擇適合的交通周遊券

依天數排好行程之後,就可以來研究關西地區有哪些交通周遊券在你旅行的過程中是比較適合的,除了交通費用可以比較省錢之外,還有些知名的景點門票及美食商店等,也有折價券可以使用哦!

旅行預算
Travel Budget

如果想要來一趟日本關西自助旅行的話，旅費要怎麼評估才會控制在你心目中的理想開銷呢？光是基本費用就包含機票、住宿、交通、飲食、門票等，由於每個人的消費習慣皆不相同，以下整理的內容僅供參考。

基本項目	內容	注意事項
機票費用 (以桃園機場出發為例)	**一般航空來回機票** 限制航班：例如早班去中午班回、下午班去早班回，或晚班去中午班回的航班經濟艙機票費用約新台幣9,000～18,000元(含稅)。 正常航班：例如早班去下午班回，或早班去晚班回的航班經濟艙機票費用約新台幣10,000～20,000元(含稅)。 **廉價航空來回機票(行李7或10公斤)** 紅眼航班：例如深夜班去清晨班回，或清晨班去清晨班回的航班經濟艙機票費用約新台幣5,000～12,000元(含稅)。 正常航班：例如早班去下午班回，或早班去晚上班回的航班經濟艙機票費用約新台幣8,000～16,000元(含稅)。	買機票的不二法門，就是越早購買會比較便宜，越晚購買有可能變貴，原因是限定的便宜機票賣完之後，接下來會依機位的狀況，調整機票的價錢。 廉價航空機票雖然便宜，但行李重量、件數、選機位、餐點等服務都須另外購買。 每年日本櫻花及楓葉季節月分，機票價錢都會比平常再貴一些。 農曆過年期間的機票價錢都會比平常價再貴一倍。 實際機票的價錢，以航空公司公告為主。
住宿費用	膠囊旅館及民宿：每人每晚的費用約為日幣4,000円～ 7,000円。 公寓式旅館：單人房每晚費用約日幣5,500円～9,000円。 　雙人房每晚費用約日幣8,000円～13,000円。 商務飯店：單人房每晚費用約日幣7,000円～10,500円。 　雙人房每晚費用約日幣8,500円～16,000円。 豪華大飯店：單人房每晚費用約日幣9,500円～16,000円。 　雙人房每晚費用約日幣16,000円～26,000円。	每年日本櫻花及楓葉季節月分，房價都會比平常再貴一倍。每週六及日本國定假日房價都會比平再貴一些。 實際房間價錢以飯店公告為主。
交通、門票及飲食	需詳細列出行程內容才能評估交通、門票及飲食費用。 門票費用與年齡有關，相關資訊彙整如下： 大人(12歲以上)、6～12歲為小人、6歲以下需大人陪同。 小學生(6年教育，6～12歲)。 中學生(3年教育，12～15歲)。 高中生(3年教育，15～18歲)。 一般(18歲以上)。	實際的門票價錢與規定，以現場公告為主。 若神社或遊樂園等地方的規定只標示至小學生以上需購買門票的話，那表示6歲以下可免費入場，大阪環球影城則是4歲以下可免費入場。

證件準備

出發前記得備好護照，日本可免簽證入境停留90天。

申辦護照

Passport

以觀光、出差或探親等目的前往日本可免簽證入境及停留90天，首次申請普通護照者，本人必須先親自前往戶政事務單位辦理「人別確認」的證明後，再親自或委任代理人(旅行社)前往領事事務局或外交部辦事處辦理普通護照。

■ 申請護照必備文件

☐ 身分證正本及正、反面影本各乙份。

☐ 近6個月內所拍攝彩色半身、正面、脫帽、五官清晰、白色背景的相片(直4.5公分、橫3.5公分，不含邊框)乙式2張。

☐ 護照申請表1份。

☐ 男性須提供相關兵役證明。

☐ 新臺幣1,300元。未滿14歲者為新臺幣900元。

☐ 未滿14歲者首次申請護照應由法定代理人、直系血親尊親屬或旁系血親三親等內親屬陪同親自辦理，陪同辦理者應繳驗國民身分證正本及影本，並提供最近3個月內申請的戶口名簿或戶籍謄本。

申辦護照工作天數(自繳費之次半日起算)：一般件為4個工作天；遺失補發為5個工作天，詳細的申辦資訊請參閱外交部領事事務局網站：www.boca.gov.tw。

護照辦理地點

辦事處	地址／電話
外交部	10051台北市中正區濟南路1段2之2號3～5F／(02)2343-2888
中部辦事處	40873台中市南屯區黎明路2段503號1F (04)2251-0799
雲嘉南辦事處	60045嘉義市東區吳鳳北路184號2F (05)225-1567
南部辦事處	80143高雄市前金區成功一路436號2F (07)211-0605
東部辦事處	97053花蓮縣花蓮市中山路371號6F (03)833-1041

＊詳情查詢外交部領事事務局全球網www.boca.gov.tw。

日文駕照譯文本這裡辦

辦理地點：監理所
證件：身分證、汽車駕照
費用：新台幣100元

＊以上資料時有異動，出發前請再次確認。

使用日文駕照譯文本小提醒

■ 在日本租車需準備汽車駕照、護照及日文駕照譯文本。

■ 日文駕照譯文本期限為一年，若國內駕照已逾有效日期，或者名字、戶籍地址等資訊異動的話，應先準備1吋相片1張及費用新台幣200元至監理處辦理更換駕照。

■ 相關資訊可參考公路總局一覽表，網址：www.thb.gov.tw。

匯兌預算

日幣波動大，機場銀行有24小時服務。

兌換日幣
Currency Exchange

前往日本之前，應先去銀行(外匯指定)兌換日幣(紙鈔)，各家銀行的日幣匯率不同，有的銀行匯率較低，但會多收一筆手續費，有的銀行雖然匯率高了些，但不收手續費，總之預先兌換好日幣才是王道。也可以於出發當天在機場的臺灣銀行或兆豐銀行櫃檯窗口(24小時服務)兌換日幣。

日幣對台幣匯率在2011年時為曾經飆到0.38～0.39，之後日本政府開始施行貨幣寬鬆政策後，於2015年6月分匯率曾短暫降為0.24～0.25，近幾年匯率波動很大，依據2020年1月分日幣對台幣的匯率約為0.27～0.31之間。兌換日幣之前，請先瀏覽銀行外幣匯率查詢的網站。

▲ 指定外匯銀行

信用卡消費
Credit Card

近幾年外國觀光遊客前往日本旅遊的人數日益增多，在日本使用信用卡消費已相當普遍，使用的範圍包括百貨購物商場、知名品牌服飾店、電子3C量販店、飯店住宿、餐廳等，可使用的信用卡種類包括Visa、MasterCard、Amex(美國運通卡)、JCB、Diners(大來卡)、中國銀聯卡等，只要店內有標示信用卡公司的標記或貼紙，都可以使用相關的信用卡。

▲ 店內標示信用卡公司的標記

短少現金怎麼辦？
Short of Cash

在日本關西旅行的途中發現身上沒有現金怎麼辦？此時必須尋找有支援Visa或MasterCard等金融卡功能的跨國ATM提款機，才可以提領現金。

跨國提款步驟Step by Step

Step 1 跨國提款功能的ATM

先尋找有支援金融卡跨國提款功能的ATM提款機，通常在國際機場、便利商店、百貨公司及大型購物中心都有設置跨國ATM提款機。

Step 2 使用提款卡或信用卡

將提款卡或是信用卡(含有跨國提款或預借現金功能)插入ATM提款機內。

Step 3 選擇語言

選擇語言，選擇「中文」(為簡體中文)。

Step 4 選擇取款

畫面上會出現「取款」或「餘額查詢」的選項，請選擇「取款」。

Step 5 選擇項目

畫面出現「信用帳戶」、「儲蓄帳戶」以及「支票帳戶」3個選項，若使用信用卡預借現金，請選擇「信用帳戶」，若是使用提款卡則選擇「儲蓄帳戶」。

Step 6 輸入密碼

Step 7 選擇提款金額

Step 8 顯示交易處理中的畫面

Step 9 退出卡片及交易明細表

Step 10 取現金紙鈔

▲跨國金融卡片的標誌

▲7 bank銀行有支援跨國提款服務

▲關西機場ATM提款機

日本ATM提款小提醒

- 全前往日本關西之前，須先前往銀行確認與申請國外提款密碼。
- ATM提款機一定要有Visa或MasterCard等金融卡的標示才有支援跨國提款現金的服務。
- 現金提款的金額以萬為單位，例如10,000JPY、20,000JPY、30,000JPY、50,000JPY，每次提領上限為5萬円，金融卡提款金額每日最高可提領10萬円，銀聯卡每日最高可提領20萬円。
- ATM提領現金須支付銀行匯率費用及手續費用。

行李打包

一般航空與廉價航空的免費行李重量不同。

重量規定
Baggage Allowance

　　每家航空公司對行李重量及大小尺寸的規定都不同，一般搭乘傳統航空經濟艙的遊客託運行李重量為30公斤，隨身手提行李為7公斤；廉價航空隨身行李有尺寸及重的限制，並且隨身行李+手提行李基本總重量需在7或10公斤內，託運行李則另外購買方案或行李的總重量公斤數。

行李飛安規定
Aviation Regulations

　　近幾年飛行安全的規定要特別遵守，隨身行李攜帶規定應注意下列事項：

- 每名旅客僅能攜帶1個附有密封夾鍊的透明塑膠袋，容量不可超過1升。
- 身上或隨身行李內所攜帶之液體(例如眼藥水)、膠狀及噴霧類物品之容器，其體積不可超過100毫升，並妥善放入透明塑膠袋內。
- 打火機(每人限攜帶1個)及電子香菸需妥善放入透明塑膠袋內，並出示給安檢人員檢查，再放入置物籃子內進行X光機檢查。
- 醫藥用品器材及特殊食物用品(例如嬰兒奶粉、尿片、奶瓶等)，須與隨身手提行李分開檢查。
- 手機及相機的鋰電池、電池類及行動電源等，請隨身攜帶放入手提行李內。

行李打包技巧建議
Packing

- 可將你的日常生活用品整齊地分裝在夾鏈袋裡。
- 可將平價的衣服、褲子、襪子及圍巾對折，然後捲起圓筒狀，整齊放入收納袋。鞋子或收納盒等物品可放在行李箱下層。
- 若衣服、褲子、襯衫等怕被壓皺的話，可折好平疊放在行李箱上層。
- 可將藥品及瓶罐塞入衣物空隙裡，可預防行李託運時，避免物品擠壓及位移。
- 假如行李超重裝不下時，可另準備一個手提行李袋放置物品。

▲衣物折好平疊或捲起圓筒狀　　▲20吋行李箱+手提袋

行家密技　**日航託運行李有好康**

日航經濟艙等的遊客隨身手提行李為10公斤，行李可託運2件各23公斤，使得日航優惠機票公告開賣時，往往沒多久就被買光了。

管制物品需知
Control Articles

隨身行李限制

台灣前往日本的相關限制：

- 各種刀具及帶刃物品(例如剪刀、劍、小折刀、指甲剪及任何銳利刀具等)。
- 武器(例如玩具槍、鞭子、雙節棍、警棍等)。
- 運動設備(例如大型三腳架、棒球棒、高爾夫球棒、曲棍球棒、撞球桿等)
- 尖銳物品類(如金屬或木製的長雨傘、自拍棒)。

日本關西機場登機限制：

　日本政府有規定，禁止隨身攜帶液體物品登機，包含：有奶油的蛋糕、味噌、醬菜、優酪乳、果凍、布丁、牙膏、洗髮精及沐浴乳等。

　通常廉價航空公司規定禁止攜帶外食，相關規定請洽所搭乘的航空公司。

攜帶、託運行李限制

- 炸藥、槍械武器、煙火和照明彈。
- 保險箱內含煙火產品。
- 壓縮氣體(易燃、不可燃的或有毒的)，例如：丁烷、丙烷、水中呼吸器氣瓶、打火機燃料或補充劑。
- 易燃液體，例如：油漆和粘合劑。
- 易燃固體，例如：安全火柴和易點燃的物品。
- 行動抑制設備，例如：荳蔻香料或辣椒噴霧器等裝有刺激物質的設備。
- 劇毒藥品，例如：殺蟲劑。
- 腐蝕性物質，例如：水銀(可能包含在溫度計或血壓計中)、酸、鹼和濕電池。
- 活體豬、豬肉製品等可傳播該疫病之動物產品。

行李清單
Packing List

　前往搭乘飛機之前，生活用品及衣物都放入行李了嗎？許多人都會急急忙忙地在出發前一天整理行李，下列清單提供確認與勾選。

√	隨身行李清單
	護照、電子機票、廉價航空機票購買證明(包含購買編號或條碼)
	手機、行動電話、租賃Wi-Fi機、SIM卡、網路分享器等
	相機、平板電腦、筆電、記憶卡、電池、行動電源
	胃藥、暈車藥、感冒藥、過敏藥
	錢包、信用卡、提款卡、新臺幣、日幣
	日本租車(汽車駕照、日文駕照譯文本)
	行程規畫(書及地圖)、筆記本(含蓋紀念章使用)、筆、訂房證明等資料
	太陽眼鏡、帽子、圍巾

√	託運行李清單
	生活清潔用品 (牙刷、牙膏、洗面乳等)、隱形眼鏡清潔用品、換洗衣服、免洗用品、外套、羽絨衣、摺疊雨傘
	化妝水、面膜、眉筆、粉餅、眼線筆、睫毛膏、假睫毛、腮紅、口紅、髮蠟、卸妝用品等
	護髮霜、護唇膏、乳液、護手霜、眼藥水、防蚊乳液、防曬用品等
	充電器、自拍棒

指指點點日文

行前準備

搭乘交通工具時

售票處在哪裡？
切符売り場はどこですか？
Kippuuriba wa doko desuka

我買2張去大阪的車票。
大阪行きの切符を2枚ください。
Osakayukinokippu o nimai kudasai

單程／往返
片道／往復
Katamichi / Ofuku

我要自由席(非對號入座)。
自由席をお願いします。
Jiyuseki o onegaishimasu

我要靠車窗的座位。
窓側の席をお願いします。
Madogawanoseki o onegaishimasu

何時發車？
何時に出発ですか？
Nanji ni shuppatsu desuka

現在是在哪裡？
いまはどこですか？
Ima wa doko desuka

下一站是哪裡？
次の駅はどこですか？
Tsuginoeki wa doko desuka

請送我到這個地址。
この住所までお願いします。
Kono jusho made onegaishimasu

請在這裡停車。
ここで止まってください。
Koko de tomattekudasai

購物血拼時

這個多少錢？
これはいくらですか？
Kore wa ikura desuka

我要這個。
これをください。
Kore o kudasai

請包裝一下。
包装をお願いします。
Hoso o onegaishimasu

在哪裡付款？
支払いはどこですか？
Shiharai wa dokodesuka

可以使用信用卡嗎？
クレジットカードは使えますか？
kurejitto ka-do wa tsukaemasuka

可以試穿嗎？
試着してもいいですか？
Shichaku shitemo iidesuka

有免稅嗎？
免税になりますか？
Menzei ni narimasuka

餐廳用餐時

有中文菜單嗎？
中国語メニューはありますか？
Chugokugomenyu- wa arimasuka

請幫我換個叉子(盤子／餐刀／筷子)。
フォーク(取り皿・ナイフ・箸)を下さい。
Fo-ku (torizara / naifu / hashi) o kudasai

機場篇
Airport

不管你搭乘哪一家航空飛機前往關西機場，
航班訊息和機場出入境程序都要知道。

本篇介紹關西機場出入境須知的注意事項、機場環境、交通設施及購票地點，
以及說明如何搭乘交通工具往返大阪、京都、神戶及奈良的方法。

前往機場

了解機場各項設施，往來提供許多便利。

前往桃園國際機場
Taoyuan Airport

捷運

可搭乘機場線(台北火車站A1～環北站A21)前往桃園國際機場站(A12機場第一航廈站、A13機場第二航廈站)。

客運巴士

提供台北、新店、板橋、三重、桃園、中壢、台中、彰化等地區往返，客運巴士的種類包含國光客運、統聯客運、大有巴士、建明客運(飛狗巴士)、長榮巴士、桃園客運、葛瑪蘭客運等前往桃園機場。

高鐵接駁巴士

從桃園高鐵站5號出口至客運轉運站1號月台搭乘705統聯客運前往桃園機場。

開車

從中山高(國道1)，或北二高(國道3)接往國道2至桃園國際機場方向即可抵達。

桃園國際機場第三航廈建設施工，部分路段將會不定期封閉施工，請駕駛人依交通標誌小心行駛，並建議遊客提早出發，以免延誤行程。

前往高雄國際機場
Kaohsiung Airport

捷運

可搭乘捷運紅線(南岡山～小港)前往高雄國際機場站(紅線R4站)，6號出口通往國際線航廈。搭乘台鐵或高鐵至新左營站後，轉搭捷運紅線(南岡山～小港)高雄國際機場站(紅線R4站)，6號出口通往國際線航廈。

開車

從中山高經五甲交流道，再前往高雄端下交流道左轉方向，沿著台17西部濱海公路中山四路直行即可抵達。

♥ 開車 小提醒

開車者請參考各家銀行的信用卡機場接送及免費停車方案，連續假期機場車位容易爆滿，建議搭乘大眾交通工具前往機場。

辦理登機手續
Check-in

請於班機起飛前2～2.5個小時之內，向所搭乘之航空公司報到櫃檯辦理完成報到手續。

出境步驟 Step by Step

Step ① 前往機場航空櫃檯報到 (Check-in)及託運行李

請出示你的護照及訂票證明(包含訂購編號、條碼或QR Code)。有些航空公司規定,若你在官方網站訂購機票的話,請務必攜帶當時購票所使用的信用卡至航空櫃檯核對,否則航空公司將會拒絕旅客搭機,補救之相關方法,請洽詢各航空公司的服務櫃檯。託運行李將運送至X光機掃描及安全檢查。

▲ 查詢航空公司櫃檯

▲ 前往航空櫃檯報到及託運行李

Step ② 檢查隨身行李

走進安檢閘道門前,安警人員會先掃描你的電子機票上的條碼,並請你排隊將隨身物品(包含外套夾克、大衣、平板電腦、筆記型電腦及金屬物品等)放置籃中,進行X光機掃描及安全檢查。若是行動不便者想預訂輪椅與輪椅託運服務時,可在48小時前與航空公司連絡,並請求協助。

Step ③ 出境審查護照

到出境審查的關卡時,可選擇自動查驗通關服務(E-Gate)及人工查驗櫃檯通關服務。

Step ④ 前往登機門

請於飛機起飛30分鐘之前到候機處等候,聽從空服人員的指示登機。

自動查驗通關服務(E-Gate)

申請資格與方法:

須年滿14歲、身高140公分以上;在台灣有戶籍國人或具有台灣居留資格且有多次入出境許可證件之外籍人士,需準備護照及身分證(或駕照、健保卡)或居留證,機場申請地點為移民署櫃檯(桃園機場、松山機場、高雄機場、台中機場、金門水頭港)

自助報到機台服務

旅客可使用自助報到機台,更方便快捷地辦理登機報到手續。

提供自助報到櫃檯服務之航空公司包括中華航空(CI)、長榮航空(BR)、達美航空(DL)、聯合航空(UA)、全日空航空(NH)、國泰航空(CX)等。登記時只須依照以下簡單步驟進行:

▲ 自助報到機台

Step ① 選擇航空公司,放入護照掃描資料或輸入電子機票編號,以檢索航班資料。

Step ② 選擇座位,列印登機證。

Step ③ 前往指定行李託運櫃檯,登記寄存行李。

Step ④ 前往辦理出境手續。

入出境手續

出入境卡可事先於機上填寫完畢，方便下機後直接辦理。

入境步驟 Step by Step

填寫出入境卡(ED卡)的內容時，請依卡片的內容指示填寫英文或中文。

Step 1 在飛機上填寫ED卡

若你在飛機上已拿到ED卡的話，建議你在抵達日本關西機場之前，請填寫完畢「外國人入國記錄」及「海關申告書」的內容。

Step 2 出示ED卡

入境審查時，請在外國人審查區排隊辦理按指紋及拍攝大頭照，完成後繼續排隊，將外國人出入境卡(ED卡)及護照交給入境審查官檢查。

Step 3 查詢行李領取資訊

入關後，請查詢行李領取資訊(Baggage Information)。

Step 4 通關

領取行李後，將海關申告書及護照交給海關人員檢查(海關可能會抽檢你的行李)，檢查通過後，就可以開始旅行了。

入境小提醒

- 若飛機抵達關西空港第一航廈的話，會搭乘一段接駁電車前往入境審查。
- 在機場內的入境審查廳旁有設置ED卡填寫專區。
- 年滿16歲以上的旅客入境日本都要按兩手食指指紋與拍攝大頭照片。
- 入境審查時須依指示按兩手食指指紋(記得依照螢幕畫面上的指示操作)，最後眼睛要看鏡頭拍攝大頭照片。
- 每個人的入國紀錄卡及海關申告書的內容一定要填寫完整，不能空白，小朋友的部分，大人可以代理填寫。
- 填寫ED卡出生年月日的欄位，例如1985年6月12日出生，請填寫「12/06/1985」。
- 海關申告書可同一個家族填寫一份。
- 填寫海關申告書職業欄位，例如銀行會社員、學生Student、IT會社員等。

▲查詢行李領取資訊

外國人入國記錄卡填寫範例

外国人入国記録　DISEMBARKATION CARD FOR FOREIGNER　外國人入境記錄卡

英語又は日本語で記載して下さい。Enter information in either English or Japanese. 請用英語或日語填寫　【ARRIVAL】

氏名 Name 姓名	Family Name 姓的拼音　陳 或CHEN		Given Names 名的拼音　明 或MING	
※ 生年月日 Date of Birth 西元出生年月日	Day 日 Month 月 Year 年 1 2 0 6 1 9 8 5	現住所 Home Address 家庭住址	国名 Country name 國名 台灣 或Taiwan	都市名 City name 城市名 台北 或Taipei
渡航目的 Purpose of visit 入境目的	□ 観光 Tourism　□ 商用 Business 商務 □ 親族訪問 Visiting relatives 探親 □ その他 Others (　　　) 其他		航空機便名・船名 Last flight No./Vessel 抵達的航班、船名	BRXXX
			日本滞在予定期間 Intended length of stay in Japan 預定停留期間	7天
日本の連絡先 Intended address in Japan 日本的聯繫地址	大阪酒店　大阪府大阪市XXXX區 XXXX 1-X-X		XXXX TEL 電話號碼	06-××××-××××

裏面の質問事項について, 該当するものに を記入して下さい。 反面的提問事項, 若有符合的請打勾
Check the boxes for the applicable answers to the questions on the back side.

1.日本での退去強制歴・上陸拒否歴の有無 Any history of receiving a deportation order or refusal of entry into Japan 在日本有無被限制遣返和拒絕入境的經歷	□はい Yes 是	□いいえ No 否
2.有罪判決の有無（日本での判決に限らない） Any history of being convicted of a crime (not only in Japan) 有無被判決有罪的紀錄(不僅限於在日本的判決)	□はい Yes 是	□いいえ No 否
3.規制薬物・銃砲・刀剣類・火薬類の所持 Possession of controlled substances, guns, bladed weapons, or gunpowder 持有違禁藥物、槍炮、刀劍類、火藥類	□はい Yes 是	□いいえ No 否

以上の記載内容は事実と相違ありません。　　以上所填內容屬實無誤
I hereby declare that the statement given above is true and accurate.

署名 Signature　　　　簽護照的中文或英文名字

※ 請參照您護照上的出生西元年月日，以日、月、西元年的順序填寫。出生西元年請填寫四碼數字。(例如1985年6月12日出生，請填寫「12/06/1985」)

E.D.No. 出入国記録番号　　区分
AAAA2280202　　　　61

【質問事項】[Questions] 提問事項

1 あなたは, 日本から退去強制されたこと, 出国命令により出国したこと, 又は, 日本への上陸を拒否されたことがありますか?
Have you ever been deported from Japan, have you ever departed from Japan under a departure order, or have you ever been denied entry to Japan?
你是否曾經遭受日本政府的驅逐出境、因出國命令而出國或被拒絕登陸日本?

2 あなたは, 日本国又は日本国以外の国において, 刑事事件で有罪判決を受けたことがありますか?
Have you ever been found guilty in a criminal case in Japan or in another country?
你在日本或在日本以外的國家是否受到過刑事案件的有罪判決?

3 あなたは, 現在, 麻薬, 大麻, あへん若しくは覚せい剤等の規制薬物又は銃砲, 刀剣類若しくは火薬類を所持していますか?
Do you presently have in your possession narcotics, marijuana, opium, stimulants, or other controlled substance, swords, explosives or other such items?
你現在是否攜帶麻藥、大麻、鴉片、興奮劑等毒品, 或槍枝、刀劍或火藥等物品?

出境步驟Step by Step

外國人士於2016年4月1日開始，不需再填寫出入境紀錄卡中「出境」的內容，只需要出示護照辦理出境審查。

Step 1 前往機場航空櫃檯報到(Check-in)及託運行李

在飛機起飛之前2小時抵達機場，查詢Departures Information，前往航空櫃檯報到(Check-in)辦理登機手續及託運行李。

出境小提醒

1. 日本機場新規定，筆電、平板、相機等電子裝置放到託運行李內時，必須完全關機，以防止進入睡眠模式的機器無預警啟動。
2. 為了避免鋰電池因衝擊遭受到破壞，規定使用防震緩衝包裝材料或使用衣物保護電子裝置，須放進堅固的行李箱內。
3. 日本開放台灣護照可使用自動通關設施出境。

若違反以上規定，當局將可處以最高日幣50萬元的罰緩。

Step 2 檢查隨身行李

檢查隨身行李(包含外套夾克、金屬手錶、智慧手錶、大衣、平板電腦、筆記型電腦及金屬物品等)放置籃中，進行X光機掃描及安全檢查。

Step 3 處理免稅商品

若你有買免稅商品，請記得撕下護照上的免稅單據，並交給稅關櫃檯的人員。

Step 4 出境審查

出境審查時，請在審查區排隊及等待，可選擇自動通關或將護照交給移民官檢查。

Step 5 等候登機

前往登機門的候機區休息，等待機場廣播及空服人員通知登機訊息。

▲搭乘樂桃航空者，要先到機台報到(右側)，檢查及託運行李(左側)

▲樂桃航空專屬機台　　　▲護照掃描器

關西機場介紹

共分4層與2個航廈,旅客進出便利。

關西空港第一航廈
Terminal 1

世界各國的航空飛機大多都飛往日本關西國際機場第一航廈,飛機起降及運作範圍包含日本國內航線及國際航線。第一航廈範圍包含國際航線入境大廳、國內航線出入境大廳、商店及餐廳及國際航線出境大廳。

▲ 關西旅遊訊息服務中心(Travel Desk)

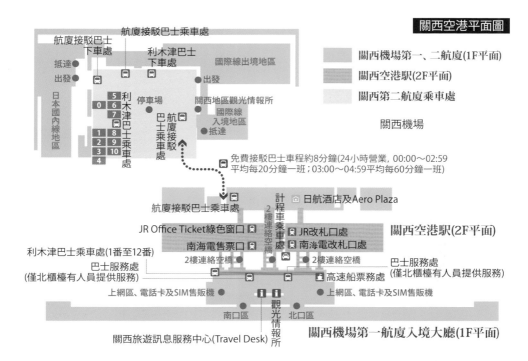

關西空港平面圖

- 關西機場第一、二航廈(1F平面)
- 關西空港駅(2F平面)
- 關西第二航廈乘車處

關西機場

航廈接駁巴士下車處
航廈接駁巴士乘車處
抵達
出發
利木津巴士下車處
國際線出境地區
出發
日本國內線地區
5 利木津巴士乘車處
0 6
7
1 8
2 9
3 10
4
停車場
航廈接駁巴士乘車處
關西地區觀光情報所
國際線入境地區
抵達

免費接駁巴士車程約8分鐘(24小時營業,00:00～02:59平均每20分鐘一班;03:00～04:59平均每60分鐘一班)

日航酒店及Aero Plaza

航廈接駁巴士乘車處
計程車乘車處
2樓連絡空橋

JR Office Ticket綠色窗口
JR改札口處
關西空港駅(2F平面)

南海電售票口處
南海電改札口處

利木津巴士乘車處(1番至12番)
2樓連絡空橋
2樓連絡空橋
巴士服務處(僅北櫃檯有人員提供服務)

巴士服務處(僅北櫃檯有人員提供服務)
高速船售票務處

上網區、電話卡及SIM售販機
上網區、電話卡及SIM售販機

南口區
觀光情報所
北口區

關西旅遊訊息服務中心(Travel Desk)
關西機場第一航廈入境大廳(1F平面)

第一航廈各樓層的設施與服務資訊

樓層	機場設施與服務
1F 國際航線入境大廳	觀光情報諮詢中心、Travel Desk、租車預約、行李託運、電話卡及手機SIM卡購買或租賃等服務；大廳外面提供飯店接駁巴士、機場巴士及計程車等服務
2F 國內航線出入境大廳	KIX機場休息室、星巴克、麥當勞、餐廳(拉麵、蛋包飯、壽司等料理)、すき家及町家小路等商店
3F 商店及餐廳	UNIQLO、無印良品、DAISO、藥妝店、書店、相機電子3C產品等；餐廳的部分有中華、日式、韓式料理等，還有休息室及貴賓室
4F 國際航線出境大廳	各航空公司辦理登機的櫃檯、星巴克及英國屋

第一航廈利木津巴士乘車處(1～12號，位於航站大樓外)

乘車處 (番號)	前往地點
1	關西機場展望車站
2	淡路、鳴門、德島、南海難波車站(深夜巴士)
3	和歌山、南港、天保山(海遊館)、環球影城
4	尼崎、西宮
5	大阪車站前、茶屋町、姬路、加古川
6	神戶三宮
7	心齋橋、天王寺(阿倍野Harukas)
8	京都車站八條口、京都市內
9	JR奈良駅、近鐵奈良駅
10	東大阪長田駅、京阪守口、枚方
11	難波(OCAT)、岡山
12	臨空城、高速船碼頭

▲第一航廈1F大門外可搭乘利木津巴士及計程車

▲第一航廈利木津巴士服務及團體售票櫃檯

▲藥妝店(3F商店街)

▲第一航廈利木津巴士售票機

▲第一航廈利木津巴士11番乘車處

關西空港第二航廈
Terminal 2

目前只有樂桃、春秋航空國際航線及國內航線置設在第二航廈，登機出入口及櫃檯都設置在1F大廳，另外也有設置觀光情報所、銀行外幣兌換。大廳門外的交通工具可以選擇搭乘利木津巴士前往關西各大城市及觀光景點。

因第二航廈沒有設置鐵路車站，所以需搭乘接駁巴士前往關西空港車站才能搭乘JR電車或南海電車，觀光情報所可購買大阪周遊卡、阪急、阪神、京阪等電車觀光周遊券，JR Pass、南海電車票券可前往關西港駅2F服務售票中心購買。

第二航廈利木津巴士乘車處(0～11號，位於航站大樓外)

乘車處 (番號)	前往地點
1	大阪駅前
2	京都駅八条口
3	南海なんば駅(深夜巴士)、大阪尼崎
5	JR奈良駅及近鉄奈良
6	難波(OCAT)

關西空港駅
Kansai Airport Station

車站位於第一航廈與日航酒店，以及Aero Plaza之間，關西空港駅2F內有設置JR Ticket Office(綠色窗口)及Nankai Ticket Office售票服務中心，可以依照行程的規畫去購買適合的觀光周遊券或周遊卡(詳見P.52～73)，之後再搭乘JR西日本或南海電鐵前往關西各大城市及觀光景點。

▲日航酒店、**Aero Plaza**

▲關西空港 **2F JR Ticket Office綠色窗口**

▲第二航廈接駁巴士搭乘處(T2～T1)

▲第二航廈觀光情報所

▲**Nankai關西空港駅改札口處**

▲接駁巴士搭乘處(T1～T2連絡巴士)

▲第二國際航廈出境大廳

▲**JR關西空港駅改札口處**

城市往返

關西機場與各大城市往來路線選擇很多，可多加比較。

從關西機場前往大阪

Transportation

從關西空港前往大阪、京都、神戶、奈良的交通路線選擇性很多，往往會覺得很複雜，通常只要依你規畫的行程來購買適合的交通周遊券及周遊卡會比較划算，如果你規畫4天3夜的行程都集中在大阪購物商圈血拼，或者你有帶幼小寶寶及推嬰兒車出來旅行的話，建議搭乘利木津巴士往返會比較輕鬆！或許在上下班時間交通會遇到塞車，但好處是不用拉著笨重的行李到處趴趴走，而且搭電車人擠人，又加上找不到電梯搬運行李會比較辛苦累人！總之條條道路通羅馬，有很多種交通走法都可以抵達你規畫的目的地，右方列表所提供的交通路線資訊供讀者參考。

交通工具與路線	轉站與目的地	搭乘時間(約)	單程車資(日幣)
南海空港急行	難波駅	44分鐘	930円
	天下茶屋駅	39分鐘	930円
南海特急ラピート(Rapi:t α、Rapi:t β)	難波駅	35分鐘	1,450円
南海空港急行→大阪地鐵千日前線	難波駅→日本橋駅	55～60分鐘(含轉車時間)	1,110円
南海空港急行→大阪地鐵御堂筋線	難波駅→心齋橋駅	60～65分鐘(含轉車時間)	1,110円
	難波駅→梅田駅	65～70分鐘(含轉車時間)	1,160円
JR關空快速	天王寺駅	47分鐘	1,080円
	大阪駅	65～78分鐘	1,210円
	環球影城駅	65～70分鐘	1,210円
JR關空快速→JR大和路線	天王寺駅→JR難波駅	65～70分鐘(含轉車時間)	1,060円
JR Haruka ※JR關空特急はるか英文名為JR Haruka	天王寺駅(自由席)	32分鐘	1,740円
	新大阪駅(自由席)	48～51分鐘	2,380円
利木津巴士(第一航廈) ※第二航廈→第一航廈車程約11分鐘	難波(OCAT)	50分鐘	1,100円
	大阪駅、梅田、新阪急酒店	60～65分鐘	1,600円
	天王寺駅、阿倍野Harukas	65～70分鐘	1,600円
	南港天保山(海遊館)、日本環球影城	65～75分鐘	1,600円

從關西機場前往京都
Transportation

　若你第一天就規畫住宿在京都駅附近的話，會建議你搭乘JR關空特急はるか或利木津巴士直接前往京都駅比較便利，因購買單程特急はるか車票的費用比較貴，建議你搭配JR Haruka + ICOCA套票(詳見P.55)或JR關西地區周遊券(詳見P.52)的方案會比較省錢。雖然南海電鐵搭配其他的鐵路公司車資費用比較便宜(詳見P.57)，但搭乘的時間會比較久，對於拉著行李再轉車前往京都會比較辛苦！

交通工具與路線	轉站與目的地	搭乘時間(約)	單程車資(日幣)
JR Haruka	京都駅	78～80分鐘	2,900円
JR關空快速→JR京都線新快速列車	大阪駅→京都駅	105～110分鐘(含轉車時間)	1,910円
JR關空快速→阪急電鐵特急列車	大阪、梅田駅→京都河原町駅	120～130分鐘(含轉車時間)	1,610円
JR關空快速→大阪環狀線往京橋方向→京阪電鐵特急列車	天王寺駅→京橋駅→祇園四条駅	115～125分鐘(含轉車時間)	1,610円
南海空港急行→大阪地鐵御堂筋線→阪急京都線特急列車	難波駅→大阪梅田駅→京都河原町駅	120～130分鐘(含轉車時間)	1,560円
南海空港急行→大阪地鐵御堂筋線→京阪電鐵特急列車	難波駅→淀屋橋駅→祇園四条駅	120～130分鐘(含轉車時間)	1,530円
特急ラピート→大阪地鐵御堂筋線+阪急京都線特急列車	難波駅→大阪梅田駅→京都河原町駅	115～125分鐘(含轉車時間)	1,770円
特急ラピート→大阪地鐵御堂筋線+京阪電鐵特急列車	難波駅→淀屋橋駅→祇園四条駅	115～125分鐘(含轉車時間)	1,740円
利木津巴士(第一航廈) ※第二航廈→第一航廈車程約11分鐘	京都駅八条口	85～90分鐘	2,600円
	四条烏丸	95～100分鐘	2,600円
	三条京阪	105分鐘	2,600円

從關西機場前往神戶
Transportation

若你第一天就規畫住宿在神戶市三宮駅或三ノ宮駅附近的話，會建議你搭配JR Haruka + ICOCA套票(詳見P.55)、南海電鐵+阪神電鐵(詳見P.59)或利木津巴士直接前往神戶市區會比較便利。關西空港第一航廈1F門口第12號乘車處可以搭乘接駁車(免費)前往碼頭，再搭乘高速船到神戶空港碼頭，但途中轉乘時間費時，又加上海上交通與天候風浪及個人體質(暈船)等因素，所以不在此詳述說明。

交通工具與路線	轉站與目的地	搭乘時間(約)	單程車資(日幣)
JR Haruka→JR神戶線新快速列車	新大阪駅→三ノ宮駅	80分鐘(含轉車時間)	2,730円
	新大阪駅→元町、神戶駅	86～88分鐘(含轉車時間)	2,730円
JR關空快速→JR神戶線新快速列車	大阪駅→三ノ宮駅	102～104分鐘(含轉車時間)	1,740円
	大阪駅→三ノ宮駅、元町駅、神戶駅	110～112分鐘(含轉車時間)	1,740円
JR關空快速→阪急神戶線特急列車	大阪、梅田駅→神戶三宮駅	110～115分鐘(含轉車時間)	1,530円
南海空港急行→阪神難波(接阪神本線)快速急行列車	難波駅→神戶三宮駅、元町駅	115～125分鐘(含轉車時間)	1,340円
特急ラピート→阪神難波(接阪神本線)快速急行列車	難波駅→神戶三宮駅、元町駅	110～115分鐘(含轉車時間)	1,860円
利木津巴士(第一航廈)※第二航廈→第一航廈車程約11分鐘	神戶三宮駅	75～80分鐘	2,000円
	姬路駅	140分鐘	3,400円

關西機場前往奈良
Transportation

若你第一天就規畫住宿在近鐵奈良駅或JR奈良駅附近的話，建議你搭配JR Haruka + ICOCA套票(詳見P.55)、南海電鐵+近鐵電鐵(詳見P.59)、及利木津巴士直接前往奈良會比較便利。搭乘JR Haruka須在天王寺駅轉乘JR大和路線，若搭乘南海電鐵須在難波駅轉乘近鐵奈良線。

交通工具與路線	轉站與目的地	搭乘時間(約)	單程車資(日幣)
JR Haruka→JR大和路線快速列車	天王寺駅→JR奈良駅	77分鐘(含轉車時間)	2,400円
JR關空快速→JR大和路線快速列車	天王寺駅→JR奈良駅	95分鐘(含轉車時間)	1,740円
南海空港急行→近鐵奈良線)快速急行列車	難波駅→近鐵奈良駅	100～105分鐘(含轉車時間)	1,500円
特急ラピート→近鐵奈良線)快速急行列車	難波駅→近鐵奈良駅	90～95分鐘(含轉車時間)	2,020円
利木津巴士(第一航廈)※第二航廈→第一航廈車程約11分鐘	近鐵奈良駅、JR奈良駅	85～95分鐘	2,100円

交通注意事項

- 「單程車資」是指搭乘交通工具的「原價」費用，並非是使用周遊券的優惠費用。
- 「搭乘時間」包含步行(拉行李)及轉車等時間，但實際搭乘的交通時間及車資費用，須以現場狀況為主。
- 搭乘JR Haruka或南海ラピート(Rapi:t α、Rapi:t β)時，車資除了基本車資(乘車券)之外，還須額外再購買特急券，JR特急はるか車廂分為自由席及指定席，南海ラピート車廂則是分為普通席及商務席。
- 搭乘JR Haruka前往天王寺駅單程票價日幣1,740元(乘車券1,080元+特急券自由席660元)；前往新大阪駅單程票價日幣2,380元(乘車券1,390元+特急券自由席990元)；前往京都駅單程票價日幣2,900元(乘車券1,910元+特急券自由席990元)，有的班次行經中途若有停日根野駅及和泉府中的話，車程時間會增加約12～17分鐘。

- 官網預約南海ラピート(特急Rapi:t α、Rapi:t β)前往難波駅普通席優惠價日幣1,140元，原價為1,450元；商務席優惠價1,360元，原價為1,660元。
- 從難波駅搭乘近鐵電車到近鐵奈良駅時，若你搭特急列車的話，需另購特急券日幣520元。
- 如果你於傍晚尖峰時段在天王寺駅搭乘JR Haruka自由席車廂或關空快速前往關西機場，或是從難波駅搭乘南海電鐵急行電車前往關西機場時，可能會找不到座位或行李放置，假如沒有座位時，隨身行李一定要小心顧好，以免因電車行進間晃動而跌倒受傷。
- 若從JR大阪駅或JR天王寺駅搭乘JR關空快速到關西空港時，因列車廂有分為「紀州路快速」往和歌山及「關西快速」往關西空港，通常電車抵達日根野駅時，將會執行分開兩節列車廂作業，所以要搭乘1～4節的車廂才會前往關西空港，而5～8節車廂是前往和歌山駅。

關西機場至各城市地圖

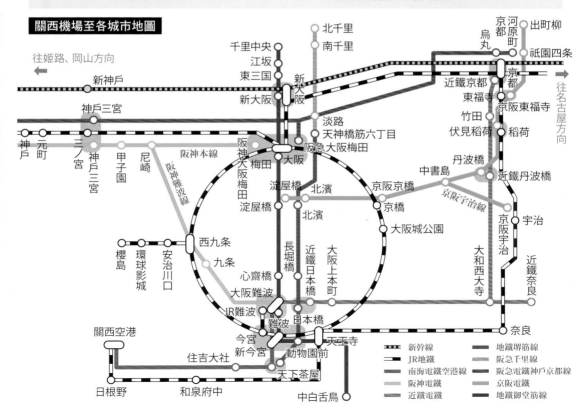

交通篇
Transportation

關西地區交通這麼複雜
要怎麼搭乘才方便？

旅遊票券的種類這麼多該如何選擇？

本篇介紹關西自由行經常搭乘的交通工具及經常使用的

交通票券，並說明鐵路交通路線的內容。

關西境內交通工具

四通八達的交通路線，使得在關西行動十分便利。

搭電車

Railway

　　日本關西地區的交通四通八達，電車及巴士交通優惠票券種類也非常多，往往造成自由行的遊客不知該如何選擇的困擾。所以要前往大阪、京都、神戶及奈良地區之前，首先要了解關西地區主要的鐵路及巴士等路線資訊有哪些。

　　鐵路的部分包含新幹線、西日本JR電鐵、南海電鐵、大阪地鐵、阪急電鐵、阪神電鐵、近鐵電鐵、京阪電鐵、京都地鐵、嵐電(京福電鐵)、神戶地鐵等，每種列車所停靠的車站都不同，所以搭乘鐵路電車時要特別注意，以免到站不停。

▲ 近鐵奈良線電車

JR、私鐵、地鐵列車路線及車種一覽表

電車路線名稱	列車種類名稱
JR東海道線(神戶線、京都線)	新快速、快速、普通等
JR大阪環狀線、大和線、奈良線、ゆめ咲線	関空快速、紀州路快速、大和路快速、快速、區間快速、普通等
南海關西空港線	空港急行、急行、區急、準急、普通等
阪急京都線、寶塚線、神戶線	快速特急、特急、通勤特急、快速急行、快速、準急、普通等
阪神本線、難波線	直通特急、阪神特急、區間特急、急行、區間急行、普通等
京阪本線、宇治線、中之島線	特急、快速急行、通勤快急、急行(深夜急行)、準急(通勤準急)、區間急行、普通等
近鐵難波、奈良線、京都線	快速急行、急行、準急、區間準急、普通等
京福(嵐電)嵐山本線、北野線	普通列車(每站都停)
大阪市營地下鐵(御堂筋線、谷町線、四橋線、中央線、千日前線、堺筋線、長堀鶴見綠地線、今里筋線、南港港城線等)	大阪市營地下鐵普通列車(每站都停)
京都市營地下鐵(烏丸線、東西線)	京都市營地下鐵普通列車(每站都停)
神戶市營地下鐵(西神線、山手線、海岸線)	普通列車(每站都停)

※ 以上皆可以使用Suica及ICOCA卡。

交通篇

搭乘特急電車小提醒

- 全日本有十大IC卡公司，包含Suica、ICOCA、PASMO、Pitapa、Toica、Manaca、Kitaca、Sugoca、Nimoca及Hayakaken，各家IC卡公司逐步將系統相互整合之後，操作方法須遵照各交通公司的規定來使用，目前遊客最常使用的IC卡為Suica及ICOCA。
- JR特急列車分為指定席與自由席座位，需另外購買特急券，若你使用Suica搭車的話，列車長會前來查票，問你要前往哪裡，並當場請你補特急券的費用，以及記下你乘坐的位置。
- 搭乘新幹線時，改札口無法使用Suica、ICOCA等IC卡，需另購買票券。
- 近鐵特急列車為指定席，需另購買特急券。

新幹線及特急列車路線及車種一覽表

電車路線名稱	列車種類名稱
山陽新幹線(新大阪〜博多)及東海道(新大阪〜京都)	列車種類包含のぞみ、ひかり、こだま、さくら等，車廂分為商務車廂(特急券指定席)及一般車廂(指定席與自由席)
JR關西空港、福知山、紀州路(和歌山)、城崎溫泉線等	關西地區特急列車種類包含はるか、はしだて、のとり、いづろ、くろしお等，車廂座位分為指定席座位與自由席座位
南海關西空港線	特急ラピート(Rapi:t α、Rapi:t β)列車廂座位分為普通席及商務席
近鐵難波、奈良線、京都線	特急列車廂座位皆為指定席

※ 以上必須另購票券或特急券，無法使用Suica、ICOCA等IC卡付費。

如何搭乘地鐵Step by Step

當你通過海關檢查，並走出入境大廳之後，接下來就開始旅行了。日本關西地區最主要的交通工具就是鐵路電車，其次是巴士，不管你選擇哪種交通工具，都是條條道路通羅馬。

 Step **看資訊看板**

查詢你要搭乘的鐵路、前往的地點及班車時間。

▲看資訊看板

 Step **排隊購票及選擇車種**

可至售票窗口購票，或使用投幣售票機購買票券。

Step **進入車站(駅)**

購買車票及周遊卡者，將票卡插入磁卡機感應後，閘門會打開讓人通行，但請記得取回票卡；若使用IC卡者，將IC卡觸碰感應面板後，閘門會打開讓人通行；若使用JR Pass者，請至人工改札口服務櫃檯，記得將Pass內頁打開(有使用日期及使用範圍資訊)，請站務人員檢視與確認後，會面帶笑容的謝謝你，並請你通行。

※ 日文的「駅」是車站的意思。

IC卡觸碰感應面板
票卡插入磁卡機
使用JR Pass者，請至人工改札口服務櫃檯

 Step **依照標示前往乘車月台**

班車時刻表怎麼看

時	單位為小時		分	單位為分鐘		
5	関 京橋 57	例如：05:57　空快速班車前往京橋				
6	関 京橋 18	はる 京都 40	関 京橋 46			
7	関 京橋 17	日 34	はる 京都 41	関 京橋 51		
8	はる 京都 8	関 京橋 18	関 京橋 28	はる 京都 43	関 京橋 49	
9	関 京橋 1	はる 京都 16	関 京橋 31	はる 京都 46	関 京橋 49	
10	関 京橋 1	はる 京都 16	関 京橋 20	関 京橋 31	はる 京都 44	関 京橋 47
11	関 京橋 2	はる 京都 14	関 京橋 18	関 京橋 32	はる 京都 44	関 京橋 47
12	関 京橋 2	はる 京都 14	関 京橋 17	関 京橋 32	はる 京都 44	関 京橋 47

関：關空快速
黑色：普通
はる：特急はるか
藍色：關空快速
紅色：特急

搭巴士

Bus

　　關西地區的巴士分為幾種類型，有高速(長途)巴士、觀光巴士及市(郊)區巴士。高速巴士行經範圍大多屬於長距離路線，包含空港(關西、大阪)利木津巴士、西日本JR巴士、南海巴士、近鐵巴士、阪神巴士等，高速巴士及觀光巴士的車票須自行購買，大多不能使用IC卡(目前大阪空港路線的利木津巴士可以使用ICOCA及PiTaPa)。

　　市(郊)區巴士包含大阪市巴士、神戶市巴士、京都市巴士、奈良交通巴士等。大阪市巴士、京都市巴士及奈良交通巴士可使用Suica、ICOCA等十大IC卡，神戶市巴士則使用ICOCA、PiTaPa。

京都幹線

　　京都的巴士交通網非常發達，包含市營巴士、京都巴士及洛巴士等，但從京都駅出發的巴士路線這麼多且複雜，該怎麼選擇及搭乘才正確？

搭乘步驟 Step by Step

Step 1 **巴士站牌查詢**

　　查詢班車代號、路線圖與時刻表。

◀京都巴士1日券
可在售票機購買

交通篇

Step ② 上車時記得抽整理券

京都巴士大多是後門上車，前門下車及付費，通常只要是在京都市區的範圍內，車資皆為日幣230円，所以不用抽整理券。

Step ③ 下車前記得按下車鈴

▲ 下車鈴

Step ④ 注意巴士內的資訊看板

資訊看板會顯示下一站的停靠站牌資訊，以及車資費用等資訊。

Step ⑤ 付費及下車

付費之前，先了解運賃箱的付費功能。

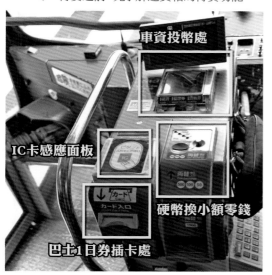

車資投幣處

IC卡感應面板

硬幣換小額零錢

巴士1日券插卡處

京都市區觀光地點及巴士資訊

前往觀光地點	京都駅巴士乘車站台的代號	巴士資訊
嵐山、嵯峨野	D3、D6	28、72、73
清水寺	D1、D2	急行100、206
金閣寺	B2、B3	急行101、205
銀閣寺	A1、A2、D1	5、17、急行100
高台寺	D2	206
三十三間堂	D1、D2	急行100、206、208
四条河原町	A2	4、205
下鴨神社	A2	4、205
天龍寺	D3、C6	28、72、73
東福寺	D1	208
南禪寺	A1、D1	5、急行100
西願本寺	B1、D3、C5	9、28、75
東本願寺	A1、C5、D3	5、73、26
二条城	B1、B2	急行101、9
錦市場	A1	5
平安神宮	A1、D1	急行100、5
八坂神社	D1、D2	急行100、206

空港凌晨交通資訊
Information

搭乘紅眼、爆肝航班者，建議先到大阪遊玩。空港凌晨交通班車及時刻資訊如下：

搭乘地點	交通工具	目的地點	凌晨發車時間
第一航廈	利木津巴士	大阪駅前、南海難波車站(深夜巴士)	01:00、02:00、03:00、04:00、05:00、06:35
		難波(OCAT)	22:55、05:10
		京都駅八條口	23:55、06:10
		神戶三宮	00:05、06:20
第二航廈	利木津巴士	大阪駅前、南海難波車站(深夜巴士)	00:17、00:47、01:17、04:47、06:22
		難波(OCAT)	22:42、04:57
		京都駅八條口	23:42、05:57
		神戶三宮	23:52、06:07
關西空港車站	南海電鐵	天下茶屋駅、南海難波駅	首班05:45(假日05:47)、末班23:55普通
	JR西日本電鐵	大阪駅、京橋駅	首班05:50直通快速(假日05:54關空快速)
		天王寺駅	大阪駅末班23:32關空快速

※ 實際搭乘交通時間要以現場狀況為主。

交通周遊票券

各個不同地區都有各種周遊券提供。

行程規畫好了之後，就可以開始研究哪些交通票券適合這次旅行使用。購買周遊券及周遊卡的資格如下：

- 需持有日本國以外的政府所發行的護照。
- 需符合「短期居留」資格者(居留期限為90天內可免簽證入境日本)。

關西地區鐵路周遊券
(JR Kansai Area Pass)

鐵路發行公司：

JR西日本(JR West Rail)旅客鐵道株式會社

www.westjr.co.jp/global/tc/ticket/pass/kansai/

大人或兒童持有周遊券者，最多可以免費攜帶幼兒(1～5歲)2人一起使用，小於1歲的嬰兒免費。若幼兒單獨使用普通車廂指定座席，或有第三位幼兒時，就需個別購買兒童周遊券。

購買地點及方法：

- 直接至JR Ticket Office旅客服務中心(綠色窗口)填寫申請表，購票地點為關西機場、新大阪、大阪、京都、神戶、JR難波、新神戶、三之宮、姬路、二條、宇治、嵯峨嵐山、京橋、鶴橋、天王寺、新今宮、弁天町、西九條、奈良、和歌山、敦賀駅。
- 網路預約周遊券者，系統會發送E-mail，請將E-mail內容及預約號碼列印下來，到JR Ticket Office旅客服務中心(綠色窗口)購買票券，領取地點為關西機場、新大阪、大阪、京都駅。
- 若在旅行社或旅遊單位購買MCO(Miscellaneous Charges Order)者，請到JR Ticket Office旅客服務中心(綠色窗口)填寫申請表，出示MCO換取周遊券，兌換地點為關西機場、新大阪、大阪、京都、三之宮、奈良、和歌山駅。購買E-TICKET者，請至關西空港駅JR綠色售票機領取。(兌換券需在3個月內交換)。

周遊券版本及票券價格

票券種類	原價		網路預定		旅行社優惠價	
	大人(12歲以上)	兒童(6～11歲)	大人(12歲以上)	兒童(6～11歲)	大人(12歲以上)	兒童(6～11歲)
1日券	2,400円	1,200円	2,350円	1,170円	2,300円	1,150円
2日券	4,800円	2,400円	4,750円	2,370円	4,600円	2,300円
3日券	5,800円	2,900円	5,750円	2,870円	5,600円	2,800円
4日券	6,800円	3,400円	6,750円	3,370円	6,600円	3,300円

※ 票券天數需連續使用，費用單位為日幣。

交通篇

- 請出示護照，以現金或信用卡購買。

使用範圍及方法：

- 西至兵庫縣JR山陽本線之上郡駅(Banshuako Station)、JR赤穗線之播州赤穗駅(Kamigori Station)、JR姬新線之本龍野駅(Hontatsuno Station)及JR福知山線之篠山口駅(Sasayamaguchi Station)；東至三重縣JR草津線與關西線交會之柘植駅(Tsuge Station)；南至和歌山縣JR阪和線之和歌山駅(Wakayama Station)；北至京都府JR山陰本線之園部駅(Sonobe Station)及福井縣北陸本線之敦賀駅(Tsuruga Station)。

- 僅可搭乘JR西日本在來線的「新快車」、「快速」、「普通」列車。

- 僅可搭乘JR關西特快Haruka列車之普通自由席

車廂(不可乘坐指定席車廂及綠色車廂)，若搭乘普通車廂指定座席時，須另外補票。

- 不可搭乘新幹線及特急列車(Haruka除外)。

- 周遊券使用期限內可兌換京都觀光1日券(京阪電車)、京都市營地下鐵1日遊通票，僅限兌換當日使用。

▲ 關西地區1日周遊券(2015～2016年版本)

關西地區鐵路周遊券範圍圖

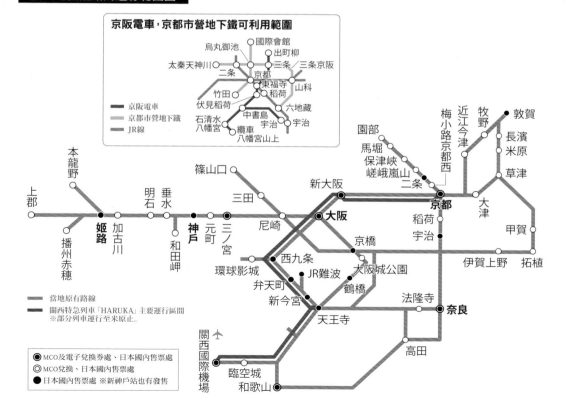

京阪電車，京都市營地下鐵可利用範圍

國際會館
烏丸御池　出町柳
太秦天神川　三条/三条京阪
二条　京都
　　　東福寺　山科
竹田　稻荷
伏見稻荷　六地藏
石清水　中書島　宇治
八幡宮　宇治
　　纜車
八幡宮山上

━━ 京阪電車
━━ 京都市營地下鐵
━━ JR線

本龍野
上郡
篠山口
明石　垂水
姬路　加古川
播州赤穗
和田岬
元町
三ノ宮
神戶
三田
尼崎
新大阪
大阪
新神戶
園部
馬堀
保津峽
嵯峨嵐山
二条
梅小路京都西
京都
稻荷
宇治
大津
近江今津
牧野
長濱
米原
草津
甲賀
伊賀上野　拓植
環球影城
西九條
JR難波
大阪城公園
京橋
弁天町
鶴橋
新今宮
天王寺
法隆寺
奈良
高田
敦賀
關西國際機場
臨空城
和歌山

━━ 當地原有路線
━━ 關西特急列車「HARUKA」主要運行區間
※部分列車運行至米原止。

⦿ MCO及電子兌換券處、日本國內售票處
◎ MCO兌換、日本國內售票處
● 日本國內售票處 ※新神戶站也有發售

關西廣域地區鐵路周遊券 (JR Kansai Wild Area Pass)

■ 鐵路發行公司：

JR西日本(JR West Rail)旅客鐵道株式會社

www.westjr.co.jp/global/tc/ticket/pass/kansai_
wide/

大人或兒童持有周遊券者，最多可以免費攜帶幼兒(1～5歲)2人一起使用，小於1歲的嬰兒免費。若幼兒單獨使用普通車廂指定座席，或有第三位幼兒時，就需個別購買兒童周遊券。

■ 購買地點及方法：

● 直接至JR Ticket Office旅客服務中心(綠色窗口)填寫申請表，購票地點為關西機場、新大阪、大阪、京都、神戶、新神戶、三之宮、姬路、二條、宇治、嵯峨嵐山、京橋、鶴橋、天王寺、新今宮、弁天町、西九條、敦賀、奈良、JR難波、和歌山、豐岡、城崎溫泉、福知山、西舞鶴、東舞鶴、岡山駅。

● 網路預約周遊券者，系統會發送E-mail，請將E-mail內容及預約號碼列印下來，到JR Ticket Office旅客服務中心(綠色窗口)購買票券，領取地點為關西機場、新大阪、大阪、京都駅。

● 若在旅行社或旅遊單位購買MCO(Miscellaneous Charges Order)者，請到JR Ticket Office旅客服務中心(綠色窗口)填寫申請表，出示MCO換取周遊券，兌換地點為關西機場、新大阪、大阪、京都、三之宮、奈良、和歌山、豐岡、城崎溫泉、福知山、西舞鶴、東舞鶴、岡山駅。購買E-TICKET者，請至關西空港駅JR綠色售票機領取。(兌換券需在3個月內交換)。

● 請出示護照，以現金或信用卡購買。

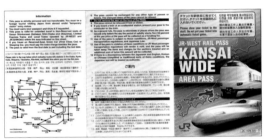

▲關西廣域WEST RAIL PASS正面(2015～2016年版本)

▲關西廣域WEST RAIL PASS反面(2015～2016年版本)

鐵路周遊券使用小提醒

● 在日本旅遊或停留期間，限本人使用及購買1張關西地區鐵路周遊券，但你可以另外適時購買其他種類的周遊券。

● 若票券內頁有撕下毀損之情形，將無法再使用。

● 進出車站時，記得打開你的票券內頁(包含有效日期及電車地圖的頁面)，讓「改札窗口」的站務人員瀏覽查驗，若符合地點範圍將可通過查驗，若非地點範圍，將會依規定補票差額。

● 搭乘特急列車時，若遇列車長查驗車票時，請拿出周遊券供查驗，列車長會再詢問你前往哪裡時，要記得回覆，以便記錄下你坐的位置及站名。

● 票券可依使用之有效期限及範圍內，無限次搭乘JR電車，但不能搭乘地下鐵、私鐵及巴士。

關西廣域地區周遊券版本及票券價格

票券種類	原價		網路預定		旅行社優惠價	
	大人(12歲以上)	兒童(6～11歲)	大人(12歲以上)	兒童(6～11歲)	大人(12歲以上)	兒童(6～11歲)
5日券	10,200円	5,100円	10,000円	5,000円	9,200円	4,600円

※ 票券天數須連續使用，費用單位為日幣。

■ 使用範圍及方法：

● 西至岡山縣JR山陽本線之倉敷駅(Kurashiki Station)、JR伯備線之總社駅(Souja Station)；東至三重縣JR草津線與關西線交會之柘植駅(Tsuge Station)；南至和歌山縣JR紀勢本線之白濱駅(Shirahama Station)、新宮駅(Shingu Station)；北至兵庫縣JR山陰本線之城崎溫泉駅(Kinosaki Station)、鳥取縣JR山陰本線之鳥取駅(Tottori Station)及福井縣北陸本線之敦賀駅(Tsuruga Station)。

● 可搭乘JR西日本在來線的「新快車」、「快速」、「普通」列車。

● 可搭乘JR關西特快Haruka、山陽新幹線(新大阪⇔岡山)及特急列車，包括Haruka、Kuroshio、Thunderbird、SUPER HAKUTO、Kounotori、SUPER INABA等普通車廂自由席座位。

● 無法搭乘東海道新幹線(新大阪⇔東京)、山陽新幹線(岡山⇔博多)。

關空特急JR Haruka & ICOCA套票

■ 鐵路發行公司：

JR西日本(JR West Rail)旅客鐵道株式會社
www.westjr.co.jp/global/tc/ticket/icoca-haruka/

■ 購買地點及方法：

● 請至關西機場JR Ticket Office旅客服務中心(綠色窗口)填寫申請表。

● 出示ICOCA卡者，可以單獨購買JR Haruka優惠票券。

● 購買KANSAI ONE PASS 1張3,000円(含押金500円)。

● 網路上預約票券者，系統會發送E-mail，請將E-mail內容及預約號碼列印下來，再到JR Ticket Office旅客服務中心(綠色窗口)購買票券，領取地點為關西機場。

● 可以在大阪、京都、神戶、奈良等駅購買JR Haruka單程票券前往關西機場，但是不受理網路預購。

● 請出示護照，以現金或信用卡購買。

關西廣域地區周遊券範圍圖

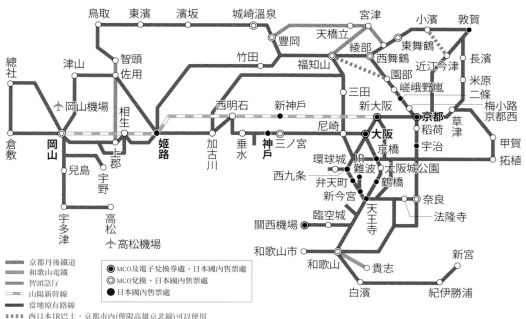

JR關空特急はるか(Haruka)

使用範圍	單程	單程+ ICOCA	來回	來回+ ICOCA
關西機場～天王寺	1,120円	3,120円	2,240円	4,240円
關西機場～新大阪	1,320円	3,320円	2,640円	4,640円
關西機場～京都	1,630円	3,630円	3,260円	5,260円
關西機場～神戶	1,530円	3,530円	3,060円	5,060円
關西機場～奈良	1,430円	3,430円	2,860円	4,860円

※ 費用單位為日幣。

使用範圍及方法：

- 從關西機場搭乘JR Haruka往返京都駅時，中間會停靠天王寺駅、新大阪駅；若在上下班尖峰時段，會再多停靠日根野駅及和泉府中駅兩站。
- 票券當天只能使用一次，僅能選擇大阪環狀線、神戶線(僅到舞子駅)、京都線、東西線(僅到放出駅)、夢咲線、山陰線(僅到嵯峨嵐山駅)及大和路線(僅到奈良駅)內的某一車站進出，只要離開剪票口，車票回收後就不能再使用。
- 單程票的有效期限為1天；來回票的有效期限為14天。
- 僅可搭乘JR關西特快Haruka列車之普通自由席車廂(不可乘坐指定席車廂及綠色車廂)，若搭乘普通車廂指定座席時，需另外補票。
- 不可搭乘特急列車(JR Haruka除外)及新幹線。

注意事項：

- 在日本旅遊或停留期間，限本人購買及使用。
- 若票券內頁有撕下或毀損，將無法再次使用。
- 搭乘JR Haruka特急列車時，若遇列車長查驗車票時，請拿出特急券供查驗，列車長會再詢問你前往哪裡，要記得回覆，以便記錄下你坐的位置及站名。
- JR票券僅能搭乘JR電車，不能搭乘地下鐵、私鐵及巴士。
- 辦理ICOCA退款手續費為220円，從票卡餘額中扣除後退還押金500円。

▲JR Haruka外觀

▲車廂後方可放置行李箱　▲列車長查驗車票

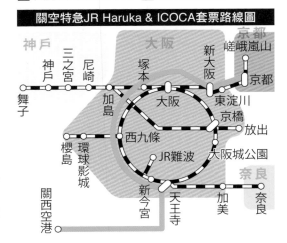

關空特急JR Haruka & ICOCA套票路線圖

南海電鐵各式套票

■ 鐵路發行公司：南海電氣鐵道株式會社

www.howto-osaka.com/tc/top.html

■ 發售期間：

每年4月1日～隔年3月31日

■ 購買地點及方法：

● 搭乘南海電鐵特急Rapi:t者，可至官方網站訂票或至現場服務櫃檯購票。

● 搭乘南海電鐵空港急行列車者，請至自動售票機購買票券。

■ 使用範圍及方法：

● 從關西空港駅搭乘空港急行列車者，可前往天下茶屋、新今宮、難波等駅，或從難波、新今宮、天下茶屋等駅前往關西空港駅。

● 從關西空港駅搭乘特急Rapi:t者，可前往堺駅、住吉大社駅、天下茶屋駅、新今宮駅、難波駅等，或從難波駅、新今宮駅、天下茶屋駅、住吉大社駅、堺駅前往關西空港駅。

● 因特急Rapi:t列車不會停靠住吉大社駅，所以須在堺駅轉乘普通列車。

● 購買單程票券者，限發售日當天使用。

● 特急Rapi:t(普通席)往返優惠票券限成人使用，有效日期為14日。

南海電鐵路線範圍圖

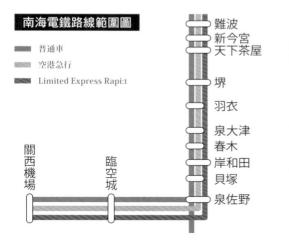

▬	普通車
▬	空港急行
▬	Limited Express Rapi:t

難波
新今宮
天下茶屋
堺
羽衣
泉大津
春木
岸和田
貝塚
泉佐野

關西機場　臨空城

■ 注意事項：

● 特急Rapi:t α 不會停在岸和田及堺兩個車站。

● 無法退費。

南海電鐵票券種類及價格

票券種類	單程票券價格	
	大人(12歲以上)	兒童(6～11歲)
空港急行列車	930円	520円
特急Rapi:t(普通席)優惠價	1,140円 (原價1,450円)	580円 (原價780円)
特急Rapi:t(商務席)優惠價	1,360円 (原價1,660円)	780円 (原價990円)
特急Rapi:t(普通席)往返優惠價	2,150円	N/A

※ 票券費用單位為日幣。

▲南海電Rapi:t特級券

▲南海特急Rapi:t

Kansai Int'l Airport to Osaka City Subway

票券種類	單程票券價格	
	大人(12歲以上)	兒童(6～11歲)
南海電車+難波駅轉乘1次	1,020円	510円

※ 票券價格單位為日幣。

■ 發售期間：
　每年4月1日～隔年
　3月31日

■ 購買地點及方法：
● 南海電關西空港駅票券販賣機(參P.76)。
● 大阪市營地下鐵、New Tram各車站的票券販賣機(天下茶屋駅、難波駅、東梅田駅除外)。
■ 使用範圍及方法：
● 限從關西空港駅搭乘南海電車至難波駅，再轉搭乘大阪地鐵至某車站出口，例如關西空港駅→難波駅轉乘地鐵御堂筋線→天王寺駅。
● 限從大阪地鐵某車站前往難波駅，再轉搭乘南海電車至關西空港駅。
● 限發售當日使用。
■ 注意事項：
● 無法退費，搭乘南海電若中途下車出站的話，票券無法再使用。

Yokoso! Osaka Ticket

票券種類	單程票券價格
	大人(12歲以上)
南海特急電車+大阪地鐵票券	1,530円

※ 票券價格為官網預約費用(原價為1,690円)，單位為日幣。

■ 發售期間：
　每年4月1日～隔年3月31日
■ 購買地點及方法：
● 南海電關西空港駅Nankai Ticket Office (2F)。

● 洽詢旅行社。
■ 使用範圍及方法：
● 限從關西空港駅搭乘南海特急Rapi:t(普通席)至難波駅。
● 大阪市營地下鐵、New Tram各站，以及巴士全線1日自由乘車券。
● 發售當日使用，或兌換隔天使用。
● 限大人(12歲以上)使用。
■ 注意事項：
● 無法退費，搭乘南海電若中途下車出站的話，票券無法再使用。

京都Access Ticket

票券種類	單程票券價格
	大人(12歲以上)
南海電車+阪急電車單程票券	1,250円

※ 票券費用單位為日幣。

■ 發售期間：
　每年4月1日～隔年3月31日
■ 購買地點及方法：
● 南海電關西空港駅Nankai Ticket Office(2F)。
■ 使用範圍及方法：
● 限從關西空港駅搭乘南海電車至天下茶屋駅，轉搭乘大阪地鐵堺筋線至天神橋筋六丁目駅，再轉搭乘阪急電鐵到淡路駅往河原町駅方向。
● 車票當日兌換必須當日使用。
● 限大人(12歲以上)使用。
● 不可以反向搭車使用，僅能搭乘1次。
■ 阪急電車的使用範圍：
● 從天神橋筋六丁目駅轉搭乘阪急電鐵至京都河原町駅時，中途可任選一個車站下車。
■ 注意事項：
● 在天下茶屋駅、天神橋筋六丁目駅或淡路駅轉乘時，不可以中途走出車站。
● 若要退票，僅限有效期間內且尚未使用，須至

交通篇

關西空港駅南海電鐵售票處辦理退款(需付手續費)。

神戶Access Ticket

票券種類	單程票券價格
	大人(12歲以上)
南海電車+阪神電車票券	1,150円

※ 票券費用單位為日幣。

■ 發售期間：
　每年4月1日～隔年3月31日
■ 購買地點及方法：
● 南海電關西空港駅Nankai Ticket Office(2F)。
■ 使用範圍及方法：
● 限從關西空港駅搭乘南海電車至難波駅(為單程票券，僅能搭乘1次)。
■ 阪神電車的使用範圍：
● 大阪難波駅至元町駅，或大阪難波駅至尼崎駅，再轉車至梅田駅(此為單程票券，僅能搭乘1次)。
● 神戶高速線除外。
● 限大人(12歲以上)使用。
● 車票當日兌換後，須2日內使用。
■ 注意事項：
● 無法退費，搭乘南海電若中途下車出站的話，票券無法再使用。

奈良Access Ticket

票券種類	單程票券價格
	大人(12歲以上)
南海電車+近鐵電車票券	1,250円(單程)
	2,500円(往返)

※ 票券費用單位為日幣。

■ 發售期間：
　每年4月1日～隔年3月31日

■ 購買地點及方法：
● 南海電關西機場站Nankai Ticket Office(2F)。
■ 使用範圍及方法：
● 若為單程票券，限從關西空港駅搭乘南海電車至難波駅，再轉搭乘近鐵電車至近鐵奈良駅，車票當日兌換須當日使用(僅能搭乘1次)。
● 若為往返票券，去程限從關西空港駅搭乘南海電車至難波駅，再轉搭乘近鐵電車至近鐵奈良駅，車票當日兌換須當日使用(僅能搭乘1次)；回程限從近鐵奈良駅搭乘近鐵電車至大阪難波駅，再轉搭乘南海電車至關西空港駅。
● 近鐵電車及南海電車的回程車券使用期限為當月分至下個月底止，可選擇任何1天使用。
● 限大人(12歲以上)使用。
■ 注意事項：
● 無法退費，搭乘南海電若中途下車出站的話，票券無法再使用。

關西周遊卡套票
(Kansai Thru Pass)

發行公司：株式会社スルッとKansai

www.surutto.com

購買地點及方法：

● 至關西旅遊訊息服務中心填寫申請表，購票地點為關西機場1F出境大廳。其他售票地點包括第二航廈觀光情報所、南海電鐵關西空港駅窗口(05:00～23:30)、大阪遊客指南中心難波駅(南海大樓1F綜合訊息諮詢中心09:00～20:00)、大阪遊客指南中心梅田駅(JR大阪駅中央檢票口08:00～20:00)、阪急旅客服務中心梅田駅(08:00～17:00)、關西觀光資訊服務中心京都駅(10:00～18:00)、近鐵奈良駅內奈良觀光中心(09:00～21:00)等。

● 國內旅行社(代理)直接購買。

● 海外旅行社(代理)購買2日券大人4,300円、兒童2,150円；3日券大人5,300円、兒童2,650円。

● 發售時期為每年4月1日～隔年3月31日，有效期間為每年4月1日～隔年5月31日(請見周遊卡背面)。

使用範圍及方法：

● 在使用的期間內，可自由乘坐開往京都、大阪、神戶、比叡山、姬路、和歌山、奈良、高野山的電車和公車(JR除外)。

● 可搭乘的地鐵包含大阪市地鐵、京都市地鐵、神戶市地鐵、京福電鐵、京阪電鐵、阪急電鐵、近畿電鐵、阪神電鐵、南海電鐵等。

● 可搭乘的巴士包含大阪市營巴士、京都市營巴士、京都巴士、神戶市營巴士、尼崎市營巴士、京阪京都巴士、近鐵巴士(部分)、南海巴士、阪急巴士、阪神巴士等。

● 地圖上所標示的範圍，且經確認後可以乘坐的電車及巴士。

● 有效期間：可以不需連續天數使用(例如3日券

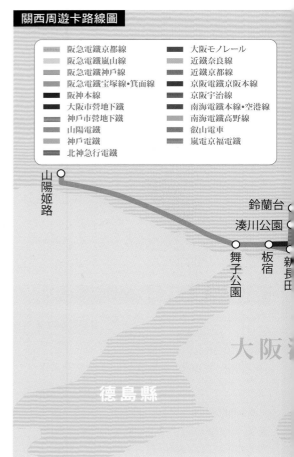

關西周遊卡路線圖

阪急電鐵京都線	大阪モノレール
阪急電鐵嵐山線	近鐵奈良線
阪急電鐵神戶線	近鐵京都線
阪急電鐵宝塚線・箕面線	京阪電鐵京阪本線
阪神本線	京阪宇治線
大阪市營地下鐵	南海電鐵本線・空港線
神戶市營地下鐵	南海電鐵高野線
山陽電鐵	叡山電車
神戶電鐵	嵐電京福電鐵
北神急行電鐵	

山陽姬路

鈴蘭台

湊川公園

舞子公園

板宿

新長田

大阪湾

德島縣

▲ **關西周遊卡2日券**

可以在週一、週二及週四使用)。

● 兒童未滿6歲免費,需大人陪同。

注意事項:

● 在日旅遊或停留期間,限本人使用及購買2張,票券種類不限。

● 使用時,將票卡放入自動檢票機(改札口)。

● 乘坐南海電鐵、近畿日本鐵道的指定坐席特快列車時,需另外購買特快券、特別乘車券、坐席指定券。

● 旅途中因乘車卡的磁性不良等原因而無法使用時,可持壞卡在主要車站售票處重新補發。

● 乘車卡一旦遺失將不再補發。

● 僅限乘車卡在未使用的情況下,可以在購買處辦理退卡還款,但需支付手續費。

● 部分公司的路線,需向車站工作人員出示卡片背面檢視。

票券種類	單程票券價格	
	大人(12歲以上)	兒童(6～11歲)
2日券	4,400円	2,200円
3日券	5,500円	2,750円

※ 票券費用單位為日幣。

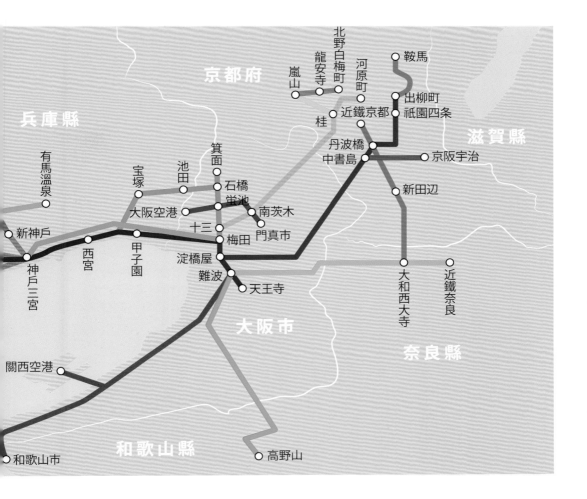

近鐵電車周遊卡
(Kintetsu Rail Pass)

鐵路發行公司：近畿日本鐵道株式會社

www.kintetsu.co.jp/foreign/chinese-han/index.
html

票券種類	原價	
	大人(12歲以上)	兒童(6～11歲)
1日券	1,500円	750円
2日券	2,500円	1,250円

※ 票券費用單位為日幣。

購買地點及方法：

● 直接至關西旅遊訊息服務中心及第二航廈觀光
情報所之服務櫃檯購買。

● 若在指定旅行社所購買的兌換券，請至大阪難
波、大阪上本町、京都、大阪阿部野橋等車站
的服務營業所兌換，周遊卡可以至車站服務窗
口購買。

● 可至必酷(BIC CAMERA)(難波店)及近鐵京都
駅購買。

● 可至京都威斯汀都酒店、新都酒店、大阪喜來
登都酒店、大阪萬豪都酒店、天王寺都酒店的

服務台購買。

使用範圍及方法：

● 鐵道範圍：大阪難波～近鐵奈良、京都～筒
井、長田～生駒、鳥居前～生駒山上。

● 巴士範圍：奈良公園、西之京、法隆寺區間。

● 周遊卡限本人使用，每人限購1張，且不得轉
讓給他人。

● 近鐵特急電車為指定席座位，需另購特急券。

● 1日券限乘車當天有效，2日券者為連續2天有
效。

● 發售期間：全年。

● 有效期間：請見周遊卡背面。

● 兒童未滿 6 歲免費，需大人陪同。

注意事項：

● 若要辦理兌換證退票者，只能在車票有效期間
內，尚未兌換前向代售旅行社辦理退票；若要
辦理周遊券退票者，只可以在未經使用情況下
向代售旅行社辦理退票(購買後一年內有效)。

● 一組周遊券的退票手續費為日幣500円。

● 因天災、事故或其他意外造成電車遲延，或是
因罷工以致列車無法運行時，恕不退票。

● 兌換證與周遊卡遺失或遭竊時恕不補發。

近鐵周遊卡1日券路線圖

▲近鐵售票服務中心

▲近鐵電車周遊卡1日券　　▲近鐵特急券

阪急電車周遊券 (Hankyu Tourist Pass)

鐵路發行公司：阪急電鐵株式會社

www.hankyu.co.jp/global/zh-tw/

票券種類	原價
	限大人(12歲以上)
1日券	700円
2日券	1,200円

※ 票券費用單位為日幣。

購買地點及方法：

● 直接至關西旅遊訊息服務中心及第二航廈觀光情報所之服務櫃檯購買。

● 國內旅行社(代理)直接購買。

● 可至阪急(大阪、梅田)旅客服務中心(營業時間為08:00～17:00)、阪急京都觀光諮詢服務中心(營業時間為08:30～17:00)購買。

● 可至大阪新阪急酒店、新阪急酒店Anex、阪急國際酒店、京都新阪急酒店的服務台購買。

使用範圍及方法：

● 鐵道範圍：阪急電鐵全

線(包含京都線、嵐山線、千里線、寶塚線、箕面線、神戶線、伊丹線、今津線、甲陽線，神戶高速線除外)。

● 限本人使用及購買1張，不得轉讓給他人。

● 發售期間：每年4月1日～隔年3月31日。

● 有效期間：每年4月1日～隔年4月30日(請見周遊券背面)。

● 購買2日券者，請於2天內使用。

● 6歲～未滿12歲的兒童需購買兒童票，未滿6歲免費，需大人陪同。

注意事項：

● 周遊券無法退費，遺失或遭竊時恕不補發。

阪急電車路線圖

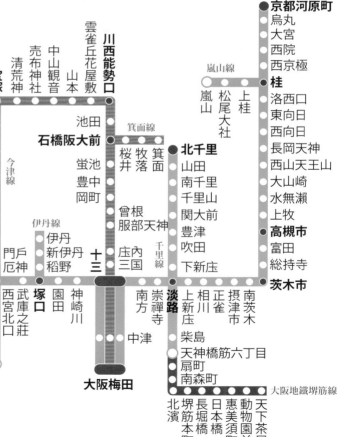

■ 神戶線(本線、甲陽線、今津線、伊丹線)
■ 神戶高速線
■ 京都線(本線、千里線、嵐山線)
■ 寶塚線(本線、箕面線)
■ 大阪市營地鐵堺筋線

阪神電車周遊券 (Hanshin Tourist Pass)

■ 鐵路發行公司：阪神電気鐵道株式會社

www.hanshin.co.jp/global/tw/

票券種類	原價
	限大人(12歲以上)
1日券	500円

※ 票券費用單位為日幣。

■ 購買地點及方法：
● 直接至關西旅遊訊息服務中心及第二航廈觀光情報所之服務櫃檯購買。
● 國內旅行社(代理)直接購買。
● 可至阪急旅客服務中心(梅田站)、阪神電車服務中心(三宮站)及BIC CAMERA難波店購買，營業時間為10:00～21:00；關西旅遊訊息服務中心(心齋橋)，營業時間為11:00～19:00。
● 可至大阪新阪急酒店、阪神酒店、阪神航空旅行沙龍(梅田阪急百貨地下1F的Travel Salon)、廣場神戶酒店及神戶灣喜來登大酒店的服務台購買。

■ 使用範圍及方法：
● 鐵道範圍：阪神電鐵及神戶高速鐵道全線。
● 周遊券限本人使用，每人限購1張，且不得轉讓給他人。
● 發售期間：每年4月1日～隔年3月31日。
● 有效期間：每年4月1日～隔年4月30日(請見周遊券背面)。
● 6歲～未滿12歲的兒童需購買兒童票，未滿6歲免費，需大人陪同。
● 進站時，票券請放入自動驗票機入口；出站時，請記得取回票券。

▲ Hanshin Tourist Pass 1日券

■ 注意事項：
● 周遊券無法退費，遺失或遭竊時恕不補發。

阪神電車一日券路線圖

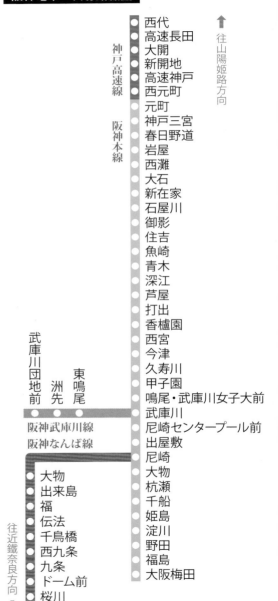

大阪周遊卡 (Osaka Amazing Pass)

發行公司：大阪周遊巴士

www.osaka-info.jp/osp/cht/

票券種類	原價
	限大人(12歲以上)
1日券	2,500円
2日券	3,300円
萬博紀念公園版1日券	2,950円

※ 票券費用單位為日幣。

■ 購買地點及方法：

● 大阪周遊卡1日券及2日券：至關西機場第一航廈及第二航廈1樓出境大廳，關西旅遊訊息服務中心(KANSAI TOURIST INFORMATION CENTER，JTB窗口)。其他售票地點包括大阪遊客指南中心(梅田、難波)、大阪市交通局、關西旅遊資訊(大丸心齋橋、心齋橋、京都及奈良)，以及官網所列飯店的服務台購買。國內旅行社(代理)直接購買。

● 萬博紀念公園版1日券：至關西旅遊訊息服務中心(關西機場及大丸心齋橋)、大阪旅遊服務中心、難波旅遊服務中心、北大阪急行千里中央駅、大阪單軌電車萬博紀念公園駅。

■ 使用範圍及方法：

● 1日券於有效日內可任選1天使用，交通範圍為大阪市營地鐵全線、新電車(New Tram)、難海電車(難波～堺、汐見橋～岸里玉出～中百舌鳥)、京阪電車(中之島～天滿橋、淀屋橋～千林)、近鐵電車(大阪難波～今里、大阪阿倍野橋～矢田)、阪神電車(大阪難波～尼崎、梅田～尼崎)、阪急電車(梅田～相川、梅田～三國、梅田～神崎川、天神橋筋六丁目～下新)及大阪市營巴士。

● 萬博紀念公園版1日券除上述範圍之外，還可搭乘北大阪急行電車(江坂駅～千里中央駅)及大阪單軌電車(千里中央駅～萬博紀念公園駅)。

● 2日券於有效日內須連續使用2天，範圍含大阪市營地鐵全線(含New Tram)及大阪市營巴士。

● 萬博紀念公園版1日券無法使用於阪急寶塚線(三國～螢池)、阪急千里線(下新庄～山田)、阪急京都線(相川～南茨木)、地鐵谷町線(大日～萬博紀念公園)、京阪本線(千林～門真市)等。

● 周遊卡限本人使用，每人限購1張，不得轉讓。

● 無兒童版周遊卡。未滿12歲之兒童可購買大阪市交通局enjoy卡(日幣300元)，但設施場所的入場券需另外購買。

● 大阪周遊卡1日　春夏版發售期：每年4/1～9/30，有效期：每年4/1～10/31；秋冬版發售期：每年10/1～隔年3/31，有效期：每年10/1～隔年4/30。2日券及萬博紀念公園版發售期：每年4/1～隔年3/31，有效期：每年4/1～隔年4/30 (請見周遊卡背面)。

● 大阪周遊卡1日券及2日券可免費入場51項設施，以及32項優惠設施，但無法使用於太陽之塔的內部參觀，詳見大阪周遊卡中文官網。

● 地鐵進站時，票卡請放入自動驗票機入口；出站時，記得取回票卡。

■ 注意事項：

● 購買周遊卡後，無法補差額異動換票，若尚未開封，可到購買場所退票，須支付退票手續費。

● 1日券的使用時間為當天05:00到隔日04:59止。交通巴士以首班車至當日的末班車為止；2日券的使用時間為當天05:00到後天04:59止。交通巴士以首班車至次日的末班車為止。

▲大阪周遊卡

大阪周遊卡路線圖(含大阪地下鐵路線及萬博紀念公園路線)

交通篇

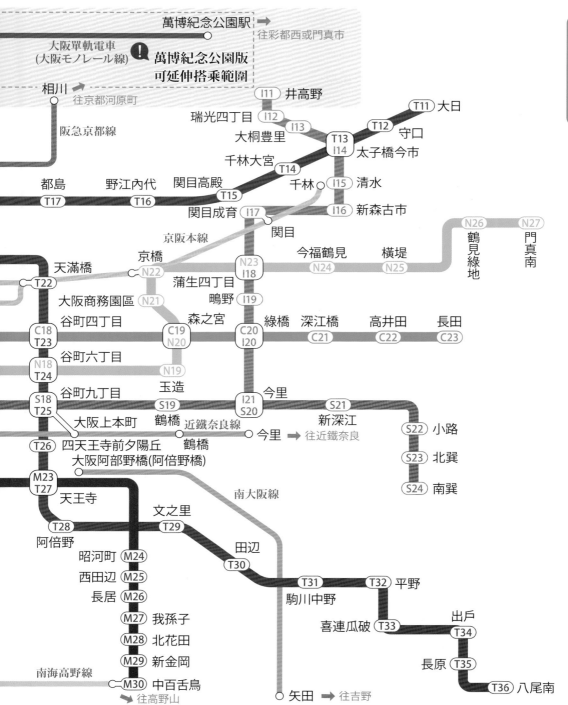

萬博紀念公園駅 → 往彩都西或門真市

大阪單軌電車
(大阪モノレール線) ❗ 萬博紀念公園版
可延伸搭乘範圍

相川 → 往京都河原町

阪急京都線

井高野 I11
瑞光四丁目 I12
大桐豊里 I13
千林大宮 T14
都島 野江內代 関目高殿 T15 千林 I15 清水
T17 T16
関目成育 I17 新森古市 I16
関目

大日 T11
守口 T12
太子橋今市 T13 I14

京阪本線
鶴見緑地 N26 門真南 N27

天満橋
京橋 N22
今福鶴見 横堤
N23 I18 N24 N25
T22
蒲生四丁目
大阪商務園區 N21 鴫野 I19
森之宮 緑橋 深江橋 高井田 長田
谷町四丁目 C19 C20 C21 C22 C23
C18 N20 I20
T23
谷町六丁目 N19
N18
T24
谷町九丁目 玉造 今里
S18 S19 I21 新深江 小路 S22
T25 S20 S21
大阪上本町 近鐵奈良線 北巽 S23
T26 鶴橋 今里 → 往近鐵奈良 南巽 S24
四天王寺前夕陽丘 鶴橋
大阪阿部野橋(阿倍野橋)

M23
T27 南大阪線
天王寺
文之里
T28 T29
阿倍野 田辺
昭河町 M24 T30
西田辺 M25 平野
長居 M26 駒川中野 T31 T32
我孫子 M27 喜連瓜破 T33 出戸
北花田 M28 T34
新金岡 M29 長原 T35
南海高野線 中百舌鳥 M30 八尾南 T36
→ 往高野山 矢田 → 往吉野

大阪地鐵票券

鐵路發行公司：大阪市高速電氣軌道

www.osakametro.co.jp

票券種類	原價
	限大人(12歲以上)
大阪地鐵1日券	700円
大阪地鐵2日券	1,300円

※ 票券費用單位為日幣。

購買地點及方法：

- 大阪地鐵1日券及2日券皆為外國旅客專用版，購買時請出示護照。於關西國際機場第一航廈的關西機場旅遊訊息服務中心(Kansai Tourist Information Center，營業時間：07:00～22:00)，及第二航廈關西觀光情報廣場(Kanku-Machidokor，營業時間：06:30～到23:00)皆有販售。
- 大阪地鐵1日券及2日券皆無兒童版。
- 關西旅遊資訊(京都及大丸心齋橋)不販售。
- 國內旅行社(代理)直接購買。

使用範圍及方法：

- 大阪市營地下鐵全線、新電車(New Tram)及大阪市巴士全線。
- 2日券可在有效期間內連續2天或任選2天使用。
- 票券之有效期間為每年4月1日開始發售，於隔年4月30日前截止。
- 中途轉乘其他交通工具，或因電車路線與大阪地鐵共軌而超出搭乘範圍的話，請在下車時至改札口服務處補票，例如：北大阪急行(M8～M10)、近鐵京阪奈線(C24～C30)。
- 票券在大阪指定的觀光景點售票處，可享有門票折扣優惠，詳情請至大阪地鐵官網查詢。

注意事項：

- 外國旅客專用版沒有限制平日或假日時使用。
- 大阪地鐵車站內自動售票機、大阪地鐵定期券發售所、大阪公車營業所、便利商店等，皆可購買大阪地鐵樂享環境卡(Enjoy Eco Card)，成人(12歲以上)平日版日幣800円、假日版日幣600円，兒童(6～12歲)不分平、假日，皆為日幣300円。平日版可於週一～五任選1天使用；假日版須於週六、日或國定假日使用。
- 此票券無法搭乘西日本JR電鐵、南海電鐵、近鐵電車、阪急電鐵、阪神電車、京阪電車等。

▲外國旅客專用版、平日版

京都地下鐵套票

鐵路發行公司：京都市交通局

www.city.kyoto.lg.jp/kotsu/

票券種類	原價	
	大人(12歲以上)	兒童(6～11歲)
京都地鐵1日券	600円	300円

※ 票券費用單位為日幣。

購買地點及方法：

- 地下鐵各駅改札口窗口、自動售票機、地下鐵案內所、京都市巴士、定期券発売所等。

使用範圍及方法：

- 京都市營地下鐵全線(烏丸線及東西線)。
- 京福電鐵嵐山本線(嵐山駅～四条大宮駅)、北野線(帷子ノ辻駅～北野白梅町駅)。
- 票券於有效期限內可任選1天使用。

注意事項：

● 京都市營地鐵有與近鐵及京阪電鐵共同鐵軌行駛路線之需求，例如使用京都地鐵1日券搭乘超出京都地鐵車站範圍，出站須另外補票。

京都地下鐵路線圖

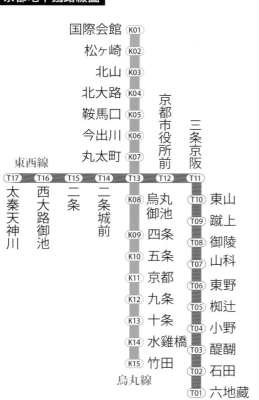

国際会館 K01
松ヶ崎 K02
北山 K03
北大路 K04
鞍馬口 K05
今出川 K06
丸太町 K07

京都市役所前

三条京阪

東西線

T17 T16 T15 T14 T13 T12 T11

太秦天神川
西大路御池
二条
二条城前

K08 烏丸御池 T10 東山
K09 四条 T09 蹴上
K10 五条 T08 御陵
K11 京都 T07 山科
K12 九条 T06 東野
K13 十条 T05 椥辻
K14 水雞橋 T04 小野
K15 竹田 T03 醍醐
T02 石田
T01 六地藏

烏丸線

▲ 京都地鐵1日券

京阪電車套票

鐵路發行公司：京阪電氣鐵道株式會社

www.keihan.co.jp/travel/tw/

票券種類	單程票券價格	
	大人 (12歲以上)	海外旅行社 販售
京都、大阪觀光 1日券	800円	700円
京都、大阪觀光 2日券	1,200円	1,000円
京都觀光1日券	600円	500円
京都、大阪觀光乘車券(京阪+大阪地鐵)	1,400円	1,200円
京都、大阪觀光乘車券(鞍馬&貴船地區擴大版)	1,500円	-

※ 票券費用單位為日幣，海外版因匯率變動影響。

購買地點及方法：

● 關西旅遊資訊服務中心(關西國際機場第一航廈、關西國際機場第二航廈、河原町三条、大丸心齋橋、京都)、京阪祇園四条旅遊資訊中心(營業時間09:30～18:00)、京都塔樓飯店、京都世紀酒店等。

● 發售期間：每年4月1日～隔年3月31日止。

● 有效期間：每年4月1日～隔年4月30日(請見周遊券背面)。

使用範圍及方法：

京都觀光1日券

● 京阪本線(八幡市駅～男山山上駅、八幡市駅～出町柳駅、中書島駅～宇治駅)。

京都、大阪觀光乘車券(京阪+Osaka Metro)

● 京阪本線(中之島駅～天滿橋駅、淀屋橋駅～出町柳駅)。

● 宇治線(中書島駅～宇治駅)。

● 交野線(枚方市駅～私市駅)。

- 男山纜車線(八幡市駅～男山山上駅)。
- 大阪地鐵全線、大阪周遊巴士。

▲ 京都、大阪觀光乘車券(京阪+大阪地鐵)

京都、大阪觀光乘車券(鞍馬&貴船地區擴大版)

- 京阪本線(中之島駅～天滿橋駅、淀屋橋駅～出町柳駅)。
- 宇治線(中書島駅～宇治駅)。
- 交野線(枚方市駅～私市駅)。
- 男山纜車線(八幡市駅～男山山上駅)。
- 叡山電車全線(叡山本線及鞍馬線)。
- 此票券範圍不包含叡山纜車、空中纜車,以及貴船口駅至貴船神社之間巴士交通費用。

▲ 右為京都、大阪觀光乘車券(鞍馬&貴船地區擴大版),左為京都地鐵+嵐電1日券

■ 注意事項:
- 周遊券無法退費,遺失或遭竊時無法補發。
- 周遊券於有效範圍內可自由上下車。
- 京都、大阪觀光2日券無連續2天使用的限制。

京福電車(嵐鐵)套票

鐵路發行公司:京福電氣鐵道株式會社

randen.keifuku.co.jp/tw/

票券種類	單程票券價格	
	大人(12歲以上)	兒童(6～11歲)
嵐電1日券	500円	250円

※ 票券費用單位為日幣。

購買地點及方法:
- 四条大宮駅、帷子ノ辻駅、嵐山駅、北野白梅町駅售票窗口或自動售票機。

使用範圍及方法:
- 嵐山駅～四条大宮駅。
- 帷子ノ辻駅～北野白梅町駅。
- 1日券當日使用。

注意事項:
- 周遊券無法退費,遺失或遭竊時無法補發。
- 從後門上車,前門下車,若沒有使用1日券者,每搭乘1次,單程車票一律日幣220円,兒童日幣110円。

▲ 嵐電自動售票機

▲ 嵐電北野白梅町駅

交通篇

叡山電車套票

鐵路發行公司：叡山電鉄株式会社

eizandensha.co.jp

票券種類	原價	
	大人(12歲以上)	兒童(6～11歲)
叡電1日乘車票(Ee Kippu)	1,000円	500円

※ 票券費用單位為日幣。

購買地點及方法：
- 出町柳駅、修學院站事務所、鞍馬駅(營業時間 09:40～16:30)。
- 販賣期間全年無休。

使用範圍及方法：
- 叡山電車全線(叡山本線及鞍馬線)自由乘坐，不限次數。
- 叡山本線範圍為出町柳駅至八瀬比叡山口駅；鞍馬線範圍為出町柳駅至鞍馬駅。
- 當日可自由上下車，不限次數乘車。
- 限發售日當天使用。

注意事項：
- 此票券範圍不包含叡山纜車、空中纜車，及貴船口駅至貴船神社之間巴士交通費用。

▲ 叡山電車

▲ 叡山電車1日券

叡山電車路線圖

鞍馬線

八幡前 E09
岩倉 E10
木野 E11
京都精華大前 E12
二軒茶屋 E13
市原 E14
二ノ瀬 E15
貴船口 E16
鞍馬 E17

叡山本線

出町柳 E01
元田中 E02
茶山 E03
一乗寺 E04
修学院 E05
宝ケ池 E06
三宅八幡 E07
八瀬比叡山口 E08

京阪電車路線圖

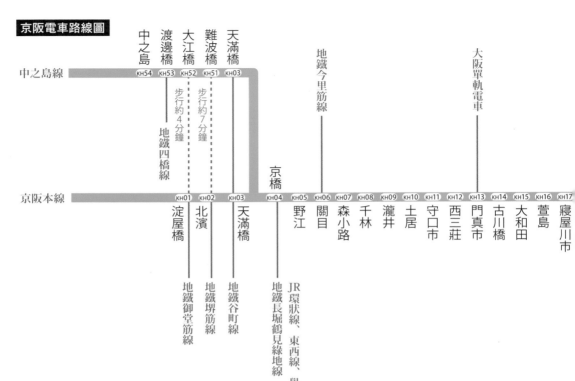

中之島線

中之島 KH54　渡邊橋 KH53　大江橋 KH52　難波橋 KH51　天滿橋 KH03

步行約4分鐘（大江橋）
步行約7分鐘（難波橋）
地鐵四橋線

地鐵今里筋線

大阪單軌電車

京阪本線

淀屋橋 KH01　北濱 KH02　天滿橋 KH03　京橋 KH04　野江 KH05　關目 KH06　森小路 KH07　千林 KH08　瀧井 KH09　土居 KH10　守口市 KH11　西三莊 KH12　門真市 KH13　古川橋 KH14　大和田 KH15　萱島 KH16　寢屋川市 KH17

地鐵御堂筋線
地鐵堺筋線
地鐵谷町線
地鐵長堀鶴見綠地線
JR環狀線、東西線、學研都市線

▲ 京阪電車

▲ 嵐鐵電車

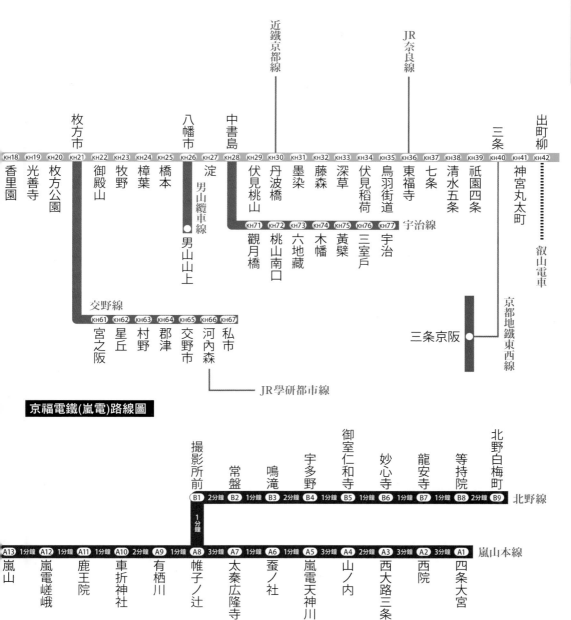

京福電鐵(嵐電)路線圖

購買票券

自動售票機購票方便、操作簡單，也可以替卡片儲值。

票券購買地點
Ticket Stand

　　關西機場關西旅遊訊息服務中心、觀光情報所及關西空港車站(JR Ticket Office及Nankai Ticket Office)可以購買到許多鐵路公司的優惠交通票券，常使用的周遊券種類及購買地點資訊整理如下：

關西旅遊訊息服務中心

營業時間：07:00～22:00
- 關西周遊卡(Kansai Thru Pass)
- 大阪周遊券
- 近鐵觀光周遊券(Kintetsu Rail Pass)
- 阪急觀光周遊券(Hankyu Tourist Pass)
- 阪神觀光周遊券(Hanshin Tourist Pass)
- 京阪觀光周遊券(Keihan Tourist Pass)
- 姬路旅遊券
- 大阪環球影城入場券(適用任何1天，沒有販售生日券及Express Pass)

JR Ticket Office綠色窗口

營業時間：05:30～23:00，售票處樓上有設置外國人專用櫃檯，服務時間：09:30～20:30
- Haruka + ICOCA單程或往返套票
- JR西日本相關周遊券，包含關西地區鐵路周遊券(Kansai Area Pass)、JR關西廣域地區鐵路周遊券(Kansai Wide Area Pass)等。
- 龜岡小火車指定席及立足票(指定席在賞楓及賞櫻期間的指定席座位一票難求，通常會加開第五車廂站自由席站票，但要到トロッコ嵯峨駅、トロッコ嵐山駅及トロッコ龜岡駅現場排隊購買。)
- 大阪環球影城入場券(適用任何1天，沒有販售生日券及Express Pass)

Nankai Ticket Office窗口

營業時間：05:00～23:30
- 特急ラピート(Rapi:t α、Rapi:t β)套票
- 特急ラピート往返套票
- 南海電車+大阪周遊卡一日券
- 南海電車+大阪地鐵套票
- 南海電車+阪神電車觀光套票
- 南海電車+京阪電車觀光套票
- 南海電車+近鐵電車觀光套票

貼心 小提醒

- 操作E-TICKET售票機時請切換至中文，選擇「領取預訂的車票」、「EXCHANGE ORDER(E-TICKET)」，掃描QR碼或輸入預訂編號，再輸入開始使用日、使用條件(護照、入境資格等)及資訊相關導覽，最後掃描IC晶片護照(僅照片那頁)及領取車票。若遇到無法領取情況，可至窗口兌換票券。
- 自動售票機不能使用日幣1円及5円硬幣。

自動售票機購票步驟Step by Step

以京阪電鐵售票機台為例，JR、私鐵、地下鐵售票機台的操作步驟皆相同。

Step 1　查詢地點及票價

查詢你要前往的車站地點及票價。

Step 2　選擇購票張數

黑色為大人，紅色為小朋友。

Step 3　選擇車票金額

Step 4　放入紙鈔及零錢

Step 5　取回車票及收據

取車票、找零錢及收據明細(領收書)。

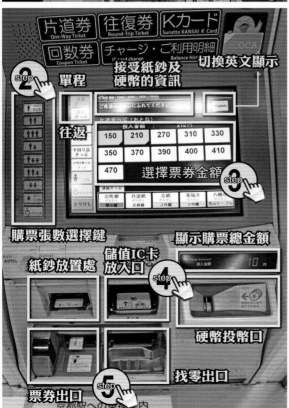

切換英文顯示

接受紙鈔及硬幣的資訊

單程

往返

購票張數選擇鍵

顯示購票總金額

選擇票券金額

儲值IC卡放入口

紙鈔放置處

硬幣投幣口

找零出口

票券出口

行家密技　索取收據按鈕

如需索取收據，機台最後出現餘額畫面時，多會出現收據選項(領收書)，點選即可列印收據明細。

要明細　不要明細

儲值IC卡(SUICA、ICOCA)步驟Step by Step

以JR機台為例(此機台可購買ICOCA卡)

購買ICOCA

儲值IC卡

購買車票

紙鈔放置處 硬幣投幣口

票券出口 找零出口 放置讀卡平台

Step 1 插入IC卡

插入IC卡或放置讀卡平台。

▲ 將IC卡放置讀卡平台、插入IC卡式

Step 2 選擇儲值功能

選擇IC卡儲值功能(有些機器不需手動選擇儲值)。

▲ 選擇IC卡儲值

Step 3 選擇儲值金額

▲ 選擇儲值金額及確認

Step 4 放入紙鈔及零錢

▲ 以現金儲值

Step 5 取回IC卡

取回IC卡及收據明細(領收書)領取方式,見P.75。

▲ 收據明細(領收書)

交通篇

巴士購票步驟Step by Step

以利木津巴士售票機台為例

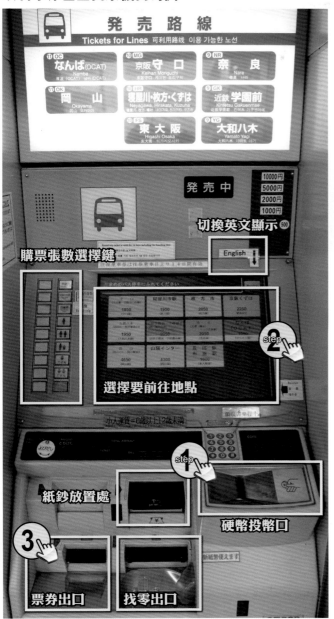

發 売 路 線
Tickets for Lines 可利用路线 이용 가능한 노선

⑪OC なんば(OCAT) Namba 埠區 (OCAT) 난바 (OCAT)
⑩MG 京阪 守口 Keihan Moriguchi 京阪守口 케이한 모리구치
⑨NR 奈 良 Nara 奈良 나라

⑧OK 岡 山 Okayama 岡山 오카야마
⑦HT 寝屋川・枚方・くずは Neyagawa, Hirakata, Kuzuha 寝屋川,枚方,くずは 네야가와,히라카타,구즈하
⑥GK 近鉄 学園前 Kintetsu Gakuenmae 近鉄学園前 킨테쓰 가쿠엔마에

⑤FS 東大阪 Higashi Osaka 東大阪 히가시(오사카)
④YG 大和八木 Yamato Yagi 大和八木, 이와세 야기

発 売 中

10000円 / 5000円 / 2000円 / 1000円

500

切換英文顯示

English

購票張數選擇鍵

選擇要前往地點

小大運貨=6歳以上12歳未満

紙鈔放置處

硬幣投幣口

票券出口

找零出口

Step 1 先投紙幣或零錢

Step 2 選擇前往的地點及金額

▲確認購買金額及張數

Step 3 取車票、找零錢及明細

▲票券及收據明細(領收書)

Kansai Int'l Airport to Osaka City Subway購票步驟Step by Step

「Kansai Int'l Airport to Osaka City Subway」須在自動售票機購買，購買步驟如下：

Step 1 選擇Kansai Int'l Airport to Osaka City Subway

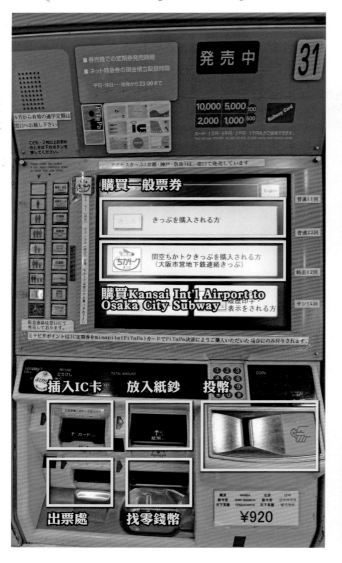

Step 2 選擇購票張數
黑色為大人，紅色為小朋友。

Step 3 選擇車票金額

購票人數
選擇金額
選擇票券
英文顯示切換

Step 4 放入紙鈔及零錢

Step 5 取回車票及收據
取車票、找零錢及收據明細（領收書）。

城市往返交通

關西各大城市，交通往來密集，條條便利。

大阪往來京都
Osaka ←→ Kyoto

- 新大阪駅搭乘新幹線前往JR京都車站約14分鐘即可抵達，車資約日幣1,440円(普通車廂自由席座位)。
- JR大阪駅前往京都的方向，可搭乘JR京都線新快速的班車，約29分鐘抵達JR京都駅(車資約日幣570円)。
- 大阪梅田駅前往京都河原町方向，可搭乘阪急京都線特急的班車，約36分鐘抵達桂駅(前往嵐山地區者須在此轉乘阪急嵐山線的電車)；約50～55分鐘抵達嵐山駅；約43分鐘抵達京都河原町駅(車資約日幣400円)。
- 淀屋橋駅前往京都祇園方向，可搭乘京阪電車特急的班車，約39分鐘抵達中書島駅(前往宇治者須在此轉搭乘宇治線的電車，約55分鐘抵達宇治駅)；約41分鐘抵達丹波橋駅；約48分鐘抵達七条駅；約51分鐘抵達祇園四条駅(車資約日幣420円)；約56分鐘抵達出町柳駅。

從天王寺駅出發，往來京都
- 可搭乘JR環狀線到JR大阪駅，再搭乘JR京都線新快速的班車前往京都方向即可。
- 可搭乘JR環狀線到京橋駅，轉搭乘京阪電車特急班車前往京都祇園四条、出町柳方向即可。

- 可搭乘地鐵御堂筋線到梅田駅，再轉搭乘JR京都線新快速的班車前往京都方向即可。

從難波或心齋橋駅出發，往來京都
- 可搭乘地鐵御堂筋線到淀屋橋駅，再轉搭乘京阪電車特急的班車前往京都出町柳方向即可。
- 可搭乘地鐵御堂筋線到梅田駅，再轉搭乘阪急電車快速急行的班車前往京都河原町方向即可。也可從梅田駅步行到JR大阪車站，再轉搭乘JR京都線新快速的班車前往京都方向即可。

大阪往來神戶
Osaka ←→ Kobe

- 新大阪駅搭乘新幹線前往新神戶駅約13分鐘抵達，車資約日幣1,520円(普通車廂自由席座位)，若搭乘到姬路駅的話，最快約30分鐘抵達，車資約日幣3,280円(普通車廂自由席座位)。
- JR大阪駅前往三ノ宮、姬路的方向，可搭乘JR神戶線新快速的班車，約21分鐘抵達三ノ宮駅(車資約日幣410円)、約25分鐘抵達神戶駅(車資約日幣410円)、約48分鐘抵達舞子駅(因新快速班車沒有停舞子駅，請在神戶駅轉搭乘普通班車前往舞子駅(車資約日幣810円)、約62分鐘抵達姬路駅(車資約日幣1,520円)。
- 大阪梅田駅前往山陽姬路方向，可搭乘阪神電車直通特急(直特)的班車，約12分鐘抵達甲子

園駅(車資約日幣270円)；約31分鐘抵達神戶三宮駅(車資約日幣320円)；約33分鐘抵達元町駅(車資約日幣320円)；約37分鐘抵達高速神戶駅(車資約日幣450円)；約58分鐘抵達舞子公園駅(車資約日幣840円)；約96分鐘抵達山陽姬路駅(車資約日幣1,300円)。

● 大阪難波駅前往尼崎駅，可搭乘阪神電車(難波なんば線)快速急行的班車，約15分鐘抵達尼崎駅(車資約日幣330円)。若你還要前往甲子園、神戶三宮、元町、高速神戶、山陽姬路等駅的話，因從難波駅出發的阪神電車，通常終點站大多為尼崎駅，所以到達尼崎駅時，須在尼崎駅轉搭乘阪神本線電車的直通特急(直特)班車，前往高速神戶及山陽姬路(車資約日幣1,390円)等駅的方向即可。

● 大阪難波駅前往神戶三宮駅，可搭乘近鐵奈良駅出發的快速急行電車，約24分鐘抵達甲子園

駅(車資約日幣360円)；約43分鐘抵達神戶三宮駅(車資約日幣410円)。

● 梅田駅前往神戶三宮方向，可搭乘阪急電車特急的班車，約27分鐘抵達神戶三宮駅(車資約日幣320円)。若你要前往山陽姬路方向的話，建議你在神戶三宮駅搭乘阪神電車直通特急的班車前往山陽姬路駅即可，約100分鐘抵達(車資約日幣1,300円)。

從天王寺駅出發，往來神戶

● 可搭乘JR環狀線到JR大阪駅，再轉搭乘JR神戶線新快速的班車前往三ノ宮、姬路方向即可。

● 可搭乘地鐵御堂筋線到梅田駅，或搭乘地鐵谷町線到東梅田駅，再轉搭乘阪神電車直通特急(直特)的班車前往山陽姬路方向即可。你也可以從梅田駅步行到JR大阪駅，再轉搭乘JR神戶線新快速的班車前往三ノ宮、姬路方向即可。

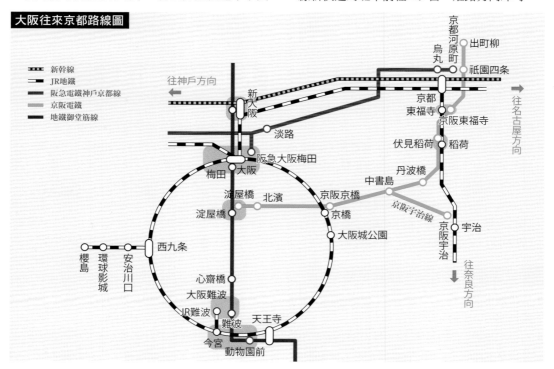

大阪往來京都路線圖

交通篇

從難波或心齋橋駅出發，往來神戶

- 可搭乘地鐵御堂筋線到梅田駅，再轉搭乘阪神電車直通特急(直特)的班車前往山陽姬路方向即可。你也可以從梅田駅步行到JR大阪駅，再轉搭乘JR神戶線新快速的班車前往三ノ宮、姬路方向即可。

大阪往來奈良
Osaka ←→ Nara

- JR天王寺駅前往奈良的方向、加茂的方向，可搭乘JR大和路線快速的班車，約37分鐘抵達JR奈良駅，車資約日幣470円；若從JR難波駅搭乘JR大和路線快速的班車，約47分鐘抵達JR奈良駅，車資約日幣570円。
- 難波駅前往奈良的方向，可搭乘近鐵電車快速急行的班車，約41分鐘抵達近鐵奈良車站，車資約日幣570円。

京都往來神戶
Kyoto ←→ Kobe

- 京都駅搭乘新幹線前往新神戶駅約29～30分鐘抵達，車資約日幣2,860円(のぞみ、ひかり普通車廂自由席座位)。
- 京都駅前往三ノ宮、姬路的方向，可搭乘JR東海道線新快速的班車，約51分鐘抵達三ノ宮駅(車資約日幣1,100円)；約56分鐘抵達神戶駅(車資約日幣1,100円)；約93分鐘抵達姬路駅(車資約日幣2,310円)。
- 京都河原町駅可搭乘阪急京都線特急的班車，約43分鐘抵達梅田駅，再轉搭乘阪急電車快速特急的班車，約12分鐘抵達甲子園駅；約31分鐘抵達神戶三宮駅(車資約日幣630円)。
- 若使用關西周遊卡到山陽姬路駅的話，建議從京都河原町駅到梅田駅轉搭乘阪神電鐵直通特急的班車直達山陽姬路駅，車程最快約140分鐘抵達山陽姬路駅。

大阪往來神戶路線圖

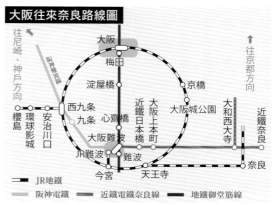

大阪往來奈良路線圖

京都往來神戶路線圖

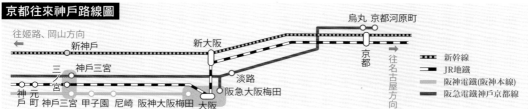

京都往來奈良
Kyoto ←→ Nara

- 從近鐵京都駅前往近鐵奈良方向，可搭乘特急的班車，最快約35分鐘抵達近鐵奈良駅，車資約日幣1,160円(含特急券日幣520円)；若搭乘急行的班車，約46分鐘抵達近鐵奈良駅(車資約日幣640円)。

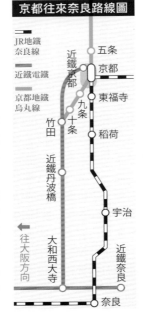

京都往來奈良路線圖

JR地鐵奈良線
近鐵電鐵
京都地鐵烏丸線

五条
近鐵京都／京都
東福寺
九条
十条
竹田
稲荷
近鐵丹波橋
宇治
往大阪方向
大和西大寺
近鐵奈良
奈良

- 從近鐵京都駅前往近鐵奈良方向，可搭乘普通的班車，約65分鐘抵達大和西大寺駅，轉搭近鐵奈良方向的電車，約5分鐘抵達近鐵奈良駅。
- 從近鐵奈良駅前往近鐵京都駅時，若搭乘的是往難波、三ノ宮方向的話，須在大和西大寺駅轉搭近鐵京都方向的電車。
- 從JR奈良駅前往京都方向，可搭JR奈良線乘普通的班車，約需61分鐘即抵達京都駅(車資約日幣720円)。

神戶往來奈良
Kobe ←→ Nara

- 從神戶三宮駅或元町駅搭乘阪神電鐵前往近鐵奈良方向，可搭乘快速急行的班車，約90分鐘抵達近鐵奈良駅

▲ 近鐵奈良　可搭乘快速急行的班車前往神戶三宮

(車資約日幣980円)。

- 從JR奈良駅前往大阪方向，可搭乘區間快速的班車，約54分鐘抵達大阪駅，再轉搭乘JR神戶線新快速的班車至三ノ宮駅，約21分鐘抵達(車資約日幣1,270円)。

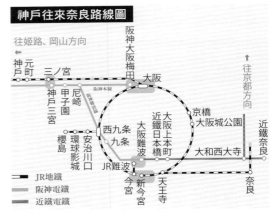

神戶往來奈良路線圖

往姫路、岡山方向
神元戶町
三ノ宮
神戶三宮
甲子園
尼崎
阪神大阪梅田
大阪
京橋
大阪城公園
往京都方向
西九条
大阪難波
近鐵日本橋
近鐵奈良
環球影城
安治川口
大阪上本町
大和西大寺
奈良
櫻島
JR難波
今宮
新今宮
天王寺

JR地鐵
阪神電鐵
近鐵電鐵

從其他地區往來關西
Traffic

鐵路幹線

　　從東京前往京都或大阪建議搭乘東海道新幹線、近畿日本鐵道(名古屋出發)或快速(深夜)巴士，由於東海道新幹線(のぞみ號及ひかり號)車資較貴，但交通時間較短，所以要用金錢換取時間的話，可以選擇搭乘新幹線，從東京駅前往京都駅中途停的車站少的話，車程最快約130分鐘，若中途停的車站多的話，車程約170分鐘；若從名古屋駅前往新大阪駅的車程約60～80分鐘；若從博多駅前往新大阪駅的車程約160～200分鐘，以上也是看新幹線班車中途停多少車站。

▲ 可以選擇搭乘新幹線前往關西

快速巴士

　　快速(深夜)巴士也是交通選項之一，雖然長途巴士車資比較便宜，但相對搭乘時間比較長，假如你是可以在巴士睡一覺到天亮的話，就可以考慮在巴士上度過一晚省住宿費用。可選擇從東京駅八重洲南口搭乘JR快速巴士前往京都駅烏丸口或JR大阪駅高速巴士總站；也可以選擇從東京新宿駅南口搭乘近鐵巴士或阪急觀光巴士前往大阪梅田駅。有時候快速巴士會不定期推出早鳥、平日及深夜優惠票券，因有的班車會包含女性專用座位及女性博愛座，所以在選擇班車與劃位時，須注意相關規定。

▲JR大阪　快速巴士總站

新幹線車資費率

新幹線(のぞみ號及ひかり號普通車廂自由席)	乘車券費用	特急券費用	合計
東京→京都	8,360円	4,960円	13,320円
東京→新大阪	8,910円	4,960円	13,870円
名古屋→京都	2,640円	2,530円	5,170円
名古屋→新大阪	3,410円	2,530円	5,940円
廣島→新大阪	5,720円	4,170円	9,890円
廣島→京都	6,600円	4,170円	10,770円
博多→新大阪	9,790円	4,960円	14,750円
博多→京都	10,010円	5,390円	15,400円

※ 東海道新幹線是日本載客率最高的高速鐵路，所以很少會推出JR Pass的優惠方案給外國遊客搭乘新幹線，而山陽新幹線從博多至新大阪駅往返的路段，目前有山陽山陰JR Pass的優惠方案可以使用。

近畿日本鐵道車資費率

地點區間	車資費用	特急券費用	特急車程(約)
近鐵名古屋→大阪近鐵難波	2,410円	1,930円	2小時24分鐘
近鐵名古屋→近鐵京都	2,640円	1,930円	2小時34分鐘
近鐵名古屋→近鐵奈良	2,290円	1,640円	2小時28分鐘

※ 可使用近鐵周遊券(Kintetsu Rail Pass)日幣3,900円(海外版3,700円)，或近鐵周遊券廣域版(Kintetsu Rail Pass Plus)日幣5,100円(海外版4,900円)搭乘區間電車。

※ 搭乘特急列車時，需另外補特急券的差額費用。

※ 近鐵名古屋前往近鐵京都駅或近鐵奈良駅的班車中途會需在大和八木駅轉乘，請注意轉乘的車站，以免坐過頭。

快速(深夜)巴士車資費率

快速(深夜)巴士	車資費用	車程(約)
東京駅八重洲南口(JR巴士)→京都駅烏丸口	4,000～14,000円	8小時10分鐘
東京駅八重洲南口(JR巴士)→JR大阪駅	4,000～14,000円	9小時20分鐘
東京新宿南口(Willer巴士)→大阪府、京都府	4,100～7,500円	8小時30分鐘
名古屋駅(Willer巴士)→大阪梅田	2,500～3,000円	2小時40分鐘
名鐵巴士總站(名古屋駅)→近鐵奈良駅	2,700円	2小時35分鐘
名鐵巴士總站(名古屋駅)→京都駅	2,600円	2小時30分鐘
名鐵巴士總站(名古屋駅)→神戶(三宮巴士總站)	3,460円	3小時20分鐘
阪急觀光巴士(四國高松駅)→大阪駅(JR高速BT)	3,500～4,100円	2小時40分鐘

住宿篇
Accommodations

關西地區的住宿種類、飯店等級及房間類型
很多元化，該怎麼選擇才適合？

本篇介紹各式飯店的住宿種類、訂房方法、住宿資訊、
訂房須知及訂房應注意的事項供你參考。

住宿種類

各種類型住宿皆有選擇，可依住宿習慣與預算挑選。

　　日本關西地區鐵路交通非常便利，只要你選擇的住宿地點在車站附近的話，不管走到哪旅遊都是很方便。

膠囊旅館
Capsule Hotel

　　膠囊旅館又稱為太空艙旅館，特色是提供很多的單人住小房間，大多設計為一整排上下鋪的房間，有如膠囊般密閉小空間(長約2公尺、寬約1.25公尺、高約1公尺的空間)，住房的入口處設有窗簾或是面板來遮住你的住宿隱私，缺點是隔音較差。旅館有提供基本生活用品，洗手間及淋浴設施屬於共用，男女客房會依不同的樓層來區分住宿範圍。

膠囊旅館每人每晚費用約日幣4,000～7,000円(依設施的等級)。通常大多背包旅客會選擇便宜的膠囊旅館住宿，若你重視隱私及睡眠品質的話，就不適合住膠囊旅館。

民宿
Minshuku

　　日本民宿經營類型有兩種，一為家庭式民宿，二為混合式民宿(例如K's House)。若你選擇家庭式民宿的話，會讓你覺得有家的感覺，原因是民宿老闆也與你住在同個屋簷下，並且會很親切地招待客人；若你選擇混合式民宿的話，你的室友可能來自於不同的國家，也有可能男女生同房，通常民宿的房間不多，大多為日式榻榻米，或者是木板通鋪為主，若洗手間及淋浴設施屬於共用的話，住宿費用會比較便宜。民宿的房型大多為2～4人一室，每人每晚費用約日幣4,000～7,000円左右(早餐另計)。通常日式房間的隔音較差，若你重視睡眠品質的話，就不適合住日式房間。

國際青年旅館
Youth House

假如你是學生或背包客的話，日本的青年旅館(Youth House)是不錯的選擇之一，旅館的房間大多以4～8張床位或上下通鋪為主，你的室友可能來自不同的國家，客廳、洗手間及淋浴等設施皆屬共用，生活日常用品要自行準備。每人每晚費用約日幣3,500～5,500円左右，不過有區分會員費用及一般旅行者的費用。若你經常到日本旅行的話，建議你加入會員會比較便宜，成人(19歲以上)的年費為日幣2,500円，第二年續繳會費為日幣2,000円。你可以在台灣先辦好會員卡(個人卡日幣600円／每人，團體卡日幣2,000円／10人)。青年旅館有些規定要注意與遵守，例如入宿Check-in時間及出入門禁時間要依規定辦理。

官方網站：www.jyh.or.jp

商務飯店
Business Hotel

日本全國各地有許多連鎖經營的商務飯店，例如APA、東橫Inn、Super Hotel等，以上飯店的價位與環境，是自助旅行者的最愛，尤其是在交通捷運車站附近。房間內的空間雖不大，但設備很齊全，包含Wi-Fi、電冰箱、熱水壺、吹風機、電視、衛浴用品等。

單人房每晚費用約日幣7,000～10,500円，雙人房每晚費用約日幣8,500～16,000円，通常Super Hotel會包含早餐，至於其他飯店的早餐是另外計費，詳細資訊請參考飯店的官方網站。

公寓式旅館
Apartment Hotel

公寓式旅館(例如MyStays)適合長期旅行或工作出差的客人，房間內的設施有開放式或簡易型廚房、浴室、書桌等。旅館的房型有很多種，大多以標準型及豪華型1～4人的房間為主，住宿費用有分為單日、連續住宿(3天以上)、連續14天及連續30天等，旅館經常推出連續入住的優惠方案，若想撿便宜好康的話，就須經常關注旅館的官方網站公告，單人房每晚費用約日幣5,500～9,000円，雙人房每晚費用約日幣8,000～13,000円左右。通常公寓式旅館是沒有包含每天清潔整理房間的服務，若你有打掃房間需求的話，需另外付清潔費用，至於早餐的部分是另外計費。

豪華大飯店
Hotel

日本關西地區知名的豪華大飯店(星等級別為4～5)，例如華盛頓、希爾頓、蒙特利、日航、阪急飯店等，通常航空公司都會與大飯店搭配機加酒的活動，價格相對也比較便宜，若你是透過知名的訂房網站訂房的話，建議在出發3個月前訂房會有意想不到的優惠價錢哦！大飯店的設施齊全，單人房每晚費用約日幣9,500～16,000円，雙人房每晚費用約日幣16,000～26,000円，詳細資訊請參考各豪華大飯店的官網。

▲大阪日航酒店

如何選擇及訂房

第一優先要先了解自己或你的團友住宿需求，再來是住宿的地點與費用。

如何選擇適合的住宿地點是一門很大的學問，第一優先要先了解自己或你的團友住宿需求，再來是住宿的地點與費用。

以關西地區(京都、大阪、神戶、奈良)住宿的平均價位及分析結果來看，京都的平均住宿費用是四都裡面最高的，原因很簡單，京都是百年古都，也是世界遺產最多的地區，因此吸引很多世界各國的遊客來此觀光旅遊，加上京都政府規定，要保護京都原始的風貌，所以建築大樓不能太高，相對各家飯店的樓層與房間數量受限制，住宿費用自然是最高的。相反的，奈良地區的住宿平均費用是四都最低的。雖然京都住宿費用較高，但還是有許多遊客願意選擇京都訂房，為了就是要感受一下古都在夜晚寧靜時的氣息。

假如你想要訂的某京都飯店客滿訂不到，或覺得京都的飯店住宿價位太高，你可以求其次往大阪市區內尋找合適的飯店！還有在旅行的過程中，天天打包行李及換住宿地點是一件很累人的事情，難得出國旅行時間寶貴，通常會建議你的住宿地點能固定下來，減少舟車勞頓之苦。

從交通位置選擇
Position

京都、大阪、神戶及奈良的飯店很多，住宿地點該怎麼選擇比較好？通常會建議你選擇交通便利的車站附近或百貨購物商圈附近。

大阪地區：可選擇天王寺、難波、日本橋、道頓堀、心齋橋、梅田、JR大阪等商圈附近。

京都地區：可選擇JR京都車站、烏丸、河原町、祇園等商圈附近。

神戶地區：可選擇三宮、元町等商圈附近。

奈良地區：較靠近郊區，以JR奈良車站及近鐵奈良車站附近為主。

從行程規畫選擇
Plan

你也可以依照旅遊行程的規畫內容來選擇住宿地點。

若你的主要行程有安排京都清水寺、八坂神社、祇園、錦市場、銀閣寺、哲學之道等景點遊玩的話，建議可以住宿在河原町商圈附近。

若你的主要行程有安排大阪城、天守閣、造幣局、通天閣、阿倍野、大阪今昔館等景點的話，建議可以住宿在天王寺商圈附近。

如何訂房

Reservation

假如你已經計畫好前往日本關西旅遊的話，建議先完成訂房程序會比較安心，尤其是每年元旦、春天櫻花季、秋天楓葉季、日本黃金假期等旺季，因為訂房需求量大，雖住宿費用也會比一般平常日還要貴，但還是建議要提早3～6個月前訂房，若是口碑不錯的民宿與商務旅館，只要一開放訂房的那瞬間，不到30～40分鐘的時間，房間馬上被預訂光光了。

- 航空公司機票加酒店方案
- 旅行社服務人員訂房
- 國際全球訂房平台網路訂房
- 飯店的官方網站網路訂房，懂日文或英文的人可以直接打電話訂房

網路訂房

Internet Reservation

目前有許多知名的全球訂房網站，除了有提供日文版的訂房服務之外，也有英文版、中文版，以及各國語言的版本服務，訂房網站也可依照客戶的各種需求，包含住宿天數、住宿人數、房間類型、地點、價位高低或範圍等條件來搜尋出適合的住宿資訊，每間住宿所提供的資訊都很詳細，包含交通、地圖、旅客評語等。

其他訂房網站參考

Hotels.com
http zh.hotels.com

樂天旅遊
http travel.rakuten.com.tw

TripAdvisor
http www.tripadvisor.com.tw

e路東瀛
http www.japanican.com/tw

Booking.com
http www.booking.com

Jalan訂房
http www.jalan.net

以Agoda訂房網站為例，訂房步驟如下：

 Step 1 登入Agoda官方網站

登入Agoda官方網站www.agoda.com/zh-tw(繁體中文版)，若你是會員，直接登入帳號為E-mail及密碼；若你是新會員，需先註冊，只要輸入英文性、英文名字、E-mail信箱及密碼即可完成註冊。

Step 2 輸入完整的個人資料

須再輸入完整的個人資料，包含出生日期(西元年/月/日)、國籍、電話號碼等。當你確定要開始訂房時，將你的信用卡資訊(包括卡號、持有人姓名、信用卡到期日等)填寫完整，即可完成訂房的程序。

Step 3 確認E-mail

完成訂房之後，Agoda官方網站會發送確認的E-mail內容給你，並請你再次確認。

訂房住宿小提醒

- 飯店及訂房網站會不定期的推出好康優惠活動，總之把握時機與提早訂房，相對住宿費用會比較便宜。
- 每週六晚上的住宿費用，以及交通便利的飯店住宿費用會比較高。
- 日本都會區的飯店房內空間小，大多沒有加床的服務。
- 日本訂房與國內訂房文化不同，當你選擇雙人房的話，你的住宿人數就只能是1位或2位，如果你預訂雙人房，而實際報到人數為3位，或明知有兒童隨行，卻沒有申報兒童的人數，在辦理入住登記時，可能會被要求追加客房或住宿費用，嚴重的話第三人會被飯店拒絕入住，所以記得在訂房之前，先詳細瀏覽飯店官方網站的訂房規定。
- 當你抵達住宿地點時，請拿出訂房證明及所有住房旅客的護照，前往服務台辦理Check-in登記。

- 要遵守Check-out時間，日本民宿、商旅及飯店都有寄放行李的服務，服務台人員會詢問你回來取件的時間，並發放號碼牌給你做為取件之用，或者會拿一張小卡片、登記本等方式，請你寫上名字及行李件數，以便領取。
- 住宿費用有包含消費稅及服務等費用，不需另給小費。
- 商旅及飯店的房間內，都有免費Wi-Fi上網的服務，通常房間內都有使用說明(包含帳號及密碼)，若有不明白之處，可前往服務櫃檯詢問。
- 通常住宿基本訂房的費用是不包含早餐，若要包含早餐的話，除了可在官方網站訂購之外，還可以當場在飯店服務櫃檯購買餐券。
- 公寓式商旅價錢雖然便宜，但基本上是沒有包含每日房間打掃的服務，若有打掃房間的需求，可以當場在服務櫃檯購買清潔服務即可。

京都地區住宿一覽表

住宿名稱	交通資訊	官方網站
京都9小時旅館 (Nine Hours Kyoto Hotel)	鄰近阪急線河原町駅步行約2分鐘	ninehours.co.jp
考山京都民宿 (Khaosan Kyoto Guesthouse)	鄰近阪急線河原町駅步行約2分鐘	khaosan-tokyo.com
Hotel MyStays京都四条 (Hotel MyStays Kyoto Shijo)	鄰近地鐵四条駅、阪急四条烏丸駅步行約5分鐘	www.mystays.com
超級酒店Super Hotel京都四条河原町	鄰近阪急線河原町駅步行約4分鐘	www.superhoteljapan.com/cn/s-hotels/shijyogawara
京都四条微笑飯店 (Smile Hotel Kyoto-Shijo)	鄰近地鐵四条駅、阪急四条烏丸駅步行約5分鐘	www.smile-hotels.com/kyotoshijo
京都京門飯店 (Hotel Gimmond Kyoto)	鄰近地鐵烏丸御池駅步行約5分鐘	gimmond.co.jp
京都世紀酒店 (Kyoto Century Hotel)	鄰近JR京都駅步行約2分鐘	www.kyoto-centuryhotel.co.jp
近鐵京都車站酒店 (Hotel Kintetsu Kyoto Station)	鄰近JR京都駅步行約3分鐘	www.miyakohotels.ne.jp/kyoto-station/tw
京都駅前APA飯店 (APA Hotel Kyoto-Ekimae)	鄰近JR京都駅步行約4分鐘	www.apahotel.com
京都塔飯店 (Kyoto Tower Hotel)	鄰近JR京都駅步行約2分鐘	www.kyoto-tower.co.jp/tower_hotel
京都法華俱樂部飯店 (Hotel Hokke Club Kyoto)	鄰近JR京都駅步行約2分鐘	www.hokke.co.jp/kyoto
京都日航公主飯店 (Hotel Nikko Princess Kyoto)	鄰近地鐵四条駅步行4分鐘	princess-kyoto.co.jp
京都皇家Spa飯店 (Kyoto Royal Hotel & Spa)	鄰近地鐵京都市役所前駅步行約2分鐘	kyoto-royal.ishinhotels.com

住
宿
篇

大阪地區住宿一覽表

住宿名稱	交通資訊	官方網站
大阪蒙特利酒店 (Hotel Monterey Osaka)	鄰近JR大阪駅步行約1分鐘	www.hotelmonterey.co.jp
大阪格蘭比亞大飯店 (Hotel Granvia Osaka)	鄰近JR大阪駅步行約1分鐘	www.hotelgranviaosaka.jp
大阪新阪急飯店 (Hotel New Hankyu Osaka)	鄰近阪神梅田駅步行約1分鐘	www.hankyu-hotel.com
大阪心齋橋西佳飯店 (Best Western Hotel Fino Osaka Shinsaibashi)	鄰近地鐵長堀橋駅步行約1分鐘	www.bwhotels.jp/ osakashinsaibashi
難波稻荷(Hotel WBF Namba-Inari)	鄰近地鐵難波駅步行約7分 鐘、JR難波駅步行約5分	www.hotelwbf.com/namba- inari
シェルネルなんば膠囊旅館 (Shell-Nell Namba)	鄰近南海難波駅步行約6分鐘	www.hotelwbf.com/shell-nell
難波東方飯店 (Namba Oriental Hotel)	鄰近地鐵難波駅步行約3分鐘	www.nambaorientalhotel.co.jp
難波道頓堀飯店 (Dotonbori Hotel)	鄰近地鐵難波駅25出口步行約3 分鐘	dotonbori-h.co.jp
菲拉麗茲酒店 (Hotel Hillarys)	鄰近南海難波駅步行約6分鐘	www.hillarys.jp
Hotel MyStays大手前 (Otemae)	鄰近地鐵谷町四丁目駅步行約4 分鐘	www.mystays.com
大阪心齋橋Nest飯店 (Nest Hotel Osaka Shinsaibashi)	鄰近地鐵長堀橋駅步行約1分鐘	www.nesthotel.co.jp/ osakashinsaibashi
心齋橋哈頓飯店 (Hearton Hotel Shinsaibashi)	鄰近地鐵心齋橋駅步行約1分鐘	www.hearton.co.jp/ shinsaibashi
新大阪飯店心齋橋 (New Osaka Hotel Shinsaibashi)	鄰近地鐵心齋橋駅步行約2分鐘	shinsaibashi-noh.jp
難波WBF藝術之旅酒店 (Hotel WBF Art Stay Namba)	鄰近地鐵惠美須町駅步行約2分 鐘	www.hotelwbf.com/ artstaynamba
天王寺都飯店 (Tennoji Miyako Hotel)	鄰近JR天王寺駅、大阪阿倍野 步行約1分鐘	www.miyakohotels.ne.jp/ tennoji
天王寺APA飯店 (APA Hotel Tennouji-Ekimae)	鄰近JR天王寺駅、大阪阿倍野 步行約3分鐘	www.apahotel.com
天滿橋京阪飯店 (Hotel Keihan Tenmabashi)	鄰近京阪電、地鐵天滿橋駅步行 約1分鐘	www.hotelkeihan.co.jp/ tenmabashi
WBF淀屋橋南飯店 (Hotel WBF Yodoyabashi-Minami)	鄰近地鐵淀屋橋駅13號出口步行 約5分鐘、北浜駅6號出口步行約 7分鐘	www.hotelwbf.com/ yodoyabashiminami

神戶地區住宿一覽表

住宿名稱	交通資訊	官方網站
三宮車站飯店 (Sannomiya Terminal Hotel)	鄰近神戶三宮駅步行1分鐘	www.sth-hotel.co.jp
神戶三宮第一大飯店 (Daiichi Grand Hotel Kobe Sannomiya)	鄰近阪急三宮駅、JR三ノ宮駅步行約5分鐘	www.dgh-kobesannomiya.com
神戶蒙特利酒店 (Hotel Monterey Kobe)	鄰近阪急三宮駅、JR三ノ宮駅步行約5分鐘	www.hotelmonterey.co.jp/tw/htl/kobe
神戶元町東急REI飯店 (Kobe Motomachi Tokyu REI Hotel)	鄰近神戶元町駅、JR元町駅步行約5分鐘	kobemotomachi.tokyuhotels.com
神戶大倉飯店 (Hotel Okura Kobe)	鄰近JR元町駅步行10分鐘	www1.okura.com/tw/hotels/kobe/index.html
神戶Meriken公園東方飯店 (Kobe Meriken Park Oriental Hotel)	鄰近JR元町駅步行15分鐘	www.kobe-orientalhotel.co.jp

奈良地區住宿一覽表

住宿名稱	交通資訊	官方網站
奈良背包客賓館 (Guesthouse Nara Backpackers)	鄰近奈良(近鐵)駅步行約10分鐘	www.nara-backpackers.com/home.jp.html
東橫Inn近鐵奈良駅前 (Toyoko Inn Kintetsu Nara Ekimae)	鄰近奈良(近鐵)駅步行1分鐘	www.toyoko-inn.com/c_hotel/00249/index.html
奈良陽光酒店 (Sun Hotel Nara)	鄰近JR奈良駅步行約1分鐘	www.sunhotelnara.jp
JR奈良站超級酒店 (Super Hotel Lohas JR Nara Station)	鄰近JR奈良駅步行約1分鐘	www.superhoteljapan.com/cn/s-hotels/nara-lohas
奈良日航飯店 (Hotel Nikko Nara)	鄰近JR奈良駅步行約1分鐘	www.nikkonara.jp
奈良小町賓館 (Guesthouse Nara Komachi)	鄰近JR奈良駅約5分鐘	www.e-japannavi.com/hotel/nara/guesthouse_nara_komachi
奈良華盛頓廣場飯店 (Nara Washington Hotel Plaza)	近JR奈良駅步行約5分鐘	washington.jp/nara

房型介紹

日本的房間分為洋式及日式和室。

若你的旅遊日期會遇到新年元旦、櫻花季、楓葉季、黃金假期等，因訂房需求量大，為了避免選擇不到理想的飯店與房間，建議提早3～6個月前完成訂房作業。

飯店的房間一般都是禁煙房，若住宿的房型有分為禁煙房及吸煙房的話，對於討厭無法忍受煙味的房客，就不能選擇吸煙房，因為真的會有煙味殘留。

日本的房間分為洋式及日式和室，日式的床型屬於地鋪榻榻米，洋式房型分為單人房(Single Room)、雙人房(Double Room及Twin Room)、三人房(Triple Room)、四人房(Fours Room)等。

大多民宿及商旅的單、半雙人房型會標示可容納1～2人，房間的空間都一樣大，床的尺寸約137x190公分，通常兩位大人睡在一起是比較擠，若是屬於共宿混合的房間，一人一張床，單人床的尺寸約105x190公分。設備等級較高的商旅及大飯店的雙人房(Double Room)是指一張大床(尺寸約186x190公分)，Twin Room是指2張單人床(尺寸約137x190公分)；三人房(Triple Room)不見得是指3張單人床，也有可能是含一張沙發床；四人房(Fours Room)有可能是4張單人床，或2張雙人床，以上相關資訊必須要查詢仔細，以免因認知不同而困擾掃興。

▲半雙人房型(含沙發床，可睡1～2人)

▲沙發床

▲單人床型(Single Room)

▲雙人房Twin Room

▲三人房型(Triple Room)

美食購物篇
Gourmet & Shopping

準備好購物血拼了嗎？
知道哪些是必吃的美食料理嗎？

本篇介紹關西地區熱門的百貨購物商圈、傳統市場、商店街、美食料理，

以及辦理免稅(TAX-FREE)的方法等資訊。

特色商圈

交通便利、店面多樣，在關西商圈購物讓人絕不失望。

大阪 難波、道頓堀、心齋橋、美國村

難波(なんば)、道頓堀

為大阪南區的主要交通樞紐，鐵路線包括南海電鐵、JR西日本鐵道、近鐵難波線及大阪市營地鐵等，附近還有OCAT巴士總站。難波購物商圈的範圍包括丸井0101百貨、高島屋百貨、電器商場BIC CAMERA、地下街、唐吉軻德、Forever21、星巴克、千日前道具街及道頓堀商店街，這裡也有大家熟知的美食，包括章魚丸子燒、一蘭拉麵、金龍拉麵、四天王拉麵、元祖串炸、螃蟹道樂、PABLO半熟起士蛋糕、老爺爺起士蛋糕等。附近還有心齋橋筋、戎橋筋、美國村及南船場等商店街及購物中心。

心齋橋筋商店街

街道旁有大丸百貨、迪士尼專賣店、百元商品大創(DAISO)、知名的連鎖藥妝店包括松本清、OS Drug、コクミンドラッグ、ダイコクドラッグ等，服飾品牌包括H&M、ZARA、GU、UNIQLO旗艦店(參閱地圖P.102)，各式店鋪林立應有盡有，可以讓你盡情地享受購物樂趣。

美國村

位於大阪御堂筋通的西側(東側為心齋橋筋)，早期1960年代美國村只有倉庫及停車場，後來為了與心齋橋商圈競爭及吸引年輕族群的市場，於1970年從美國西海岸進口中古服飾、牛仔褲、舊唱片及雜貨等，開始設置咖啡廳與商店，經時代轉變，美國村曾經代表著年輕族群所追求獨特創意的想法，包括時尚、音樂及藝術等。

附近商店及購物中心包括Big Step、OPA、Flying Tiger Copenhagen、時裝、童裝、雜貨及餐飲等店鋪(參閱地圖P.102)。

▲ 道頓堀

▲ 心齋橋筋商店街

美食購物篇

▲ 千日前商店街

▲ 美國村商店街

如何前往

- 從JR大阪、梅田駅或天王寺駅出發可搭乘大阪地鐵御堂筋線即可抵達難波駅或心齋橋駅。
- 從心齋橋駅6號出口即可抵達心齋橋筋商店街，從7號出口(OPA、日航酒店旁)可前往美國村。
- 營業時間：依各店鋪規定。
- 注意事項：建議待4～5小時遊玩，喜歡購物者可待整天。

熱門推薦

とんぼりリバークルーズ (道頓堀水上觀光船)
水上品味大阪南部河川風光

　　碼頭位於道頓堀唐吉訶德及一蘭拉麵門口，水上觀光船以每小時整點00分及30分發船，會依天候狀況開航(如下大雨會停航)，每班船都有服務人員會說明當地的特色與每座小橋典故，航行時間約20分鐘，可盡情地欣賞大阪南部地區及道頓堀河川內的街景風光。

DATA ➡ 搭乘地鐵御堂筋線至難波駅地下街B14或B20出口處，步行約5分鐘即可抵達 ☎ 06-6441-0532 ⏰ 平日13:00～21:00，每週六、週日、國定假日11:00～21:00，休息日為7/13、7/24、7/25，及官網公告 💲 日幣900円，使用大阪周遊卡可免費搭乘一次 🌐 www.ipponmatsu.co.jp/cruise/tombori.html 🗺 參閱地圖P.103

1.觀光船有專業的導覽人員解說／2.道頓堀水上觀光船

ビックカメラなんば
(BIC CAMERA難波店)
多款生活電器用品與各式商品

位於大阪千日前通及商店街路口處，BIC CAMERA難波店內的日常生活電器商品及電子3C產品很多，包含大家喜歡的國際牌吹風機，新品要日幣20,000円以上，而舊款式的吹風機只要日幣幾千元就可以買到。除此之外，商場1F有賣手機、平板電腦、筆電、SIM卡、自行車等用品，2F有各種品牌的相機、文具及行李箱等旅行用品，3F～6F有家電用品，包括保溫瓶、麵包機、水波爐等，7F有玩具及模型等，有些商品會不定期優惠，記得要到官方網站下載折價券才有優惠！

DATA 🖂 大阪市中央區千日前2-10-1(難波店) ➡ 搭乘地鐵御堂筋線至難波駅地下街，在B17或B19出口處之間 ☎ 06-6634-1111 🕐 10:00～21:00 🌐 www.biccamera.com 🗺 參閱地圖P.103

PABLO半熟起士蛋糕
現場參觀師傅製作起士蛋糕

心齋橋與道頓堀各有一間PABLO半熟起士蛋糕的分店，你可以依位置與就近的距離前去購買，店鋪裡的廚房展示區及結帳區都是開放式的，一般民眾都可以看到師傅製作蛋糕及甜點的過程。起士蛋糕內的乳酪內餡柔軟如泥、入口即

化，吃了都讚不絕口。半熟起士乳酪蛋糕大約只能冷藏2天，所以趁新鮮吃下肚吧！

DATA 🖂 大阪市中央區心斎橋筋2-8-1 (心斎橋ゼロワンビル1F) ➡ 搭乘地鐵御堂筋線至心齋橋駅6號出口處，往右方向步行約3分鐘即可抵達 ☎ 06-6211-8260 🕐 11:00～23:00 💲 日幣900円 🌐 www.pablo3.com 🗺 參閱地圖P.103

りくろーおじさんの店
(老爺爺起士蛋糕)
鬆軟綿密圖案烙印起士蛋糕

老爺爺起士蛋糕在大阪地區的門市約11間，包括天王寺駅、新大阪駅、大丸梅田店等，不過排隊人潮最多的店就在難波了。每當鈴聲響起時，就是老爺爺起士蛋糕出爐囉！服務人員會將老爺爺的圖案現場烙印在起士蛋糕上面，蛋糕吃起來鬆軟綿密，除了食材使用麵粉、雞蛋之外，蛋糕底層的葡萄乾也很好吃。

DATA 🖂 大阪市中央區難波3-2-28(難波店) ➡ 搭乘地鐵御堂筋線難波駅地下街B13出口處，步行約3分鐘即可抵達 ☎ 0120-57-2132 🕐 09:30～21:30 💲 日幣725円起 🌐 www.rikuro.co.jp 🗺 參閱地圖P.103

一蘭拉麵
國際遊客最愛拉麵

　　發源地來自於九州福岡的一蘭豚骨拉麵，已成為國際遊客必吃的拉麵之一，進入店內時，要先到販賣機購買食券，看你要加選購麵條，還是要選購水煮蛋都可以，因為國際遊客很多，所以販賣機都有英文版及中文版的操作說明。由於拉麵是現場煮給顧客吃的，所以記得向店員要中文版的口味選單，內容可以讓你選擇湯頭的濃度、蒜與蔥的多與少，以及麵條的硬與軟等等。最後食物及湯一定要統統吃完，這樣才能見到碗底的字。

DATA
✉ 大阪府大阪市中央區宗右衛門町7-18-1F　➡ 搭乘地鐵御堂筋線難波駅地下街B14或B20出口處，步行約5分鐘即可抵達　☎ 06-6212-1805　🕐 24hrs　💰 日幣890円
🌐 www.ichiran.co.jp　🗺 參閱地圖P.103

螃蟹道樂
大阪螃蟹海鮮料理首選

　　來到大阪想吃螃蟹海鮮料理的話，第一都會想到位於道頓堀的螃蟹道樂，光是在道頓堀這條街道上，就有3間店，分別為螃蟹道樂總店、螃蟹道樂中店及螃蟹道樂東店，若你只是想嘗鮮吃螃蟹餐的話，建議中午11:00～16:00之間來用餐，菜單的價位比較便宜，這就是所謂的商業套餐，從下午16:00之後的菜單就高檔許多，當然料理的食材與分量也與中午不同。店內會標示飯類使用的是日本米，也會隨季節不同，盛盤、器皿和上菜方式會有所改變！

DATA
✉ 大阪府大阪市中央區道頓堀1-6-18　➡ 搭乘地鐵御堂筋線難波駅地下街B12出口處，往戎橋筋商店街方向步行約4分鐘即可抵達　☎ 06-6211-8975、預約專線06-4963-2245　🕐 11:00～23:00(最後點餐22:00)　💰 日幣3,600円起　🌐 douraku.co.jp.t.at.hp.transer.com
🗺 參閱地圖P.103

1.螃蟹道樂總店／2.店門口的螃蟹套餐展示區／3.美味的套餐／4.各式套餐供顧客選擇

夫婦善哉
百年歷史燉煮紅豆湯

　　位於上方浮世繪館及法善寺小巷的旁邊，夫婦善哉創立於明治16年，至今已有110多年歷史，目前使用日本生產的丹波紅豆燉煮的紅豆湯一式兩碗，甜甜的紅豆配鹽昆布(海帶)吃，據說情侶或夫婦兩人一起吃紅豆湯的話，愛情會長長久久，圓滿幸福。在夏季的時候也有賣抹茶善哉的冰品！

DATA
* ✉ 大阪市中央區難波1-2-1　➡ 搭乘地下鐵御堂筋線至難波駅地下街B16出口處，步行約5分鐘即可抵達
* ☎ 06-6211-6455　🕐 10:00～22:00　💲 日幣800円
* http sato-res.com/meotozenzai　MAP 參閱地圖P.103

金龍ラーメン(金龍拉麵)
豚骨湯頭日式叉燒

　　到大阪道頓堀必吃的金龍拉麵，店鋪外觀很有特色，一條青龍很有氣勢地站立在店鋪的屋頂上，店鋪只賣以豚骨湯頭為主的叉燒拉麵，只有2種價錢，一切依叉燒肉片的量來區分，所以不需特別看菜單，但吃拉麵之前要先在售票機購買食券，泡菜、韭菜和蒜頭是免費提供的，店鋪座位是高台式的榻榻米，要先脫鞋才能坐在上面，如果沒有脫鞋，可以站著吃拉麵！

DATA
* ✉ 大阪市中央區道頓堀1-7-26　➡ 搭乘地鐵御堂筋線至難波駅地下街B20出口處，步行約4分鐘即可抵達
* ☎ 06-6211-6202　🕐 24hrs　💲 日幣650円起　MAP 參閱地圖P.103

1.夫婦善哉的紅豆湯一式兩碗／2.夫婦善哉店外景觀／3.4.金龍拉麵的叉燒拉麵／5.金龍拉麵店鋪屋頂上的青龍

丸福珈琲店(丸福咖啡)
昭和復古風情咖啡套餐

　　創業於西元1934年(昭和9年)的丸福珈琲店，已超過80年的歷史，店鋪外觀保有歐式建築的風格，室內裝潢可感受到復古昭和時代的歲月痕跡，獨特的咖啡烘焙技術傳承至今，深受大阪人的喜愛。除了香濃咖啡之外，再搭配三明治或蛋糕甜點的套餐組合，費用會比較划算！

DATA
✉ 大阪市中央區千日前1-9-1 ➡ 搭乘地鐵御堂筋線難波駅至地下街B26出口處，步行約1分鐘即可抵達
☎ 06-6211-3474 ⏰ 08:00～23:00 💲 A套餐日幣560円，B套餐日幣620円 http www.marufukucoffeeten.com
MAP 參閱地圖P.103

1.B套餐／2.A套餐／3.古典的復古昭和時代裝潢／4.外觀的歐式風格

鶴橋風月
在地代表性大阪燒

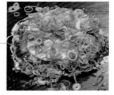

　　在關西大阪地區最具代表的大阪燒(お好み焼き)，就屬於60多年歷史的「鶴橋風月」，光是在大阪地區的分店就有20幾間，京都地區分店約有3間，料理的種類很多，包含豬肉、牛肉、炒麵、花枝、蝦子、章魚、干貝、蠔、牡蠣(冬季限定)等多種口味，店內招牌是風月燒(牛)，日本女性大多喜愛じゃがもちチーズ玉(馬鈴薯起士蛋)，一番人氣料理是牛すじねぎ玉(牛肉蔥蛋)。

DATA
✉ 大阪市中央區道頓堀1-9-1 ベルスードビル3F(戎橋店) ➡ 搭乘地鐵御堂筋線難波駅至地下街B12出口處，步行約4分鐘即可抵達 ☎ 06-6212-5990 ⏰ 11:00～隔天凌晨02:00 (最後進場時間為01:00) 💲 日幣600円～1,600円 http www.ideaosaka.co.jp MAP 參閱地圖P.103

BEARD PAPA's
脆皮現烤入口即化泡芙

　　日式泡芙ビアードパパ(BEARD PAPA's)在日本全國都有店鋪，最大的特色是外皮現烤脆脆的，當場在擠下奶油內餡，吃起來的口感入口即化，除了日式原味牛奶泡芙之外，還有餅乾泡芙、法式泡芙及限定版北海道牛奶泡芙！

DATA
✉ 大阪市中央區心斎橋筋2丁目6-14 (アクロスビル1F) ➡ 搭乘地鐵御堂筋線至難波駅14號出口，步行約4分鐘即可抵達 ☎ 06-6484-3818 ⏰ 11:00～23:00 💲 日幣160円 http www.beardpapa.jp MAP 參閱地圖P.102

1.泡芙都是當場現烤／2.小巧的店面外觀／3.包裝紙上有可愛的老爺爺肖像

ドン・キホーテ驚安の殿堂
(唐吉訶德驚安的殿堂)
生活雜貨各式用品樣樣俱全

　　唐吉訶德(ド
ン・キホーテ)驚安
殿堂是日本知名
的連鎖藥妝及彩
妝用品專賣店，
除了藥妝及彩妝
用品之外，還有
賣飲料(包含啤
酒)、生活用品、玩具、包包等雜貨用品，若你有
藥妝的問題，有專業的藥劑師可以諮詢。

DATA 🖂 大阪市中央區西心斎橋2-5-9(御堂筋通旁) ➡ 搭乘地
鐵御堂筋線至難波駅25號出口，步行約2分鐘即可抵達
📞 06-6214-3211 🕐 24hrs 🌐 www.donki.com 🗺 參
閱地圖P.103

神座拉麵
招牌料理是半熟蛋
＋叉燒拉麵

　　店鋪創辦人本身就
是廚師，開發出特色
湯頭，不僅加入許多蔬菜(大白菜或高麗菜)，並
用清爽的鹽味高湯熬煮，受到華人們的喜愛。用
餐之前須先在餐廳門口旁的點餐機器選擇及購買
餐券，店內的招牌料理是半熟
蛋＋叉燒拉麵，建議你可以
選擇蔬菜＋半熟蛋＋叉燒拉麵
的組合。

DATA 🖂 大阪市中央區道頓崛1-5-10(神座道頓崛店) ➡ 搭乘地
鐵御堂筋線心齋橋駅6號出口處，約步行3分鐘即可抵達
📞 06-6211-5223 🕐 11:00～22:00(週日～四)、11:00～
23:00(週五、六、假日前一天)，全年無休 💲 拉麵日幣
700円起 🗺 參閱地圖P.102

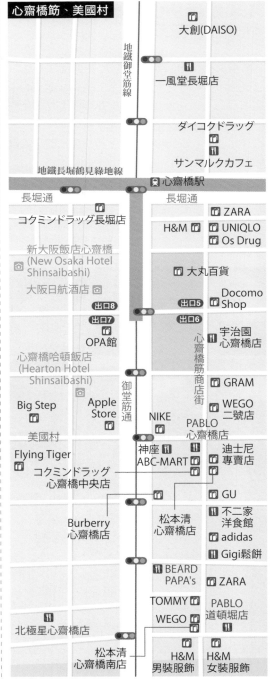

大阪車站、梅田商圈

　　JR大阪車站及梅田車站商圈非常熱鬧，除了有JR西日本鐵路之外，還匯集了大阪地鐵、阪急鐵路、阪神鐵路等，是西日本大阪市中心的交通樞紐，附近的百貨公司林立，有大丸百貨、阪急百貨、阪神百貨、Grand Front Osaka、LUCUA及LUCUA 1100等，還有複合式電器商場Yodobashi、HEP　FIVE(有迪士尼專賣店)、阪急三番街及梅田Whity地下街等，可以讓你盡情地享受購物樂趣。

▲JR大阪　車站

▲JR大阪　車站及梅田　百貨街很有聖誕節氣氛

如何前往

- 從JR京都駅可搭乘JR京都線新快速的班車，車程約28分鐘抵達JR大阪駅。
- 從JR三ノ宮駅可搭乘JR神戶線新快速的班車，車程約22分鐘抵達JR大阪駅。
- 從心齋橋駅、難波駅或天王寺駅可搭乘大阪地鐵御堂筋線，車程個別約10〜16分鐘抵達梅田駅。

■　熱門推薦

博多新風ラーメン食堂
（新風拉麵食堂）
清爽濃郁豚骨博多風拉麵

　　來自九州福岡的博多拉麵，新風ラーメン食堂也在JR大阪駅的LUCUA 1100地下2樓開了一家分店(大阪市區首家分店)，拉麵有2種特色，一為新風麵黑(蒜油拉麵)，另一種是博多豚骨白，據說豚骨所熬煮特製湯頭含有豐富的膠原蛋白，所以很受日本女性的喜愛。招牌叉燒肉拉麵吃起來清爽濃郁好吃，除了拉麵之外，還有博多餃子及豬蹄等套餐提供顧客選擇。

DATA
📧 大阪市北區梅田3-1-3 (LUCUA 1100 B2)　📞 06-6151-1539　🕐 11:00〜24:00(最後點餐時間23:30)　💲 日幣750円起　🅼 參閱地圖P.107

1.黑豚骨拉麵／2.叉燒肉加煎餃子

とんかつまい泉
（Maiitsumi豬排三明治）
清脆咬下滿口生香

　　とんかつまい泉MAiSEN豬排三明治在大阪地區的各大百貨公司美食街都有設櫃，例如梅田大丸百貨、上本町近鐵百貨、阿倍野近鐵店、心齋橋大丸店、大阪高島屋店等。まい泉最有名的就是炸物美食，除了有開餐廳之外，也有販賣便當、三明治等，豬肉的厚度與三明治的大小尺寸都與價格有關，豬排沾著特製醬汁，咬下去的那瞬間真的很美味。

DATA ✉ 大阪府大阪市北區梅田3-1-1(大丸梅田店B1)
☎ 06-6344-6771 ⏰ 10:00～20:00 💲 日幣390円起
🔗 mai-sen.com MAP 參閱地圖P.107

CLUB HARIE
現場烘烤人氣年輪蛋糕

　　位於阪急百貨梅田店的B1有一間人氣甜點CLUB HARIE年輪蛋糕，師傅全程現場烘烤完成之後再賣給客人，可看到排隊的人潮絡繹不絕！年輪蛋糕有濃濃的雞蛋香味，外面粘著一層白色薄薄的糖，蛋糕吃起來鬆軟可口，蛋糕的價錢與厚度有關。還有一點要特別注意，保存期限約7天，所以趁新鮮吃下肚吧！

DATA ✉ 大阪市北區角田町8-7 (阪急うめだ本店 B1)
☎ 06-6313-0207 ⏰ 10:00～20:00 💲 日幣1,180円起
🔗 clubharie.jp MAP 參閱地圖P.107

空中庭園展望台
高處展望美麗大阪夜空

　　空中庭園大廈高約173公尺(約42層樓高)，最高頂樓是露天開放式的展望台，可以360度眺望大阪市區四周的街景，能見度好的話，最遠可以眺望到淡路島。展望台這裡也列為大阪戀人勝地之一，所以每到夜晚都會有情人來此約會。每年聖誕節(11月中旬開始)，大廈1F會舉辦園遊會與遊客一同歡樂。

DATA ✉ 大阪市北區大淀中1-1-88 (梅田藍天大廈) ➡ 搭乘JR大阪駅，或阪急、地鐵御堂筋線至梅田駅步行約約9分鐘即可抵達 ☎ 06-6440-3855 ⏰ 10:00～22:30(最終入場時間22:00，根據季節不同會有所變更) 💲 大人日幣1,500円(身心障礙者日幣750円)、4歲～小學生日幣700円(身心障礙者日幣350円)、未滿4歲免費入場，可使用大阪周遊卡 🔗 www.kuchu-teien.com ⏱ 建議待40分鐘遊玩 MAP 參閱地圖P.107

1.空中庭園展望台夜景／2.3.1F聖誕節園遊活動

LUCUA、LUCUA 1100
品牌多樣豐富的百貨商場

位於JR大阪車站中央北口兩側，LUCUA為東館及LUCUA 1100為西館，百貨1F～8F的時尚服飾專櫃是職場女性的最愛，店鋪專櫃包括化妝品、帽子、包包、男性服飾、雜貨品牌、土產和菓子及生活用品(無印良品、LoFt)等，9F是梅田蔦屋書店，10F是餐廳美食，地下1F也有女性鞋子及各式項鍊精品，地下2F有美食街餐廳及下午茶飲食區，包括長崎蛋糕、知名品牌馬卡龍及福砂屋等專賣店。

DATA ✉ 大阪市北區梅田3-1-3 ☎ 06-6151-1111 ⏰ 10:00～21:00 ⊕ www.lucua.jp、www.lucua.jp/lucua1100 🗺 參閱地圖P.107

Grand Front Osaka
包羅萬象的廣袤購物商城

位於JR大阪車站北口，於2013年4月26日開幕，據說是名建築師安藤忠雄所設計，範圍包含住宅、酒店、商業辦公大樓，在百貨公司範圍包含うめきた広場、南館及北館，店鋪約266家，包括無印良品旗艦店，ZARA Home、時尚服飾、雜貨、生活用品、書店、餐飲美食等，對於喜歡購物血拼的人來說，給你半天的時間也不夠逛，在購物逛街之前，記得到遊客服務中心領取1本樓層導覽簡介！

DATA ✉ 大阪市北區大深町4-1(うめきた広場)、4-20(南館)、3-1(北館) ☎ 06-6372-6300 ⏰ 10:00～21:00，餐廳11:00～23:00 ⊕ gfo.com.tw 🗺 參閱地圖P.107

Yodobashi梅田店
電器與多樣生活用品複合商場

複合式商場內放置各式各樣的商品，Yodobashi梅田店樓層的範圍在B2～4F，若要去看筆電、平板電腦、手機皆在1F，相機產品都在2F，4F為生活家電，5F～7F為Fashion Zone男女時裝區，品牌包括UNIQLO、ABC-MART、JUMP SHOP(動漫商品)、模型、CHIME、Levi's等，8F為餐廳，9F～12F為停車場。商場門市的商品會有不定時優惠活動，相關資訊請到官方網站查詢。

DATA ✉ 大阪府大阪市北區大深町1-1 (JR巴士乘車處斜對面) ☎ 06-4802-1010 ⏰ 09:30～22:00，餐廳11:00～23:00 ⊕ www.yodobashi-umeda.com 🗺 參閱地圖P.107

滝見小路
舊日美食小街商城再現

重現復古懷舊日本大正、昭和時代的大阪老街，滝見小路聚集了許多大阪平價美食，包括きじ大阪燒、芭蕉庵、拉麵喜らく、烏龍麵、咖哩飯、鐵板燒、壽司等日式料理，建議你傍晚先來滝見小路用餐，用餐後剛好可以前往空中庭園展望台看夜景！

1.2.復古懷舊老街

DATA ✉ 大阪市北區大淀中1-1-88(梅田藍天大樓B1) ➡ 搭乘JR大阪駅，或阪急、地鐵御堂筋線至梅田駅步行約9分鐘即可抵達 ⏱ 依各店鋪規定 🕐 11:00～21:00 http www.takimikoji.jp MAP 參閱地圖P.107

きじ
(Kiji大阪燒)
名人造訪的知名美食小店

店鋪創業至今約40多年，店內的空間並不是很大，但很受大阪人及觀光客的喜愛，きじ(木地)店內牆上貼滿很多歷年來名人到此用餐留念的照片，還有許多遊客來留下的明信片及寫下感言的便條紙。通常師傅會先將做好的大阪燒搬移至客人桌子面前的鐵板上，客人桌上的鐵板是保溫使用的，所以不用懷疑，請直接用餐吧！吃大阪燒若能再配一杯啤酒就更美味啦！

DATA ✉ 大阪市北區大淀中1-1-88 (梅田藍天大樓滝見小路B1) ➡ 搭乘JR大阪駅，或阪急、地鐵御堂筋線至梅田駅步行約9分鐘即可抵達 ☎ 06-6440-5970 🕐 11:30～21:30，每週四公休 💲 日幣680円起 http www.takimikoji.jp/shop/kiji MAP 參閱地圖P.107

大阪車站、梅田商圈

- 空中庭園展望台
- 滝見小路、きじ
- Grand Front Osaka 北館
- Yodobashi梅田店
- 行人地下道
- Grand Front Osaka 南館
- 出口5
- 出口4
- 出口3
- 阪急三番街
- UNIQLO
- 阪急大阪梅田駅
- H&M
- EST
- UM1
- 梅田阪急高速、利木津巴士站牌
- HEP FIVE
- 新阪急飯店 (Hotel New Hankyu Osaka)
- うめきた広場
- JR巴士總站1F
- LUCUA
- 地鐵梅田駅
- Whity地下街
- LUCUA 1100三越伊勢丹、博多新風ラーメン食堂
- JR大阪駅
- 阪急百貨、CLUB HARIE
- 大丸百貨、とんかつまい泉
- 阪神大阪梅田駅
- 搭蘭比亞大飯店 (Hotel Granvia Osaka)
- 阪神百貨
- 地鐵東梅田駅
- 大阪Herbis 利木津巴士站牌
- UM2
- 希爾頓酒店
- Herbis Plaza Ent
- 希爾頓酒店
- 地鐵西梅田駅
- 蒙特利酒店 (Hotel Monterey Osaka)

新世界、通天閣、JANJAN橫丁

　　充滿復古風情的新世界商圈位於大阪市浪速區惠美須東的街道上(天王寺公園西側)，範圍包含通天閣本通、新世界本通、公園本通、弁天町，以及南陽本通(JANJAN橫丁)等商店街。你若喜歡吃大阪河豚、壽司、炸豬排、煎餃、串炸かつ等美食的話，就會想到新世界及通天閣了，光是串炸かつ的店鋪就好幾間，包括元祖、橫綱日本一、鶴龜家、大西屋、八重勝等串炸專賣店，來此吃串炸かつ需遵守一條RURU的特別規定，就是料理絕對不能再沾第二次醬汁。

▲ 通天閣商店街景

如何前往

- 可搭乘阪堺電軌惠美須町駅，或搭乘大阪地鐵堺筋線至惠美須町駅3號出口，步行約6分鐘即可抵達通天閣。
- 可搭乘大阪地鐵御堂筋線至動物園前駅1號出口，步行約1分鐘即可抵達JANJAN橫丁。
- 可搭乘大阪地鐵御堂筋線至動物園前駅5號出口，經驚安の殿堂及Spa World步行約6分鐘即可抵達通天閣。
- 可搭乘阪堺電軌至新今宮駅或搭乘JR大阪環狀線至新今宮駅東口，步行約8分鐘即可抵達通天閣。

■ **熱門推薦**

ジャンジャン橫丁 (JANJAN橫丁)
回味傳統大眾美食

　　大阪人稱南陽通商店街為ジャンジャン橫丁(JANJAN橫丁)，JANJAN這名字很有趣，取自於太鼓、小鼓、三味線等樂器的聲音，這條窄巷街道長約180公尺，從第二次大戰結束至今，仍開著許多當時所建造的復古店鋪及將棋館等。橫丁內可吃到比較平價的大眾美食，包括炸物串燒、壽司、居酒屋等日式料理。街道內還有一項特色，就是街道中央有設置愛情鎖的愛心公告欄，祝福有情人終成眷屬。

DATA ✉ 大阪市浪速區惠美須東3丁目 ◷ 依各店鋪規定
MAP 參閱地圖P.110

1.JANJAN橫丁街道／2.愛情鎖／3.炸物及美食名店

通天閣
見證大阪歷史變遷

早期興建於1912年,當時通天閣的部分,外觀造型有參考法國凱旋門和巴黎艾菲爾鐵塔的風格,也是東洋各國最高的建築,高約64公尺。但在1943年的時候遭火災損毀,於1956年重建(第二次世界大戰後),高約103公尺(含避雷針),登上5F瞭望台可以遠眺大阪市的街景及生駒山、六甲附近的風景,3F可以看19世紀迷你小人國版的新世界街道模型及歷史,還有販賣慢跑人固力果(Glico)的商品!

DATA ✉ 大阪市浪速區惠美須東1-18-6 ☎ 06-6641-9555
🕐 09:00～21:00 (最終入場20:30),全年無休 💲 大人日幣800円 🌐 www.tsutenkaku.co.jp ⏱ 建議待40分鐘遊玩 🗺 參閱地圖P.110

🌰 豆知識

福神ビリケン

來自美國的福神ビリケン(BILLIKEN,比利肯)於1912年被放置於通天閣,不知道大家有沒有發現,新世界大多的店鋪門口都有放置比利肯耶!據說比利肯的笑容代表財富和愛情,坐姿代表自由和祝福,只要摸他的腳丫就會願望成真。

摸他的腳丫就會願望成真

福神比利肯

美食購物篇

1.通天閣外觀／2.通天閣展望台的景觀／3.通天閣販賣固力果慢跑人的商品／4.5.通天閣室內展示

元祖串かつだるま
(元祖串炸)
回味傳統大眾美食

大阪人氣串燒炸物就屬於元祖串炸了，新世界元祖師傅誇張的表情是最大的賣點。元祖創業於昭和四年，算是80多年的招牌店鋪了，大阪到處都有元祖串炸分店，包括道頓堀、心齋橋等，雖然總店位於新世界，但附近也有ジャンジャン及通天閣等分店。串炸有單點及套餐組，特製的串炸醬油雖然有點鹹，若你能叫一杯啤酒配著串炸一起吃的話，是很美味的哦！

DATA ⊠ 大阪市浪速區惠美須東2-3-9 ☎ 06-6645-7056 ⏱ 11:00～22:30(最後點餐時間22:00) 💲 日幣1,500円～2,500円 http www.kushikatu-daruma.com MAP 參閱地圖P.110

スパワールド世界の大温泉
(Spa World世界的大溫泉)
享受世界不同溫泉風情

Spa World世界的大溫泉場館內擁有11個國家16種浴池，包括4F的西班牙、羅馬、希臘浴場、地中海、芬蘭等浴場，6F有日式溪流露天浴槽、峇里島、伊斯蘭等浴場，以及8個國家的岩盤浴池，包括3F有石溫、塩熱、

冷風、香蒸宮等沐浴。6F有健身房及休憩室，8F有大型娛樂泳池及展望浴池等設施。進入浴場前需先注意，有些浴池有分為男女可使用的月分與時間資訊。這裡的設施很齊全，喜歡泡湯SPA的朋友們會很喜歡來此放鬆與享受哦！

DATA ⊠ 大阪市浪速區惠美須東3-4-24 ☎ 06-6631-0001 ⏱ 10:00～次日08:45 💲 12歲以上日幣2,300円、未滿12歲日幣1,000円，特別期間：日幣2,700円～3,000円 http www.spaworld.co.jp 註 建議待90分鐘遊玩 MAP 參閱地圖P.110

新世界、通天閣、JANJAN橫丁

地鐵惠美須町駅

阪堺電軌惠美須町駅　出口3

新世界本通商店街

通天閣本通商店街

元祖串炸通天閣店

通天閣南本通商店街

元祖串かつだるま新世界總店

公園本通商店街

通天閣

スギ薬局

東橫Inn飯店

元祖串炸動物園前店

鶴橋風月

橫綱日本一串炸

スパワールド世界の大温泉

元祖串炸ジャンジャン店

驚安の殿堂

大重勝串炸

JR新今宮駅東口　動物園前駅出口5

大興壽司

千成屋咖啡店

大西屋串炸

地鐵御堂筋線

新今宮駅前駅

大阪環狀線

動物園前駅　動物園前駅出口1

祇園地區花見小路通

　　京都祇園地區花見小路通位於三条通與建仁寺之間(地圖見P.134、151)，為南北向的街道，長約1,000公尺，是一條保有歷史古色古香的老街，藝妓文化的發源地。四条通是目前祇園地區最熱鬧的主要道路，從京都駅搭乘急行100或206巴士皆可抵達，當你從八坂神社門口沿著四条通走到京阪電鐵祇園四条駅的這段路程有許多土產禮品、傳統油紙傘、茶樓、甜點冰品、精品髮夾、古董店及藝妓劇場等店鋪。

▲女藝妓背影

■ 熱門推薦

茶寮都路里
抹茶甜品傳承古都風情

　　來到京都祇園就會想到茶寮都路里抹茶類的甜點美食，餐點包含抹茶拿鐵、抹茶蛋糕、抹茶紅豆冰淇淋等，除了祇園總店之外，京都附近有伊勢丹店及高台寺2間分店。於每月的25日會不定期與祇園辻利合作舉辦蛋糕及點品(限量)免費試吃的活動！

DATA ✉ 京都東山區四条通祇園町南側573-3 (祇園辻利本店2F～3F) ➡ 搭乘京阪本線電車至祇園四条駅6號出口，往八坂神社方向步行約4分鐘即可抵達 ☎ 075-561-2257 ⏰ 平日10:00～22:00(最後點餐時間21:00)、週六、日10:00～22:00(最後點餐時間20:30) 💲 日幣540円起 http www.giontsujiri.co.jp/saryo MAP 參閱地圖P.151

祇園小石
祕傳黑糖蜜冰淇淋混合多重美味

　　祕傳的黑糖蜜冰淇淋是祇園小石的招牌冰品，食材包含黑糖凍、抹茶凍、冰淇淋、白玉丸子、紅豆泥、栗子及當季水果等綜合冰品。最後將黑

糖蜜倒入冰淇淋裡，吃起來甜而不膩。若你喜歡抹茶類冰品的話，也可以品嘗看看！

DATA ✉ 京都市東山區祇園町北側286-2(祇園本店) ➡ 搭乘京阪本線電車至祇園四条駅7號出口，往八坂神社方向步行約6分鐘即可抵達 ☎ 075-531-0331 ⏰ 10:30～19:00(最後點餐時間18:00) 💲 日幣520円起 http www.g-koisi.com MAP 參閱地圖P.151

よーじや (Yojiya吸油面紙)
來京都不可錯過的女性伴手禮

　　百年美妝品牌創業於明治37年(西元1904年)，よーじや(Yojiya)吸油面紙(あぶらとり紙)是以特殊「和」紙的材質製作而成，主要用途是吸收臉上的油脂。因為和紙的材質吸油效果好，所以深受女性朋友的喜愛。商品除了吸油面紙之外，還有口紅、臉皂、手帕、蜜粉、護手霜及護唇膏等。

DATA ✉ 京都市東山區祇園四条花見小路東北角(祇園店) ➡ 搭乘京阪本線電車至祇園四条駅7號出口，往八坂神社方向步行約4分鐘即可抵達 ☎ 075-541-0177 ⏰ 10:00～20:00 http www.yojiya.co.jp MAP 參閱地圖P.151

神戸
港灣購物商城

神戸是貿易港口，據說這裡以前是商業港口的倉庫，後來改建成為觀光購物商城，當你在享受購物之餘，還可以順便眺望一下神戸港灣的美景。Umie Harborland的範圍分為北館(North Mall)、南館(South Mall)及MOSAIC廣場。

▲搭阪神電鐵至高速神戸駅

▲MOSAIC廣場面神戸港灣

▲神戸港灣

如何前往

- 搭乘地鐵海岸線至ハーバーランド(Harborland)駅，再步行至JR神戸駅地下街26號出口處。
- 搭乘JR神戸線到神戸駅，再步行至地下街26號出口(電梯為25號)的方向前進，步行約5分鐘抵達Umie購物商城。
- 若搭乘阪神電車至高速神戸駅的話，可從車站內12號出口處旁邊的地下街，前往JR神戸駅方向，步行約8分鐘抵達JR神戸駅，再往Umie購物商城方向前進，步行約5分鐘抵達。
- 可搭乘City Loop巴士2號站牌臨海樂園MOSAIC前的站牌下車即可抵達。

■ 特色景點介紹

Umie北館&南館
平價品牌吸引遊客聚集

北館(North Mall)、南館(South Mall)從地下1F美食街及生鮮超市逛到6F，有許多平價雜貨及服飾店鋪，北館內知名品牌包含UNIQLO、GU、H&M、BabiesRus、ToysRus、ZARA及大垣書店等；南館2F有星巴克，以及知名品牌包含GAP、GapKids、ABC-MART、R.O.U、雜貨用品及電影院等。

DATA 📧 神戸市中央區東川崎町1-7-2 📞 078-382-7100
🕐 10:00～21:00 🌐 umie.jp 🗺 參閱地圖P.117

1.2.Umie北館&南館分隔商店街道

MOSAIC
好玩好買的多功能商城

位於臨海樂園海邊的摩賽克廣場(MOSAIC)，匯集約80～90家雜貨飾品、創意手工商品、餐廳、遊樂園等娛樂設施，1F是露天購物街，2F～3F大都是美食餐廳，最吸引人的店鋪包括DonguriGarden(どんぐりガーデン)、拉拉熊、Snoopy、超人力霸王、觀音屋、Asoko、Naughtiam、Eavus、Frantz(神戶フランツ)草莓巧克力等專賣店。在廣場的旁邊有一座高約50公尺的大觀覽車摩天輪，可空中俯瞰港灣的風景！

DATA
✉ 神戶市中央區東川崎町1-6-1 ☎ 078-382-7100
🕐 10:00～21:00，餐飲11:00～22:00 http umie.jp
MAP 參閱地圖P.117

1.MOSAIC購物中心2F連絡橋出入口／2.MOSAIC商店街道及美食店／3.びっくりドンキー／4.SUNNY BLESS

神戶アンパンマンミュージアム
(神戶麵包超人博物館)
親和力強的老少咸宜歡樂地

博物館位於神戶港MOSAIC的旁邊，是老少咸宜、親子同樂的好地方，麵包超人博物館1F每間店鋪都販售麵包超人的各式商品，除了美食的造型有麵包超人之外，還包括廚房使用的杯子及盤子、玩具積木、書籍、CD、DVD等文具用品，麵包屋很推薦大家前去朝聖，店內有透明櫥窗可觀看麵包師傅在製作的過程。最令人驚喜尖叫的是，各種造型的人物麵包都非常可愛！包含吐司超人、細菌人等卡通人物。博物館2F需另外購買門票才能進去欣賞劇場及使用兒童遊樂設施。

DATA
✉ 神戶市中央區東川崎町1-6-2 ☎ 078-341-8855
🕐 2Fミュージアム10:00～18:00 (最終入館時間17:00)，1F店鋪10:00～19:00，公休日為元旦 💲 1歲以上日幣1,800円 http www.kobe-anpanman.jp 住 建議待60～90分鐘遊玩 MAP 參閱地圖P.117

1.麵包超人博物館入口處／2.麵包超人博物館旁的摩天輪／3.麵包超人麵包工坊／4.麵包超人博物館商店街

三宮元町商圈

　　神戶是個國際港口都市，神戶市的商業中心位於神戶三宮駅與元町駅之間，商圈附近有三宮中心街(街道長約550公尺)、神戶元町商店街(一番街、一丁目至六丁目街道總長約1,200公尺)、南京町中華街、大丸百貨店、丸井0101百貨、SOGO百貨店、三宮OPA等購物中心，三宮中心街與神戶元町商店街之間匯集時尚服飾、生活雜貨用品、藥妝、美食等店鋪，藥妝店包括松本清、オーエスドラッグ、コクミンドラッグ等，服飾店包括GAP、ZARA、UNIQLO、ABC-MART等，美食包括神戶牛排、觀音屋蛋糕、中森谷商店可樂餅等。

▲商店街藥妝店鋪林立

▲阪急神戶三宮車站

▲City Loop巴士6號站牌(三宮中心街東口)

如何前往
- 從大阪駅前往神戶三宮可搭乘西日本JR神戶線至三之宮駅，或從梅田駅搭乘阪急電鐵、阪神電鐵至神戶三宮駅。
- 可搭乘City Loop巴士6號站牌(三宮中心街東口)或15號站牌(元町商店街)下車。

■ 特色景點介紹

SOGO百貨
台灣卡友可享特別優惠

　　神戶SOGO百貨分為主館及新館，位於阪神電鐵神戶三宮駅旁，本館1F有化妝品SK-II、資生堂、蘭蔻、高絲等品牌，2F～6F有女仕服飾、手提包、鞋子等，7F為男仕服飾，8F為兒童服飾及用品。新館1F～4F有LoFt生活館。若你有太平洋SOGO Happy Go卡與護照的話，可以前往新館6F換取5%折扣的購物券(需單筆消費日幣3,000円，部分商品不適用，例如LoFt、書店)，退稅服務也在新館6F。

DATA ✉ 神戶市中央區小野柄通8-1-8　☎ 078-221-4181
🕙 10:00～20:00　🌐 www.sogo-seibu.jp　🗺 參閱地圖P.117

らーめん熊五郎
(熊五郎拉麵)
濃郁湯頭香醇可口

　　有豚骨、醬油及鹽味3種口味的熊五郎拉麵，若你是屬於重口味的話，拉麵的湯頭濃郁好喝。除了拉麵之外，店內也有炒飯、炸雞塊、丼飯及煎餃餐可以選擇。

DATA ✉ 神戶市中央區北長狹通1-9-4 (岸卯ビル1F)　➡ 阪急電鐵神戶三宮駅西口步行約1分鐘可抵達　☎ 078-331-0937
🕙 11:00～01:00　💲 日幣700円起　🗺 參閱地圖P.117

美食購物篇

ステーキランド神戸館 (Steak Land)
排隊人潮絡繹不絕

　　來到神戶一定會想品嘗神戶牛排，ステーキランド(Steak Land)店鋪屬於平價神戶牛排，ステーキ套餐會附上沙拉、湯、前菜、麵包及飲料等，只要到用餐時間，排隊的人潮不減，若覺得排隊的人潮太多的話，面向店門口左方巷內的三宮興業大樓(6F)還有一間分店！

DATA ✉ 神戶市中央區北長狭通1-8-2 (宮迫ビル1F‧2F) ➡ 阪急電鐵神戶三宮駅西口處 ☎ 078-332-1653 ⏰ 11:00～22:00 💲 日幣2,880円～9,480円 http steakland.jp MAP 參閱地圖P.117

たちばな (Tachibana明石燒)
不同於章魚燒的美味

　　玉子燒也稱為明石燒，與大阪章魚丸子燒做法不同，食材是使用蛋、麵糊及章魚腳肉做成蛋丸子，吃法是先將壺內的湯汁倒入碗中，然後再將明石燒浸入湯汁後食用，你也可以將日式醬膏，沾在蛋丸上再食用。

DATA ✉ 神戶市中央區三宮町3-9-4 ➡ 位於阪神元町駅或JR元町駅(東口)附近，往三宮中心街的方向，步行約5分鐘可抵達 ☎ 078-331-0572 ⏰ 11:00～19:30(最後點餐時間19:00)，每年元旦及10月第三個的週一休息 💲 日幣620円起 MAP 參閱地圖P.117

三宮一貫樓
中華料理手工肉包

　　創業有50多年的中華料理老店鋪，其實當地日本人很喜歡吃手工做的包子，內餡裡有豬肉、洋蔥泥及少許的黑胡椒。

DATA ✉ 神戶市中央區三宮町3-9-9 (本店) ➡ 阪神元町駅或JR元町駅(東口)附近，往元町通的方向，步行約2分鐘可抵達 ☎ 078-331-1974 ⏰ 10:30～22:00(最後點餐時間21:30) 💲 日幣190円起 http www.ikkanrou.co.jp MAP 參閱地圖P.117

觀音屋
純手工綿密乳酪蛋糕

　　創業於1975年，黃色的外觀加上味道濃郁的起士，純手工的乳酪蛋糕吃起來口感綿密，愛吃起士乳酪蛋糕的朋友不可錯過。你也可以選擇外帶蛋糕哦！

DATA ✉ 神戶市中央區元町通3丁目9-23 ➡ 神戶JR元町駅(西口)往元町商店街的方向，步行約3分鐘即可抵達 ☎ 078-391-1710 ⏰ 平日11:00～22:00，週六、日10:00～22:00，元旦休息 💲 8個1盒日幣3,024円起 http www.kannonya.co.jp MAP 參閱地圖P.117

神戶クロ鯛BIO
(鯛魚燒BIO)
加入乳酸菌的獨特鯛魚燒

三宮有一間很特別的鯛魚燒，在鯛魚燒內加入乳酸球菌BIO、水素及核酸，據說可以幫助腸道蠕動，強化大腸及小腸，クロ鯛BIO有很多種口味，包括北海道紅豆、宇治抹茶、奶油及蘋果等。

DATA ✉ 神戶市中央區北長狹通1-30-40 ➡ 本店位於阪急電鐵神戶三宮駅西口，步行約2分鐘抵達 ☎ 090-3894-8521 🕐 10:00～22:00 💲 230円起 🌐 supplementtaiyaki-kobekurotaibio.com 🗺 參閱地圖P.117

南京町中華街
中華風味百家店面商店街

位於神戶市元町通與榮町通之間，南京町東西街道長約200公尺(西安門至長安門)，南北長約110公尺(元町一番街入口處至海榮門)，是神戶市區內具有獨特風格的中華街，街道內匯集約100家店鋪，除了大家熟知中、港、台式的中華料理之外，還有茗茶、茶藝館及服飾雜貨等。

DATA ✉ 神戶市中央區榮町通1-3-18(南京町商店振興組合) ➡ 從JR元町駅或阪神元町駅出發，步行約4分鐘即可抵達 🕐 依店鋪規定 🌐 www.nankinmachi.or.jp 🗺 參閱地圖P.117

本神戶肉森谷商店
百多年歷史肉品炸物專門店

創業於1873年已有140多年的歷史，店鋪內可以購買到各式新鮮的神戶牛肉及馬肉，店鋪門口外有賣炸物牛肉可樂餅，不論何時都有排隊的人潮。

DATA ✉ 神戶市中央區元町通1-7-2 (UNIQLO旁、大丸百貨斜對面) ➡ 阪神電鐵元町駅及JR元町駅(東口)附近，往元町商店街的方向，步行約3分鐘可抵達 ☎ 078-391-4129 🕐 炸物(揚げ物)10:30～18:30，店鋪精肉09:00～19:00 💲 日幣100円起 🌐 www.moriya-kobe.co.jp 🗺 參閱地圖P.117

大丸百貨
外觀歐式風情特色商城

神戶店大丸百貨位於神戶舊居留地元町通旁，外觀建築保有歐洲復古的風格，會讓人覺得彷彿置身於歐洲的街景中，百貨公司內有販賣許多女性使用的化妝用品、珠寶、鞋子及服飾，兒童及男性的服飾也應有盡有。

DATA ✉ 神戶市中央區明石町40番地 ➡ 從JR元町駅或阪神元町駅前往元町商店街的方向步行約3分鐘即可抵達，若搭乘地鐵海岸線前往的話，在舊居留地大丸前駅1號出口即可抵達 ☎ 078-331-8121 🕐 10:00～20:00 (地下2F～8F) 🌐 www.daimaru.co.jp/kobe 🗺 參閱地圖P.117

美
食
購
物
篇

三宮元町商圈

三宮車站飯店
(Sannomiya Terminal Hotel)

🚉 海岸線三宮駅

ステーキランド
神戸館

松本清三宮店 🏧

🚏 City Loop 站牌

神戸蒙特利酒店
(Hotel Monterey Kobe) 📷

三宮駅 🚉

🚉 阪急神戸三宮駅

阪神三宮駅

地下鐵西神山手線

JR三ノ宮駅 🍴

🏪 SOGO百貨

らーめん熊五郎 🍴
鳴門鯛焼本舖阪急三宮店 🍴

丸井0101百貨 Frantz

三宮駅高架市場

🏪 SOGO、LoFt

神戸クロ鯛BIO(三宮店)

🚏 City Loop 站牌

ABC-MART(休閒運動鞋店)

阪急電鐵

ダイコクドラッグ
(藥妝店)

UNIQLO
神戸三宮店

🚉 海岸線三宮、
花時計前駅

JR東海道本線
阪神電鐵

一風堂 ●

三宮中心街

花時計

オーエスドラッグ(藥妝店)

松屋 ●

松本清神戸元町店
(藥妝店)

たちばな

地下鐵海岸線

SUNDRUG(藥妝店)

🍴 三宮一貫樓

🚉 JR元町駅

🍴 星巴克

旧居留地、大丸前駅

神戸市役所展望大樓 ●

🚉 阪神元町駅

UNIQLO元町店

🍴 本神戸肉森谷商店

🍴 大丸百貨

神戸元町商店街

長安門

觀音屋 🍴

📷

南京町中華街

神戸元町東急REI飯店
(Kobe Motomachi Tokyu REI Hotel)

西安門 ●

海榮門

Umie、MOSAIC商圈

🚏 City Loop 2號站牌

山陽電鐵神戸高速線

JR
山
陽
本
線

地
下
鐵
海
岸
線

神
戸
市
營
地
下
鐵
海
岸
線

UMIE
立體停車場

UMIE

🚉 JR神戸駅

MOSAIC

地下街出口26

Umie北館

電梯出口25

Umie南館

🚉 ハーバーランド駅

摩天輪

神戸アンパンマンミュージアム

傳統市場

生鮮採買，一飽口欲，感受生活化的大阪。

大阪 黑門市場

　　想吃平價日本料理的生魚片、海鮮握壽司、碳烤串物及水果的話，就會想到黑門市場。黑門市場位於大阪地鐵日本橋駅的旁邊，早上08:00就有水果及海鮮店鋪開始營業，新鮮魚肉現切生魚片及海鮮壽司，還有鮮魚、蔬果、生活雜貨店、藥妝、服飾以及餐飲等180家店鋪。

　　黑門市場最精華的街道包括末広会、親榮会、黑門会、南黑門会等，街道全長約580公尺。末広会這段街道有很多家水產海鮮可以購買，包含河豚也買得到，親榮会有兩間生鮮水果店鋪及海鮮握壽司店鋪，想逛藥妝店的話，可以走到黑門会。

DATA
- ✉ 大阪市中央區日本橋2-4-1(黑門市場商店街振興組合) ☎ 06-6631-0007 ⏰ 依店鋪規定
- http www.kuromon.com 註 建議待60～90分鐘遊玩

如何前往
- 搭乘地鐵千日前線於日本橋駅下車走10號出口，眼前的第一個巷口旁有一間黑門太郎，賣章魚丸子燒，從這進去就是黑門市場的範圍。
- 從難波駅地下街道或千日前通往日本橋方向，步行約12分鐘即可抵達。
- 從梅田駅或天王寺駅出發，可先搭御堂筋線到難波駅，再搭千日前線到日本橋駅即可抵達。
- 搭乘近鐵電車至近鐵日本橋駅走10號出口即可抵達。

特色景點介紹

黑門中川スーパー
任何時間都可前往購物

　　24小時營業的生鮮超商黑門中川，販賣的貨物很齊全，包含鮮魚、塩干、蔬菜、水果、肉品等，假如你住在公寓式商旅的話，因為24小時營業，所以半夜也可以來買一些食材回房間煮來吃哦！

DATA
✉ 大阪市中央區日本橋1-21-5 ☎ 06-6646-6601 ⏰ 24hrs，全年無休 💲 平均消費日幣1,500円～4,000円 MAP 參閱地圖P.119

千成屋
暢快選購當旬水果

　　批發來自日本各地的水果，千成屋可以買到日本各地當季的水果，除了水果，還有各種蔬菜類及手工醃製的醬菜。若4月分來此就可以看到來自九州佐賀及熊本的大草莓，當然在秋季的時候，也可以買到青森大蘋果哦！

DATA
✉ 大阪市中央區日本橋1-21-6 ☎ 06-6631-6322 ⏰ 09:00～23:00，元旦假期休業 💲 平均消費日幣1,200円～2,500円 MAP 參閱地圖P.119

エン時 (Entoki)
及早享受新鮮平價生魚片

　　許多知名飯店都指名要來這裡購買高級金槍魚(まぐろ)，也有賣其他的魚種，並切成生魚片及海鮮握壽司給客人購買與品嘗，新鮮、平價又好吃，通常早上08:00開始營業，當天海鮮握壽司新鮮賣完就沒了，所以要早起才吃得到！

DATA　✉ 大阪市中央區日本橋1-21-7　☎ 06-6643-2889　🕐 08:00～17:00，每週三及週日不定休息　💲 平均消費日幣1,200円～2,500円　http www.entoki.com　MAP 參閱地圖P.119

まぐろや黑銀
(鮪魚屋黑銀)
有機會欣賞現場切魚表演

　　專賣鮭魚、鮪魚及金槍魚等，在店鋪門口可以買到生魚片、握壽司及各式海鮮丼飯，新鮮美味又好吃，若有緣的話，可以看見黑銀老闆親自當場切超大的魚貨！滿滿的生魚片近在眼前。

DATA　✉ 大阪市中央區日本橋2-11-1　☎ 06-4396-7270　🕐 09:00～18:00，每週日休息　💲 平均消費日幣900円～2,500円　MAP 參閱地圖P.119

丸善食肉店
現場即享神戶牛肉片

　　黑門市場除了海鮮、精肉、雜貨及水果店鋪之外，也可以現場吃到吃到神戶牛肉片(Kobe Beef)！丸善食肉店主要是販賣各式肉品，包括嚴選黑毛和牛，現場也有當場料理鐵板小牛排及和牛串燒。

DATA　✉ 大阪市中央區日本橋2-11-2　☎ 06-6537-9229　🕐 09:00～17:00，每週日休息　💲 日幣2,000円　http maruzen-kuromon.com　MAP 參閱地圖P.119

黑門市場無料休憩所

　　黑門市場為了服務遊客前往觀光吃美食，設置了一間無料休憩所。室內設置桌椅、免費Wi-Fi、廁所及垃圾桶等，你可以將在商店所購買生魚片、日式丼飯、壽司、天婦羅等美食，拿到休憩所享用，此場所只開放到下午17:00，大家都可以多加利用喔！

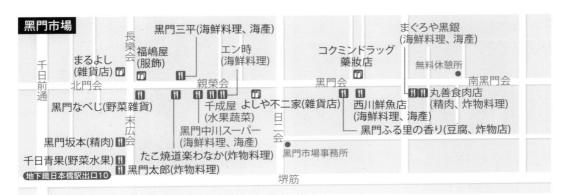

黑門市場

錦市場商圈 (Nishiki Ichiba Market)

特色景點介紹

錦天滿宮
造訪日本學問之神

位於錦小路通與新京極通商店街的交叉路口處，也是錦市場的東端起點。神宮內敬拜的是日本學問之神「菅原道真公」，地位就如中國的屈原一樣享有盛名。附近商店與市集以錦天滿宮為中心，雖然只是分支的神社，但卻是香火鼎盛！新京極也是京都最大的商店街，店鋪約有200多間，包括餐飲店、時裝、首飾、京都土特產、京都醬菜、傳統工藝品、生活雜貨、文具等商品。

DATA 📧 新京極通四条上中之町537　📞 075-231-5732　🏠 建議待15分鐘遊玩　🗺 參閱地圖P.122

錦市場
在京都的廚房挑選生活用品

位於寺町通至高倉通之間長約400公尺的錦小路通商店街。市場店鋪約140多間，販賣各式各樣的小吃美食、醃製醬菜、生鮮魚貨及生活雜貨用品等，錦市場也被稱為是京都的廚房。

DATA 📞 075-211-3882　🏠 建議待90分鐘遊玩(包含享用美食時間及逛街)　🌐 www.kyoto-nishiki.or.jp　🗺 參閱地圖P.122、134

> **如何前往錦天滿宮、錦市場**
> • 從京都駅可搭乘地鐵四條線至地下街16號出口處，沿著高倉通再步行約3分鐘即可抵達。
> • 可搭乘阪急電鐵京都線至河原町駅9號出口處，沿著新京極商店街，再步行約3分鐘即可抵達。

1.錦天滿宮／2.摸了會長智慧的神牛

1.錦市場商店街／2.錦市場ABC-MART／3.錦市場魚貨／4.錦市場炸物

京とうふ藤野 (京豆腐藤野)
享用各種豆乳製美味甜點

京とうふ藤野豆乳甜甜圈店鋪位於錦小路通及堺町通路口，最有名的商品都是豆乳製成的，包

括甜甜圈、霜淇淋、豆腐、醬油等豆類食品。現炸好的豆乳甜甜圈口感酥軟，有幾種甜醬可選擇，如焦糖及巧克力，對於喜歡甜食的朋友會愛不釋手。

DATA ✉ 京都市中京區錦小路堺町通角中魚屋町494 ➡ 搭乘地鐵烏丸線至四条駅(阪急線四条烏丸駅)地下街14號出口，步行約3分鐘抵達 ☎ 075-255-3231 🕐 10:00～18:00 💲 日幣300円起 ⓗ www.kyotofu.co.jp 🅜 參閱地圖P.122

三木雞卵
現場料理美味玉子燒

京都的三木雞卵(だし卷)很有名，吃起來軟嫩順口，師傅在當天會現場料理玉子燒，將蛋攪拌為蛋汁後，再加入昆布高湯一起製作而成，除了原味高湯的

口味之外，還有う卷(鰻魚)、かやく卷(蟹肉、香菇，胡蘿蔔等食材)的玉子燒。

DATA ✉ 京都市中京區錦小路通富小路西入東魚屋町182 ➡ 位於錦小路通及富小路通路口附近 ☎ 075-221-1585 🕐 09:00～18:00 💲 日幣480円起 ⓗ mikikeiran.com 🅜 參閱地圖P.122

富美家
Q彈烏龍遠近馳名

創業於1946年的富美家(Fumiya)的鍋燒烏龍及蕎麥麵很有名，光是烏龍麵的料理種類就很多，例如咖哩烏龍麵、雞肉烏龍麵等，除此之外還有各式甜點、蛋糕及冰品。若有機會來訪錦市場的話，一定要來嘗嘗烏龍Q彈的好滋味。

DATA ✉ 京都市中京區錦小路通堺町西入ル中魚屋町493 ➡ 位於錦小路通及堺町通路口附近 ☎ 075-221-0354 🕐 11:00～18:00 💲 烏龍麵日幣560円起 ⓗ www.kyoto-fumiya.co.jp 🅜 參閱地圖P.122

寺子屋本鋪
老店限定版口味仙貝

創業於1980年11月的寺子屋本鋪，在京都地區是知名的糕餅老店，錦市場總本店位於錦小路通及高倉通路口。店家堅持使用日本生產的米及糯米等原料製作食品，光是仙貝餅的口味就非常地多，包含海苔、醬油、紫蘇、紫菜、白砂糖等，也因多元的行銷策略，在每間分店會個別推出限定版的口味！

DATA ✉ 京都市中京區錦小路通高倉東入中魚屋町510-1 ☎ 075-223-1290 🕐 10:00～18:00 💲 もち燒三昧(仙貝餅三片)日幣420円 ⓗ www.terakoyahonpo.jp 🅜 參閱地圖P.122

河原町商圈
(Kawaramachi Town)
多樣商品旅遊必訪血拼地

　　京都最熱鬧繁華的購物天堂就在河原町商圈，旅遊必去血拼的商圈之一。四条通與河原町通的路口處有高島屋百貨、丸井0101百貨、ZARA、三麗鷗Kitty專賣店(Sanrio Store)等。丸井0101及高島屋百貨專櫃主要是賣女性時尚服飾、鞋子、包包及化妝品，地下1F有甜點、麵包、咖啡、生活雜貨、傳統工藝品等，還有許多老牌的伴手禮店鋪，包括京都茗茶、和菓子(茶之菓、小倉山莊等)及清酒等；河原町高島屋有Disney Store，喜歡迪士尼商品的朋友可以前去逛逛。

　　從河原町駅沿著河原町通至三条通的方向有OPA、Puma、H&M、Gap、無印良品BAL、Mina購物中心等。OPA購物中心大多以年輕女性族群為主，包括時尚服飾、首飾及化妝品等；Mina購物中心有LoFt文具及雜貨生活用品(1F～4F)、UNIQLO(5F～6F)及GU(7F)。附近還有沿著鴨川河畔旁的先斗町美食街、拉麵及各式日式料理應有盡有。

> DATA
> ⮕ 搭乘京阪線至祇園四条駅4號出口，步行約5分鐘即可抵達；搭乘阪急電鐵京都線至河原町駅3A、3B、4號出口即可抵達 **MAP** 參閱地圖P.122、134

1.河原町三麗鷗／2.GAP

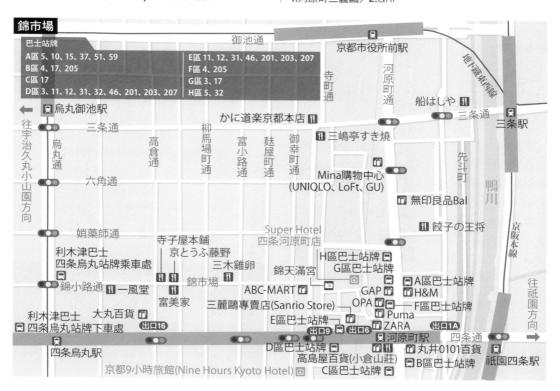

錦市場

巴士站牌
A區 5、10、15、37、51、59　　E區 11、12、31、46、201、203、207
B區 4、17、205　　F區 4、205
C區 17　　G區 3、17
D區 3、11、12、31、32、46、201、203、207　　H區 5、32

御池通
京都市役所前駅
烏丸御池駅
往宇治久丸小山園方向
三条通　烏丸通　高倉通　柳馬場町通　富小路通　麩屋町通　御幸町通　寺町通　河原町通　三条駅
かに道楽京都本店
三嶋亭すき焼
船はしや
三条通
先斗町
鴨川
京阪本線
六角通
Mina購物中心
(UNIQLO、LoFt、GU)
無印良品Bal
娟藥師通
Super Hotel
四条河原町店
餃子の王将
寺子屋本舖
利木津巴士
四条烏丸站牌乘車處
京とうふ藤野
三木雞卵
錦天滿宮
H區巴士站牌
G區巴士站牌
A區巴士站牌
錦小路通
一風堂
錦市場
ABC-MART
GAP
H&M
F區巴士站牌
利木津巴士
四条烏丸站牌下車處
大丸百貨
富美家
三麗鷗專賣店(Sanrio Store)
E區巴士站牌
出口16
出口9
出口6
OPA
Puma
ZARA
出口1A
往祇園方向
四条烏丸駅
京都9小時旅館(Nine Hours Kyoto Hotel)
D區巴士站牌
高島屋百貨(小倉山莊)
C區巴士站牌
河原町駅
丸井0101百貨
B區巴士站牌
祇園四条駅
四条通

日式傳統

透過品味和菓子及日式傳統美食，探索大和民族的優雅過往。

奈良 近鐵奈良車站周邊

三条通、小西櫻花通及東向南町位於近鐵奈良駅周圍，是奈良地區商店比較密集的地方，東向南町的店鋪大多販賣奈良百年名產和菓子及日式傳統美食，而小西櫻花通的店鋪大多販賣生活雜貨、服飾及傳統工藝等。

▲ 東向南町

▲ 小西櫻花通

■ 特色景點介紹

中谷堂
傳統麻糬仙貝皆用心

位於奈良三条通與東向南町的路口處，麻糬(よもぎ餅)與烤仙貝是中谷堂最具有特色的名產，外皮使用佐賀糯米、麵粉、北海道十勝出產的紅豆、愛媛艾草及黃豆粉製作，口感Q軟飽滿好吃，烤仙貝的口味包括醬油、七味、胡麻等。

DATA
✉ 奈良市橋本町29 ➡ 從近鐵奈良駅2號出口右前方是東向南町，步行約5分鐘即可抵達 ☎ 0742-23-0141
🕙 10:00～19:00 💲 1個麻糬(よもぎ餅)日幣130円
🌐 www.nakatanidou.jp 🗺 參閱地圖P.124

1.傳統麻糬／2.中谷堂店面

柿の葉壽司
美味壽司獨特包裝

中谷柿の葉壽司

奈良的柿の葉壽司很有名，名店本鋪包括平宗及中谷，都創業於奈良縣南部大和吉野。壽司是使用醋及獨特的醃製手法製作而成的，中谷店鋪的壽司材料包括鯖魚、鮭魚等，將壽司包裝在柿の葉子裡會有清香的味道，若有機會來奈良，可要細細品嘗一下。

DATA
✉ 近鉄奈良駅構内B1F (近2號出口) ☎ 0742-20-0133
🕙 09:00～20:00 💲 日幣450円起 🌐 www.izasa.co.jp
🗺 參閱地圖P.124

吉野本葛天極堂
爽口Q彈健康甜品

　　創業145年的老鋪吉野本葛天極堂，是奈良吉野地區有名的以葛根植物製成葛料理產品，包括葛粉、葛粉條、葛烏龍、葛饅頭及葛餅等養身產品。葛餅抹茶看起來像果凍，抹茶材料來自京都宇治，配上自製的葛餅(粉狀)及紅豆泥Q彈好吃。

DATA
- 📧 近鉄奈良駅構內B1(近2號出口) 📞 0742-24-5680
- 🕐 09:00～20:00 💲 葛餅日幣227円起 🌐 www.kudzu.co.jp 🗺 參閱地圖P.124

葛餅抹茶口味

三条通、小西櫻花通、東向南町

4	3	2	1	出口5	利木津及高速巴士乘車處

20　21　出口1

高速巴士售票處
(包含定期觀光及機場線)

14　　12　11　10　　9　　8　　出口2

觀光案內所

寬永堂茶
柿の葉すし本舖

奈良大佛布丁(B1)

吉野本葛天極堂(B1)

中谷柿の葉壽司(B1)

東横Inn近鐵奈良駅前
(Toyoko Inn Kintetsu Nara Ekimae)

東向中町

小西櫻花通

東向南町

萬年堂

ぜいたく豆本舖

三条通

中谷堂

推薦美食

代表在地的特色美食，讓人不容錯過。

北極星
在日式塌塌米上享用經典蛋包飯

　　創業於大正14年(1925年)，北極星一開始以番茄醬炒飯起家，後來創作成為獨特的蛋包飯料理，室內裝潢為日式塌塌米，所以進入用餐前要先脫鞋子，蛋包飯的種類很多，菜單有中文及韓文，蛋包飯口味包括豬肉、牛肉、雞肉、火腿、蟹肉等。

DATA ✉ 大阪市中央區西心斎橋2-7-27 ➡ 可搭地下鐵御堂筋線難波站25號出口，步行約5分為鐘即可抵達 ☎ 06-6211-7829 ⏰ 平日11:30～22:00，假日11:00～22:00 (最後點餐時間21:30)，公休日為12/31及元旦 💲 日幣740円起 http hokkyokusei.jp MAP 參閱地圖P.102

古潭
具備當地特色與風味拉麵老店

　　大阪人都說古潭拉麵具有當地大阪的特色與風味，是以豚骨湯頭為主，拉麵餐組有3種口味可以選，包括塩味、味噌及醬油，老店創業至今有50多年的歷史，在大阪梅田附近也開設了不少間分店，每到中午及晚上用餐時間都大排長龍，人潮真的很多，建議在傍晚時間前去用餐，或晚上20:00之後再去吃。

DATA ✉ 大阪市阿倍野區阿倍野筋1-1-43 (阿倍野近鐵百貨タワー館あべのハルカスダイニング12F) ☎ 06-6625-2353 ⏰ 11:00～23:00 💲 日幣1,000円起 http ramen-kotan.co.jp MAP 參閱地圖P.186(近鐵百貨內)

名代宇奈とと
平價味美知名鰻魚飯

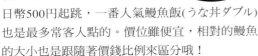

　　想吃平價的鰻魚飯的話，第一個想到的就是宇奈とと，店內最便宜的鰻魚飯(うな丼)日幣500円起跳，一番人氣鰻魚飯(うな丼ダブル)也是最多常客人點的。價位雖便宜，相對的鰻魚的大小也是跟隨著價錢比例來區分哦！

DATA ✉ 大阪市北區天神橋2-3-24(大阪南森町店) ➡ 可搭乘地鐵谷町、線堺筋線至南森駅或JR東西線天滿駅4A出口，步行約1分鐘即可抵達 ☎ 06-6882-6969 ⏰ 平日及週六11:00～22:30，週日11:00～21:00 💲 日幣500円～1,500円 http www.unatoto.com MAP 參閱地圖P.186

御座候
透過櫥窗現場觀賞製作車輪餅

　　創業已有60多年歷史，總公司及本店都位於姬路，目前御座候有店鋪位於JR大阪與阪急電鐵各大車站內，以及近鐵、阪急、高島屋等百貨美食街裡。車輪餅有2種口味，一種為紅豆泥，另一種是白色的綠豆泥，可在現場透明櫥窗觀賞車輪餅的製作過程，尤其是剛做好的車輪餅咬下去瞬間，飽滿的內餡讚不絕口。

DATA ✉ 大阪市阿倍野區阿倍野筋1-1-43 (近鉄百貨店阿倍野店B1F) ☎ 06-4799-3310 ⏰ 10:00～20:30 💲 1個日幣85円 http www.gozasoro.co.jp MAP 參閱地圖P.186(近鐵百貨內)

よーじやCafé
(Yojiya Café)
從吸油面紙延伸到咖啡店

創業於明治37年(西元1904年)的よーじや,原本是販賣藝妓生活用品及吸油面紙的專賣店,經時代的轉變,也開設咖啡喫茶屋,抹茶拿鐵是遊客喜愛及必點餐飲之一,其中よーじや的Logo招牌圖案很吸引眾人的目光。よーじや銀閣寺店內是最具有日式庭園風格的咖啡屋,除了咖啡之外,還有抹茶糰子、蛋糕及冰品也深受遊客喜愛!

DATA ✉ 京都市左京區鹿ヶ谷法然院町15(銀閣寺店) ➡ 位於哲學之道旁,從銀閣寺步行約12分鐘即可抵達 ☎ 075-754-0017 ⏰ 10:00～18:00(最後點餐時間17:30) 💲 日幣650円起 http www.yojiyacafe.com MAP 參閱地圖P.149

1.よーじや的Logo Café／2.享用甜點也能欣賞庭園之美

餃子の王將
加盟分店遍及日本的餃子總店

於1967年創業的餃子の王將簡稱為王將,發源地總店位置在京都四条大宮駅附近,目前日本各地(除了沖繩之外)都擁有加盟連鎖餐廳的分店。菜單包括拉麵或中華料理,拉麵種類包含豆醬、醬汁或味噌叉燒拉麵等,中華料理包括炒飯、天津飯、中華燴飯及煎餃等,亦可暢飲一杯朝日啤酒一同享用美食!

DATA ✉ 京都市中京區蛸藥師河原町東入る備前島町317 ➡ 搭乘阪急京都線至河原町駅3B號出口步行約6分鐘即可抵達(洋服の青山旁巷內) ☎ 075-223-2485 ⏰ 11:00～23:00(最後點餐時間22:30),每週二公休 MAP 參閱地圖P.122

三嶋亭
創業百多年精緻壽喜燒

壽喜燒三嶋亭創業於明治6年(西元1873年),已有140多年歷史,店內1F是販賣精肉商店,2F～3F是日式用餐場所,上2F之前需先脫鞋子。壽喜燒的套餐價位很高,但肉的品質好,服務人員會在旁料理給客人享用美食,獨創的料理方式為,先將砂糖放入鍋內加熱,再放入肉片煮,生雞蛋攪拌均勻後的蛋汁可與醬油一同沾著肉片食用。

DATA ✉ 京都市中京區桜之町405 ➡ 搭乘京都地鐵東西線至京都市役所前駅1號出口,往寺町通方向步行約5分鐘抵達;從錦天滿宮往寺町通及三条通方向,步行約7分鐘抵達 ☎ 075-221-0003 ⏰ 11:30～22:30(最晚20:30前入店),每週三及元旦休息 💲 11:30～15:00すき燒套餐日幣7,986円,15:00之後月套餐日幣15,730円,花套餐日幣21,780円 http www.mishima-tei.co.jp MAP 參閱地圖P.122

拉麵小路
讓人眼花撩亂的拉麵選擇

位於京都駅10F的拉麵小路美食街，可以看到日本各地代表性的店鋪，包括東京大勝軒、大阪あらうま堂、京都銀閣寺ますたに、九州博多一幸舍、德島ラーメン東大、富山ブラック麵家いろは、札幌すみれ，以及福島喜多方拉麵等，每家店鋪的拉麵料理各有特色，麵條有粗有細，料理有叉燒或燉肉，湯頭有豚骨、味噌、醬油、海鮮及鹽味等，五花八門的菜單讓人看了很難選擇要吃哪一種，總之都來到京都車站了，拉麵控的朋友們千萬不能錯過！

京都市下京區烏丸通塩小路下ル東塩小路町(伊勢丹10F美食街) 11:00～22:00 日幣600円～1,200円 www.kyoto-ramen-koji.com 參閱地圖P.134(JR京都駅樓上)

Mollette洋食工房
美食街中的特製美味蛋包飯

京都車站伊勢丹百貨10F除了有拉麵小路美食街之外，若喜歡吃蛋包飯的朋友可以前往11F吃Mollette蛋包飯，餐點有單點及套餐，主餐料理包括炸蝦天婦羅、日式炸豬排、明太子、野菜豆醬、牛腩及牛舌等蛋包飯，蛋包料理的特色有分為全熟與半熟，再淋上特製的日式咖哩醬汁時，吃起來另有一番風味。

京都市下京區烏丸通塩小路下ル東塩小路町(伊勢丹11F美食街) 075-352-6255 11:00～22:00(最後點餐時間21:15) 日幣1,080円起 mollette.jp 參閱地圖P.134(JR京都駅樓上)

中村藤吉本店
宇治抹茶代表文化景觀

中村藤吉創業於安政元年(西元1854年)，製茶的技術已有160多年歷史，本店可以DIY親身體驗用石臼將茶葉磨成粉，並沏成濃茶或淡茶享用，茶還可以製作成茶凍及茶點心。於2009年時，本店的日式中庭被選為宇治的重要文化景觀，你可以在店內享用抹茶冰品(包含抹茶冰淇淋、抹茶凍、白玉、紅豆泥等食材)及欣賞中庭之美。

京都府宇治市宇治壹番十番地(本店) 0774-22-7800 茗茶賣場 10:00～17:30，茶室 11:00～17:30(最後點餐時間17:00) 日幣740円起 www.tokichi.jp 參閱地圖P.164

宇治久丸小山園
清香茶湯與濃郁蛋糕的絕美搭配

創業於江戶時代元祿年間，創始人小山久次郎開始在京都宇治的小倉之里種植茶葉，於昭和39年(西元1964年)創立小山園，喜歡抹茶的朋友來到小山園都會想品嘗抹茶奶油蛋糕＋抹茶餐組(抹茶のロールケーキセット)，清香的茶湯配上濃郁的蛋糕真的是一級棒的享受。

京都市中京區西洞院通御池下る西側(西洞院店茶房元庵) 075-223-0909 09:30～18:00，茶房10:30～17:00，每週三及元旦假期休息 抹茶のロールケーキセット日幣1,200円 www.marukyu-koyamaen.co.jp 參閱地圖P.122

ARINCO
特製口味淋醬的捲心蛋糕

你有吃過醬油(百年澤井醬油)淋在奶油捲心蛋糕上面嗎？說起來並不誇張，ARINCO各式限定版的蛋糕都使用特製及季節限定的醬汁，例如巧克力、抹茶、焦糖等，當然你也可以直接吃原味的蛋糕，口味包括香草、抹茶。

DATA ✉ 京都市右京區嵯峨天龍寺造路町20-1 ➡ 位於京福嵐山線嵐山駅門口處 ☎ 075-881-9520 🕐 09:00～18:00 💲 日幣300円～1,300円 🌐 www.arincoroll.jp 🗺 參閱地圖P.161

中村屋總本店
外酥內軟的招牌可樂餅

炸得外酥內軟的金黃可樂餅(コロッケ)是中村屋總本店的招牌美食，每次來總是要排隊一下才買得到。創業於1960年的精肉老店鋪，除了可樂餅，店內專賣和牛精肉，以及各式炸物美食。

DATA ✉ 京都市右京區嵯峨天龍寺龍門町20 ➡ 京福電鐵嵐山本線嵯峨駅附近，步行約1分鐘即可抵達；若從JR嵯峨嵐山駅，步行5分鐘即可抵達 ☎ 075-861-1888 🕐 09:00～18:30(最終點餐時間18:00)，每週三公休 💲 日幣80円 🌐 www.arashiyama-kyoto.com 🗺 參閱地圖P.161

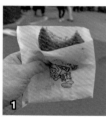 

1.可樂餅／2.店鋪外觀

志津香
創業半百的釜飯排隊名店

志津香的料理在奈良地區很有名，創業已50多年，經常可以看到大排長龍的遊客排隊等著用餐，釜めし(釜飯)菜單的部分有單點、套餐，以及當季(四季)限定套餐。志津香有2間分店，分別為公園店及大宮，通常大家都會前往公園店，原因是店內屬奈良公園的範圍，東大寺也在附近。建議大家在營業前30分鐘抵達及排隊，志津香有時會不定期公休，建議在出發前先到官方網站查詢，以免白走一趟！

DATA ✉ 奈良市登大路町59-11(公園店) ➡ 從近鐵奈良駅的1號出口，往奈良公園方向步行約10分鐘即可抵達(冰室神社旁) ☎ 0742-27-8030 🕐 11:00～19:30，每週二公休 💲 日幣1,200円～3,000円 🌐 www.kamameshi-shizuka.jp 🗺 參閱地圖P.205

大仏プリン (大佛布丁)
帶來幸福感的濃稠布丁

大佛布丁口味種類很多，有原味、抹茶、焦糖等，而外觀款式包括櫻花布丁、緣結布丁、古代四神獸布丁等，布丁吃起來濃濃綿密很好吃，有幸福的感覺，商店除了賣布丁之外，也有賣冰淇淋，以及大佛款式的衣服等。店鋪位於東大寺門前夢風ひろば門前市場。

DATA ✉ 奈良市春日野町16 ☎ 07-4224-3309 🕐 10:00～19:00 💲 日幣378円起 🌐 www.daibutsu-purin.com 🗺 參閱地圖P.205

伴手禮推薦

特殊小點延續在地旅遊的幸福感。

仙貝餅乾

喜歡吃仙貝餅乾的朋友們，不能錯過小倉山莊的仙貝餅乾，餅乾的種類很多，造型可愛，口味包括有醬油、鹹味、三盆糖等，因為包裝精美，很適合當伴禮送親朋好友，小倉山莊的產品在阪神百貨、大丸百貨、高島屋等百貨地下樓層都有專櫃可以買得到！

小倉山莊

✉ 京都市下京區四条通河原町西入ル真町52 京都タカシマヤ B1 (京都高島屋百貨) ☎ 075-252-7751
🕐 10:00～20:00 🌐 www.ogurasansou.co.jp
🗺 參閱地圖P.122(高島屋百貨B1)

福不倒翁餅乾

創業於明治時代，店鋪位於京都三条通及鴨川旁，福不倒翁餅乾(福だるま)很受大人及小朋友的喜愛，小小的福不倒翁餅乾有各種不同的表情，據說福不倒翁可以帶來好運，所以很適合當伴手禮送親朋好友，除了小餅乾，還有賣五色豆及其他的和菓子商品。

船はしや

✉ 京都市中京區三条通河原町東入ル 中島町112
(本店) ☎ 075-221-2673 🕐 10:00～20:00 🌐 www.funahashiya.com 🗺 參閱地圖P.122

草莓白巧克力

知名的Frantz(フランツ)的草莓巧克力，是神戶很受歡迎的伴手禮，白巧克力裡包的是一整顆草莓，口感非常特殊好吃，除了巧克力口味之外，還有抹茶口味，若有機會的話，店鋪內還有蛋糕、咖啡及巧克力等甜點讓你悠閒地享受美好下午時光。

Frantz

✉ 神戶市中央區三宮町1丁目10番1号(三宮地下街)
☎ 078-391-3577 🕐 10:00～20:00 🌐 www.frantz.jp
🗺 參閱地圖P.117

宇治茶葉

中村藤吉、伊藤佐右衛門、茶寮都路里及丸久小山園的茶葉產地、茶葉栽培技術及製茶方法都來自於京都宇治，日本茶葉的產品等級可分為玉露、煎茶、玄米茶及抹茶等，而玉露屬於最高級的茗茶，很適合買來當伴手禮。若喜歡沖泡茶湯來品嘗的朋友，可親自走訪宇治商店老街，享受一下品茶的樂趣。

中村藤吉本店

✉ 宇治市宇治壹番十番地(本店) ☎ 0774-22-7800
🕐 10:00～17:30 🌐 www.tokichi.jp 🗺 參閱地圖P.164

素食料理不求人

想吃素食不必選昂貴的精進料理，也有便宜簡便的變通方式可達成目的。

 豆知識

日式的素食料理

　　台灣與日本吃素食的文化是有差異的，日本素食的定義稱為精進料理，而有機蔬菜在日本當地稱為天然野菜，對日本人來說，野菜是可以使用蛋、蔥、蒜、辣、柴魚及味噌高湯等食材來做料理，所以對於吃全素的人來說，到日本旅遊想吃到全素是比較困難的，而對於吃鍋邊素或蛋奶素的朋友來說，或許有彈性的方法可以來調整飲食。

如何準備素食料理？

- 飯店房間內通常會有熱水瓶，你可以在出國前準備全素泡麵、餅乾、八寶粥等食品放入行李箱內。
- 若選擇的住宿類型是屬於公寓式商旅的話，可以先確認房間是否有提供開放式廚房、鍋具(可自備)、電磁爐等，再前往超級市場購買蔬菜、麵條及大豆醬油等調味料來方便料理食物。

貼心 小提醒

素食料理小提醒

　　純味噌湯本身素食可用，但味噌高湯裡加了柴魚就不能飲食了，所以請自行注意與考量。

　　有些蕎麥麵附餐的日式醬油是有柴魚味的，請自行注意與考量。

如何簡單吃素食料理？

- 建議住宿在百貨商圈附近，因百貨公司B1或B2有美食街販賣熟食、便當、生菜沙拉、蛋糕、水果及生鮮食品，可自行挑選喜歡的食物。
- 麵包店可選購白吐司、全麥吐司及紅豆麵包等，通常每天晚上19:00之後去購買，剩下的麵包可能有打折活動。
- 日式和菓子店可選購蛋糕、麻糬、醬油仙貝及紅豆糰子等。
- 便利商店(如7-Eleven、Lawson或Family Mart等)可選購梅子御飯糰、納豆壽司捲、毛豆、糯米糰子、白飯、豆腐、泡菜、醃製品及麵包吐司等。
- 日本料理店的菜單通常會有野菜天婦羅(炸蔬菜料理)套餐可選擇，或請師傅特別另外做野菜天婦羅料理(精進料理)，即裡面沒有肉(no meat，肉なし)、沒有海鮮(no seafood，海鮮なし)。日式烏龍及蕎麥麵定食，可以自行選擇大豆醬油沾麵來吃。
- 飯店或天然野菜吃到飽自助餐廳可以選擇你要的素食料理，例如生菜沙拉及麵包吐司等。
- 可將自己不能吃的魚肉類配菜與旅伴交換蔬菜。
- 當地傳統市場店鋪所販賣的美食(例如京都錦市場的蔬菜醃製品、奈良中谷堂紅豆麻糬等)。

辦理退稅

可退稅商品分為一般商品及消耗品,一般商品為家電用品、鞋類、手提包、服飾、鐘錶、珠寶首飾類等,購買金額條件為日幣5,001円(未稅)以上,消耗品為食品類、飲料類、化妝品、藥品等,購買金額條件為日幣5,001円(未稅)~500,000円(未稅),以上不包含修理費、加工費。

申請退稅資格及條件:

- 非居住於日本,需購買者本人申請(不可委託代理人)
- 於日本停留不超過6個月之外籍人士
- 居住於海外2年以上,暫時返日並停留不超過6個月之日籍人士

辦理退稅時,需出示資料如下:

- 購買者本人之護照,或國外居留簽證
- 購物收據及結帳所使用之信用卡

注意事項:

- 申請地點及期間限購買當日(營業時間內)與購買地點退稅。
- 不是每項商品都可以退稅,例如機票、交通券(Free Pass)、門票(快速通關)、書籍文具、超商及餐廳等都不屬於退稅範圍。
- 藥妝品為消耗品類,要購買日幣5,001円(未稅)才能退稅,也就是含稅要5,401円以上才能退稅的意思。

- 依日本政府規定,消耗品類密封包裝後不可開封使用,否則將課徵消費稅。
- 購買免稅商品者,請於30天內出境日本。
- 一般商品與消耗品之購買金額不得合併計算。
- 若在百貨公司辦理退稅時,會另外收取購買總金額約1.1%的服務手續費。
- 日本國際機場沒有退稅服務,出境檢查身分之前,記得先到稅關櫃檯繳交免稅證明(訂在護照上的單據)。

行家密技 百貨商場特別購物折扣

各大百貨公司,包括高島屋、阪急、阪神、SOGO及丸井0101百貨等,可以拿護照到服務台換取5%購物折扣券(95折),有些商品另外推出的折價券不適用於免稅活動使用,相關規定請參閱各家百貨公司的官方網站公告。

高島屋百貨優惠卡

玩樂篇
Sightseeing

你若第一次旅遊日本關西，
知道哪些是景點是必遊的嗎？

日本申請世界文化遺產最多的地區也是關西哦！本篇介紹關西地區熱門
的景點，包含岡本和服預約方法、大阪環球影城網路購票的方法，以及
說明搭乘交通工具前往景點的方法。

京都 KYOTO

京都市

金閣寺　平野神宮　平安神宮
北野天滿宮

河原町商圈

銀閣寺
哲學之道
永觀堂
南禪寺

天龍寺
嵐山地區、渡月橋

錦市場

祇園、花見小路

八坂神社
高台寺
清水寺

三十三間堂

JR山陰線
往知福山方向

京都車站、商圈　東福寺

伏見稻荷大社

東海道新幹線
往名古屋方向

醍醐寺

宇治市

JR京都線
往大阪方向

JR奈良線
往奈良方向

平等院

古都巡禮

京都車站
市區交通匯集總樞紐

　　這裡是京都市區的交通總樞紐，車站內匯集了近畿日本鐵道、地鐵烏丸線、JR西日本鐵道、JR東海道鐵道及新幹線，車站外是市營巴士及快速巴士的總站。車站出口分為北面中央口(包括中央廣場、地鐵烏丸駅、JR巴士、京都與市營巴士總站乘車處、塩小路通及京都塔)及南面(包含近鐵京都駅、八条通、近鐵巴士、利木津機場快速巴士等乘車處)，伊勢丹百貨位於車站的西側，10F有拉麵小路街及11F的餐廳，車站地下樓層有The Cube及Porta購物中心。

京都車站區域及三十三間堂

拉麵小路、
Mollette洋食工房
京都塔

京阪本線

京都國立博物館

大和大路通

東大路通

七条通
京阪七条駅
塩小路通

三十三間堂

鴨川

JR東海道本線

JR京都駅

東海道新幹線

近鐵京都駅

八条通　利木津巴士乘車處

玩樂篇

京都塔
點亮京都的燦爛蠟燭

位於JR京都駅的正對面，塔的造型設計很特別，像是燭台上已點亮的蠟燭，是京都市的景觀地標，塔高約131公尺，展望台至塔底約100公尺，可以360度眺望京都市區的街景。京都塔下面是一棟綜合商業大樓，包括京都鐵塔飯店(京都タワーホテル，5F～9F)、商店街、美食餐廳及大浴場(B3)等。

⊠ 京都市下京區烏丸通七条下ル東塩小路町721-1 (JR京都駅前廣場) ➡ 從JR京都駅中央口(烏丸口)方向步行約2分鐘即可抵達 ☎ 075-361-3215 ☀ 09:00～21:00(最終入場時間為20:40)，B3大浴場07:00～22:00 ⑤ 大人日幣800円、高中生日幣650円、中小學生日幣550円 http www.kyoto-tower.co.jp ⊞ 建議待30分鐘遊玩 MAP 參閱地圖P.134、138

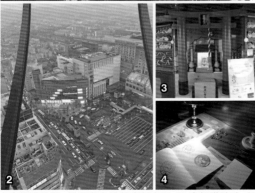

1.京都塔外觀／2.展望台眺望京都市區／3.京都塔神社／4.京都塔紀念章

三十三間堂
美不勝收的千座木刻觀音坐像

京都三十三間堂的正式名稱為「蓮華王院本堂」，是非常值得參觀的佛堂。據說正殿是以33根立柱建造而成的建築，內有1,001尊千手觀音坐像，一眼望去非常壯觀，主尊為千手觀世音菩薩，每尊都是日本國寶級的重要文物，因此正殿內不可以拍攝照片及攝影。

很多寺院都會有御朱印，一本冊子約日幣1,000円～1,500円，每間寺院都會有不同的毛筆書法及用印，每寫一次約日幣300円～800円，例如東京淺草觀音寺、日光輪王寺都有御朱印，你只需要買一本喜歡的御朱印冊，就可以到各大有名的寺院裡，請御朱印的人員幫你書寫祈福，就好比收集紀念章的概念是一樣的哦！

⊠ 京都市東山區三十三間堂廻町657 ➡ 可搭乘市營巴士206、208及急行100至三十三間堂站牌下車即可抵達；若搭乘京阪京都本線電車至七条駅，步行約5分鐘即可抵達 ☎ 075-561-0467 ☀ 4/11～11/15 08:00～17:00，11/16～3/31 09:00～16:00 ⑤ 大人600円、高中生400円、兒童300円 http sanjusangendo.jp ⊞ 建議待40分鐘遊玩 MAP 參閱地圖P.134、138

西本願寺
淨土真宗本願寺派本山所在

　　位於日本京都府京都市下京區的本願寺分為西本願寺及東本願寺，皆是淨土真宗本願寺派，因宗教理念不同而獨立分派，分別為淨土真宗本願寺派本山及真宗大谷派本山。西本願寺內收藏許多世界級的寶物，建築和庭園也列為京都寺院的代表之一，包括阿彌陀堂、御影堂、飛雲閣、唐門、黑書院等皆為日本國家史蹟、國寶級重要文化財產，於1994年被認定是聯合國教科文組織世界文化遺產。

DATA ✉京都市下京区堀川通花屋町下る　⊙從JR京都駅步行約15分鐘可達；從京都駅前搭乘京都市營巴士9番、28番等巴士至西本願寺前下車，車程約10～12分鐘；從大阪梅田駅搭乘阪急京都線至河原町駅，從四条河原町乘車處搭乘京都市營巴士207番等巴士至島原口下車，車程約10～12分鐘　☎075-371-5181　⊙05:30～17:00　💲免費　🌐hongwanji.or.jp　🈯建議待40分鐘遊玩　🗺參閱地圖P.138

1.西本願寺御影堂門／2.阿彌陀堂(本堂)

東本願寺
真宗大谷派本山國寶文化財

　　建於1602年的東本願寺，寺內建築包括御影堂、阿彌陀堂、大寢殿、大玄關、鐘樓等皆為國寶級重要文化財產，其中御影堂為世界最大木造建築之一。距離東本願寺約300公尺的涉成園是座回遊式日式庭園，因園區周圍種植許多枳殼，也稱「枳殼邸」，每年2～3月可賞梅花、4月賞櫻、夏季賞睡蓮花，秋季則可賞楓及銀杏。

DATA ✉京都市下京区烏丸通七条上る　⊙從JR京都駅步行約7分鐘即可抵達；從大阪梅田駅搭乘阪急京都線至烏丸駅，再轉乘京都地鐵至五条駅8號出口，車程最快約50分鐘，再步行約3分鐘即可抵達　☎075-371-9210　⊙3～10月05:50～17:30，11～2月06:20～16:30　💲免費　🌐higashihonganji.or.jp　🈯建議待40分鐘遊玩　🗺參閱地圖P.138

1.御影堂門／2.阿彌陀堂／3.4.大寢殿／4.涉成園睡蓮花池

京都鐵道博物館
體驗蒸汽火車駕駛臨場感

位於梅小路公園旁，是日本最大的鐵路博物館，非常適合安排親子及鐵路迷旅遊。館內展示許多充滿歷史性的日本JR鐵路火車及電車，以及約50輛各型鐵道列車廂與鐵道模型，可深入了解鐵路演進歷程，是一座充滿感性和知性的博物館。

館內1、2樓有設置讓小朋友體驗的遊戲設施，還有可體驗駕駛電車的模擬設備，感受電車駕駛員在模擬訓練駕駛JR在來線或新幹線列車時的臨場感。博物館後設有國家指定重要文化財產的「扇形車庫」，已有百年歷史，展示從明治至昭和時代的蒸汽火車，若想搭乘蒸汽火車，可至SL搭乘月台的售票處購買體驗門票。

🚩 京都府京都市下京區觀喜寺町 ➡ 從JR京都駅中央口往西步行約20分鐘即可抵達；從京都駅「B3巴士乘車處」搭乘京都市營巴士205、208號車程約10分鐘，在梅小路公園前下車，步行約3分鐘即可抵達；若搭乘急行(103、104、110)、86號巴士，車程約10分鐘，在梅小路公園·京都鐵道博物館前下車即達 📞0570-080-462 🕐 10:00~17:30(最後入館時間至17:00止) 💲 全票(18歲以上)日幣1,200円、大學、高中生日幣1,000円、國中、小學生日幣500円、幼童(3歲以上)200円，每週三休館日、過年期間休息(12/30~隔年1/1)，國定假日照常開館 🌐 www.kyotorailwaymuseum.jp 🏠 建議待3~4小時遊玩 🗺 參閱地圖P.138

1.京都鐵道博物館外觀／2.新幹線及特級列車展示／3.昭和乃駅造景

下鴨神社
京都三大祭典葵祭的舉辦場所

位於京都市左京區鴨川及高野川三角河岸之間的下鴨神社，原名稱為賀茂御祖神社，已列為世界文化遺產之一，主祭神為玉依姬命、賀茂建角身命大神。每年5月中旬都會舉辦「葵祭」，乃京都三大祭典之一，可祈求學業合格、國泰民安、五穀豐收，神社附近範圍還包括河合神社、紅之森、御手洗祭、祈求良緣相生社等。在御手洗池中浸腳可驅除病痛、罪惡等不好的事物；相生社旁可看見兩棵樹結合成為一棵「連理の賢木」，代表結緣的意義。

河合神社主祭神為玉依姬大神，是守護日本女性第一美麗之神，可祈求戀愛、姻緣、安產育兒、學業及健康等。形狀像人臉鏡子的鏡繪馬一個日幣800円，可使用女性的化妝品在鏡繪馬上化妝成自己想要的模樣，藉以得到美麗之神的守護。

🚩 京都市左京区岡下鴨川泉町59 ➡ 從JR京都駅可搭乘市營巴士4號、205號在下鴨神社前下車即可抵達下鴨神社入口處，或在紅的森下車即可抵達河合神社入口處；從大阪淀屋橋 搭乘京阪電鐵特級列車至出町柳 5或7號出口，車程約61分鐘，再步行經河合橋後往右側下鴨東通方向，約13分鐘即可抵達 📞 075-781-0010 🕐 夏季05:30~18:00，冬季06:30~17:00 💲 免費 🌐 www.shimogamo-jinja.or.jp 🏠 建議待1小時遊玩 🗺 參閱地圖P.139

1.下鴨神社樓門／2.鴨川跳烏龜／3.鏡繪馬化妝室／4.下鴨神社參道

元離宮二条城
見證德川時代興衰與變遷

見證了德川時代的興衰及日本歷史變遷，元離宮二条城位於京都府京都市中京區，於1994年被列入世界文化遺產之一。二条城建城約400年，從戰國時代關原之戰統一了日本，依據江戶幕府德川家康於1603年下令由西日本大名協助修建二条城，歷經260年和平與榮景的時代，直到1867年，第十五代將軍德川慶喜在二之丸御殿大廣殿召集重臣，表明大政奉還，將政權交還給天皇。

二条城的範圍很大，建築包括二之丸御殿、二之丸庭園、本丸御殿、清流園、唐門、天守閣遺跡等，城內一年四季皆可賞花，例如春天賞櫻花，秋天可賞楓葉等。

DATA
✉ 京都府京都市中京区二条城町541 ➡ 從JR京都駅搭乘地下鉄烏丸線至烏丸御池駅，再轉乘地下鉄東西線二条城前駅1號出口，車程約12分鐘 ☎ 075-841-0096 ⏰ 08:45～16:00(關城時間為17:00) ⑤ 入城料／二の丸御殿観覧料一般(18歲以上)1,030円，入城料一般620円 http www2.city.kyoto.lg.jp/bunshi/nijojo/ ⏱ 建議待1小時遊玩 MAP 參閱地圖P.139

1.二条城外觀／2.唐門／3.二之丸御殿

京都車站區域、三十三間堂、東本西本願及鐵道博物館

京都御所
拜見古代皇室之住所

位於京都府京都市上京區的京都御所，又名京都皇宮(皇居)，從14世紀起直到1869年，一直是歷代天皇或皇室家族的住所，目前京都御所已開放民眾排隊入內參觀，但隨身物品須經安檢人員檢查通過後才可以入場。

京都御所東西距離長約700公尺，南北距離長約1,300公尺，還包括京都御苑、御池庭、京都大宮御所與仙洞御所等，御苑東面有建春門、南面有建禮門、北面有朔平門、西面有皇后門，最主要的建築為紫宸殿及南庭。御所公園的範圍很廣泛，平時對外開放讓民眾散步、慢跑，是很適合親子旅遊的地方。

DATA

✉ 京都府京都市上京区京都御苑3 ➡ 從JR京都駅搭乘地鐵烏丸線至今出川駅3號出口，車程約10分鐘，往乾御門方向再步行約5分鐘即可抵達；從丸太町駅1號出口，往拾翠亭方向再步行約9分鐘即可抵達 ☎ 075-211-1215 ⏰ 4～8月09:00～17:00，9～3月09:00～16:30，10～2月)09:00～16:00，關閉時間前40分鐘停止入園。每週一公休日(遇假日則隔日公休)，新年假期為12/28～1/4 💲 免費入場，需先在官方網站查詢開放時間 🌐 sankan.kunaicho.go.jp/guide/kyoto.html 📝 建議待1.5小時以上遊玩 🗺 參閱地圖P.139

下鴨神社、二条城、京都御所

清水寺
千年古寺精華，令人流連忘返

　　京都清水寺於1994年被列入世界文化遺產，是觀光遊客必來朝聖的行程之一，所以來到清水寺之前，一定要知道些什麼呢？春季賞櫻、夏季祭典、秋季賞楓、冬季細雪之景色必拍，無論你是白天或夜晚前來清水寺散策及參拜，怡然自得。除此之外，還需要了解寺內最著名的名勝古蹟，包含仁王門、三重塔、清水寺本堂、清水舞台、地主神社、戀愛占卜石，以及音羽瀑布(音羽の滝)等重要文化遺產。

DATA
　✉ 京都府京都市東山區清水1-294 ☎ 075-551-1234
　🕐 1/2～3/11、3/22～3/25、4/11～7/31、10/1～11/11、12/5～12/31為06:00～18:00；3/12～3/21(東山花灯路)、3/26～4/10(春の夜間特別拜観)、11/12～12/4(秋の夜間特別拜観)為06:00～17:30、夜間特別拜観18:30～21:30；8/14～8/16(千日詣り・夏の夜間特別拜観)為06:00～18:30、夜間特別拜観19:00～21:00；12/31(除夜の鐘)為22:00～整夜；1/1元旦為整夜～18:00 💲 大人高中生日幣300円、中小學生日幣200円；夜間參拜大人高中生日幣400円、中小學生日幣200円
　🌐 www.kiyomizudera.or.jp 🚻 建議待60分鐘遊玩 🗺 參閱地圖P.141

1.清水寺櫻花季美景
2.楓葉季美景

如何前往清水寺
- 從JR京都駅搭乘急行100或206巴士，行經三十三間堂博物館及東大路通後，在五条坂或清水道站牌下車，步行五条坂或七条坂約10分鐘即可抵達。
- 搭乘電車京阪本線至清水五条駅(2號或4號出口)，步行五条通及五条坂約25分鐘即可抵達。
- 搭乘阪急京都線至河原町駅，再搭乘207巴士，行經祇園後，在五条坂或清水道站牌下車，步行五条坂或七条坂約10分鐘即可抵達。
- 搭乘京阪本線至「祇園四条駅」站，再搭乘207巴士，行經祇園後，在五条坂或清水道站牌下車，步行五条坂或七条坂約10分鐘即可抵達。

2

玩樂篇

仁王門

仁王門外有一對守門獸，而門中左右兩側各一尊守護神門之仁王像(金剛執行之神)。

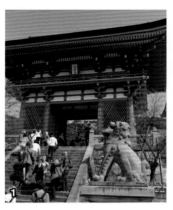

清水寺本堂

清水寺本堂內主要是供奉千手觀世音菩薩(11面42臂)，本堂前為「清水舞台」，舞台的建築結構是用很多欅木排列懸空而成，沒有使用任何一根釘子，令人歎為觀止。日本有一句諺語：「清水の舞台から飛び下りる」，據說是用來勉勵大家要有破釜沈舟的決心與勇氣去面對事情。

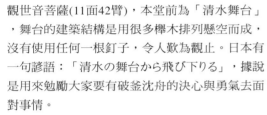

1.仁王門／2.本堂是欅木排列懸空而成／3.本堂旁的櫻花樹

清水寺建議步行路線

石塀小路
染匠きたむら
寧寧之道
高台寺
八坂通
八坂通
八坂通
八坂塔
正法寺
一年坂
清水道巴士站牌
清水道巴士站牌
二年坂
松原通
岡本和服八坂の塔前店
和田寺
東大路通
松原通
三年坂
往京阪清水五条駅方向
東山警察署
西光寺
龍貓共和國
三年坂
岡本和服清水坂店
真福寺
清水寺成就院
五条坂
清水新道、茶碗坂
岡本和服百年老店
地主神社
五条坂巴士站牌
五条坂巴士站牌
岡本和服本店
清水寺三重塔
清水寺
多寶山實報寺
音羽滝

音羽瀑布

清水寺正殿旁有座音羽瀑布分為3道泉水，水質清澈可飲用，被列為日本十大名水之首，3道泉水依遊客排隊的方向分別代表學問、戀愛、長壽，據說只能選一種來喝，若多喝另一種的話，就破功沒有效了。

地主神社

清水寺本堂的北面是祈求愛情的地主神社，神社前有2塊戀愛占卜石相距10公尺，有興趣的人可以站在某一端占卜石旁，然後蒙上雙眼，心中想著愛人，轉過身前去觸摸另一個占卜石，凡是摸到石頭的人，可以找到愛情與幸福的婚姻！

三重塔

三重塔內部供奉大日如來，塔高約31公尺，是日本最高的三重塔。

1.地主神社／2.大國主命與小兔子

產寧坂石疊古街
漫步小徑,享受獨特靜謐氣息

　　產寧坂也稱為三年坂或三年坡,位於清水坂及二年坂之間的一條石疊街道,從產寧坂與清水坂交會處走到二年坂為下坡段,約有46段石階梯,街道兩旁商店林立,有名產店、咖啡店、傳統文藝店、道具店等。關於產寧坂的由來有很多種傳說,其中一種說法是,假如在產寧坂跌倒的話,會在3年內過世,或是減少3年壽命的傳言,另一種說法則是祈求孕婦生產平安,所以希望走路更為小心謹慎。

二年坂

　　二年坂,也稱為二寧坂,位於三年坂及高台寺之間,長約200公尺的一條石板小徑,街道兩側也保存許多獨特的古老房屋,所以這條小徑也是被選定為日本國家重要傳統建築物。

如何前往石疊古街

● 從京都駅搭乘急行100或206巴士,行經三十三間堂博物館及東大路通後,在清水道站牌下車,步行七條坂約7分鐘即可抵達。
● 搭乘電車京阪本線至清水五條駅,步行五條通及五條坂約22分鐘即可抵達。
● 搭乘阪急京都線至河原町駅,再搭乘207巴士,行經祇園後,在清水道站牌下車,步行七條坂約7分鐘即可抵達。
● 搭乘京阪本線至祇園四條駅,再搭乘207巴士,行經祇園後在清水道站牌下車,步行七條坂約7分鐘即可抵達。

安井金比羅宮
誠心祈求,行路交通平安

　　安井金比羅宮石鳥居上掛著「惡緣を切り、良緣を結ぶ」,簡單的意思為消除惡緣、結締良緣,御本殿主祭神分別為大物主神、崇德天皇、源賴政,祈求交通安全和海上安全很靈驗。宮內有一個緣切石碑,上面貼滿民眾的心願(形代),形代一張至少要投幣日幣100円,並寫上你祈求的心願,石碑的中間有一個洞,據說祈求的人要從洞口的外側爬進內側,再從內側爬出外側(原意就是消除惡緣、結締良緣),最後再將形代貼在石碑上。

DATA
✉ 京都市東山區下弁天町70　➡ 前往安井金比羅宮可搭乘京阪電車至祇園四條駅,步行約10分鐘抵達,或搭乘京都市營巴士206或207至東山安井站牌下車,步行約1分鐘即可抵達　☎ 07-5561-5127　⏰ 09:30～17:30　http www.yasui-konpiragu.or.jp　🚻 建議待20分鐘遊玩　MAP 參閱地圖P.149

八坂神社
祈福消災之外，品味關西在地小吃

不管你從祇園四条通的方向前來西樓門(朱紅色大門)，或是從高台寺的方向前來南樓門(石鳥居)都會經過八坂神社，你若前來求生意興隆及消災解厄的話，會特別靈驗。神社原名為祇園神社或祇園感神院，因於1868年推動神佛分離之後定名為八坂神社。每年除了櫻花與紅葉季節遊客眾多之外，於7/1～7/31期間所舉行的京都「祇園祭」也是非常熱鬧。當你走進西樓門時，可見到日本關西各地的小吃美食攤位，包括有販賣章魚丸子、蟹肉棒、和牛肉串及烤玉米串等。

DATA
✉ 京都市東山區祇園町北側625番地 ➡ 搭乘市營巴士201、202、203、206、207、急行100至八坂神社或祇園站牌下車，步行約1分鐘即可抵達；若搭乘阪急京都本線電車至河原町駅1A出口，往左方向步行約10分鐘即可抵達；若搭乘京阪本線電車至祇園四条駅6號或7號出口，步行約8分鐘即可抵達 ☎ 075-561-6155 🕐 24hrs 🌐 www.yasaka-jinja.or.jp ⏱ 建議待30分鐘遊玩 🗺 參閱地圖P.149

1.八坂神社／2.蟹肉棒／3.牛肉串燒

岡本織物和服體驗
小步款擺，感受古都優雅

岡本(Okamoto)織物和服店自江戶幕府天保元年開始販賣織布衣料至今，已有180多年的歷史，也因現代服飾求新求變的潮流轉變，使得岡本織物除了賣服飾之外，也開始轉型從事和服租賃的服務。自從岡本織物經營和服租賃之後，深受遊客的喜愛，所以每年都會吸引很多遊客前來京都清水寺體驗日本和服文化。目前180多年歷史的本家老店還維持經營販賣傳統服飾及用品。

DATA
✉ (本店)京都市東山區五条橋東六丁目546-8(錦古堂旁)；(清水坂店)京都市東山區清水2丁目237-1-1；(祇園店)京都市東山區鷲尾町523；(八坂の塔前店)京都市東山區八坂上町374 ☎ (本店)075-532-1320；(清水坂店)075-525-7115；(祇園店)075-531-7890；(八坂の塔前店) 075-525-1420 🕐 09:00～20:00 🌐 www.okamoto-kimono.com 🗺 參閱地圖P.141、149

如何前往

● 從京都駅搭乘急行100或206市營公車，行經三十三間堂博物館及東大路通後，在五条坂站牌下車，步行五条坂及清水新道(茶碗坂)約6分鐘即可抵達。

● 搭乘電車京阪本線至清水五条駅，步行五条通、五条坂及清水新道約20分鐘即可抵達。

● 搭乘阪急京都線至河原町駅，再搭乘207市營公車，行經祇園後，在五条坂站牌下車，步行五条坂及清水新道6分鐘即可抵達。

● 搭乘京阪本線至祇園四条駅，再搭乘207市營公車，行經祇園後，在五条坂站牌下車，步行五条坂及清水新道約6分鐘即可抵達。

玩樂篇

1.岡本和服百年總店／2.祇園店入口／3.清水坂店入口

岡本織物和服租賃在清水寺附近有2間店，分別為本店(Main shop)及清水坂店(Kiyomizuzaka Shop)，在高台寺祇園附近也有2間店，分別為祇園店(Gion shop)及八坂の塔前店(Yasakanotomae shop)，通常遊客都會優先預約本店及清水坂店，因為距離清水寺非常近，僅步行約3～4鐘就可以拍攝美美的照片，所以是觀光遊客的首選之一。

行家密技　和服體驗步驟

和服麻豆小天使：Emma Chen

1 Step 開始挑選你喜歡的衣服款式，包含腰封、髮飾、包包、草履。

2 Step 站著雙手張開。

3 Step 穿底衣。

準備掛飾

4 Step 穿襯衣。

5 Step 穿外衣。

6 Step 綁腰封。

7 Step 掛飾(髮型或髮飾)。

8 Step 手提足包出門外拍。

Time
※以上步驟需要
1～1.5小時
才能完成。

行家破解術 預約和服的方法

雖然店內有提供其他多樣式的和服方案，但大部分遊客比較常預約的方案如下：

- 女士和服豪華套裝日幣4,980円(未稅)
- 男士和服套裝日幣3,980円(未稅)
- 兒童和服套裝日幣4,980円(未稅)

若要額外做髮型的話，岡本織物有提供3種固定髮型，分為人氣蓬鬆髮型、優雅髮型、甜美髮型可挑選，費用日幣500円(未稅)，若是自己提供的髮型設計，記得要提供圖片給工作人員，費用需加付日幣1,000円(未稅)。若和服歸還時，需要服務人員到你住宿地方領取的話，須加付日幣2,000円(未稅)。

貼心 小提醒

每年櫻花季(3/20～4/10)、楓葉季(11/15～12/5)、新年元旦(12/31～1/3)期間是租賃和服的旺季，建議大家提早3個月之前上網預約本店或清水坂店09：00～12：00的時段，通常和服最晚歸還的時間於下午18：30，若你沒有在3個月之前預約09：00～12：00這段時間的話，穿著和服外拍的時間會比較少，若在非旺季租賃的話，於3週前預約即可。穿上和服之後，行動力會變得比較慢，建議當日行程不要安排太多。

Step 1 請連結岡本預約和服的中文版(簡體)網站

▲ www.okamoto-kimono.com

Step 2 選擇日期與時間

紅色標記代表日本當地國定假日，時間表上顯示「✕」代表這時間無法再接受預約；「○」則代表這時間為可接受預約；若顯示畫「△(4)」，代表這時間只能再接受4位預約。選完後點選下一步。

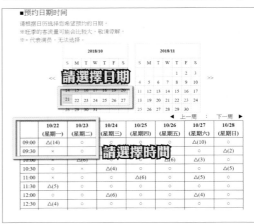

	10/22 (星期一)	10/23 (星期二)	10/24 (星期三)	10/25 (星期四)	10/26 (星期五)	10/27 (星期六)	10/28 (星期日)
09：00	△(14)	○	○	○	○	△(10)	○
09：30	✕	○	○	○	○	○	△(2)
10：00	○	△(6)	○	○	△(6)	△(3)	○
10：30	○	✕	△(4)	○	○	○	△(5)
11：00	○	○	○	△(6)	○	△(5)	○
11：30	△(5)	○	○	○	○	○	○
12：00	○	○	△(6)	○	○	△(4)	○
12：30	△(4)	○	○	○	○	○	○

Step 3 預約服飾套餐

一般套餐包含和服+腰帶+手提包+木屐襪(贈品)+草履;自選套包含餐和服+腰帶+手提包+白彈力足袋(贈品)+草履;正裝套餐包含和服+腰帶+手提包+襯衣+帶飾+白色足袋(贈品)+草履;特殊尺寸套餐適用較胖及身高170cm以上之人士,服飾款示與正裝和服套餐相同;男性和服套餐包含和服+腰帶+手提包+木屐襪(贈品)+草履;兒童套餐包含和服+腰帶+手提包+木屐襪(贈品)+草履。

Step 4 選擇髮型及歸還方法

選擇髮型設計費用為日幣500円(不含稅),服飾歸還方式如下:

● 當天歸還,請於18:30前歸還至租賃和服的店鋪。
● 次日歸還,需付日幣10,000円作為押金(在和服歸還時返還押金)。
● 酒店歸還(僅限京都市內),須留下住宿資訊,收件費用範圍為日幣1,000~2,000 (不含稅)。

Step 5 填寫個人資料

個人資料填寫完成後,按下預約確認發送後,官網系統會寄一封確認的E-mail到你所留的信箱,記得將E-mail內容列印下來,並在當天交給和服店員就可以了。

寧寧之道
石板步道,靜享古典風情

　　寧寧為豐臣秀吉的妻子,從圓德院通往高台寺的這段路就被取名為寧寧之道(ねねの道)。步道是使用石板及石塊建造而成,為了保護步道的完整性,所以禁止車子通行。寧寧之道上還有圓德院、月真院及掌美術館,以及知名冰品店鋪「茶寮都路里高台寺店」。

石塀小路

　　傳統與懷舊巷道的石塀小路位於寧寧之道及下河原道之間,其中一邊的入口就在京月待庵(まねきねこのて招喜屋)店鋪旁,若你從八坂神社南樓門方向直走往前的話,另一個入口位於祇園あり本店鋪的對面。

1.石板及石塊建造的寧寧之道／2.古色古香的石塀小路

高台寺
緬懷寧寧夫人晚年的居所

　　高台寺是豐臣秀吉的夫人(北政所寧寧)為思念亡夫,於1606年修建的寺院,也是寧寧晚年的居所和去世後的墓地,列入日本國家重要文物之一,寺內範圍包括波心庭、開山堂、茶室的傘亭和時雨亭及觀月台等,每年春天櫻花和秋天紅葉有日夜間的參觀活動。

DATA ✉ 京都市東山區高台寺下河原町526 ➡ 前往高台寺可搭乘京都市營巴士202、206或207至東山安井站牌下車,步行約5分鐘可抵 ☎ 075-561-9966 ⏰ 09:00～17:30 💲 大人日幣600円 http www.kodaiji.com 📅 建議待40分鐘遊玩 MAP 參閱地圖P.141、149

1.觀月台及開山堂／2.高台寺方丈及庭園

圓山公園
京都居民的賞櫻名所

參觀了八坂神社之後，可再步行約4分鐘前往圓山公園(円山公園、まるやまこうえん)，也是京都賞櫻花及紅葉名勝之一，公園內有一顆櫻花樹齡約80多年的祇園枝垂櫻，但只能遠遠觀望。公園西面為八坂神社、南面為高台寺、北面為知恩院，每年櫻花盛開期間來此拍照非常美麗，京都市民都會到櫻花樹下休憩賞花及野餐同樂，這樣的感覺與氣氛，真的很棒！

DATA ⊠ 京都市東山區円山町 ⏰ 24hrs 註 建議待30分鐘遊玩 MAP 參閱地圖P.149

八坂神社、高台寺、花見小路建議步行路線

鴨川
京阪本線

出口7
出口6
鍵善良房
四条通
祇園辻利
茶寮都路里
壹錢洋食
祇園四条駅
よーじや吸油面紙

かづら清老舖
巴士祇園站牌 206、202、46、急行100、急行110、18、86等
祇園小石
八坂神社
圓山公園

星巴克祇園店
207、80、201、87等
巴士祇園站牌
南樓門

何必館・京都現代美術館

大和大路通
正伝永源院
興雲庵
建仁寺
西來院
花見小路通

祇園甲部歌舞練場

東大通路

大雲院

岡本和服祇園店

寧寧之道 ● 月真院
圓德院
高台寺

長生寺

安井金比羅宮

石塀小路

大統院
染匠きたむら
春光院

銀閣寺
選入世界遺產的經典古寺

本名為慈照寺，寺院有一座日本國寶觀音殿，殿內第二層安置著觀世音菩薩像，屋頂上放有朝向東方的鳳凰，據說是為了保護殿裡的觀世音菩薩，於西元1994年銀閣寺作為古都京都的文化財的一部分，同時被登錄為世界遺產。

寺內庭園可見到一片高約60公分的銀沙灘，以及高180公分的向月台，據說銀沙灘是將花崗岩打碎製造而成的白川沙，並布置成沙灘景觀。除了銀沙灘還有許多其他景點是遊客前來必觀賞的，包含方丈(本堂)、東求殿、茶之井及洗月泉庭園等，你還可以沿著步道前往寺內的至高地點，眺望京都市區的建築街道景色。

DATA ✉ 京都府京都市左京區銀閣寺町2 ☎ 075-771-5725 ⏰ 12/1～隔年2/28、29為09:00～16:30；3/1～11/30為08:30～17:00 💲 大人高中生日幣500円、中小學生日幣300円 🌐 www.shokoku-ji.jp/g_about.html 🏠 建議待40分鐘遊玩 🗺 參閱地圖P.151

哲學之道
於櫻花楓葉季節悠閒漫步

每年春天櫻花(3/27～4/7)及秋天賞楓(11/15～11/30)季節的時候，能夠漫步在哲學之道上是非常幸福的，尤其是櫻花季的期間，道渠兩旁種植的櫻花樹林，變成美麗的櫻花步道。哲學之道位於銀閣寺與南禪寺之間，全長約2公里，全程步行時間約30分鐘，沿路途中有許多創意商店(包含和菓子店、陶瓷器、可愛手工藝品、風鈴、啡咖館及服飾店等)可以讓你享受購物及悠閒的氣氛。建議可以先前往銀閣寺或南禪寺參觀，之後再步行前往哲學之道。

如何前往銀閣寺

- 從JR京都駅可搭乘5、17、急行100巴士至銀閣寺道(前)站牌下車，步行約9分鐘即可抵達。
- 從金閣寺可搭乘203、急行102巴士至銀閣寺道站牌下車，步行約9分鐘即可抵達。
- 從四条河原町可搭乘17巴士至銀閣寺道站牌下車，步行約9分鐘即可抵達。
- 從南禪寺經哲學之道，步行約30分鐘即可抵達。

南禪寺
春櫻秋楓時節的必遊景點

日本最早由皇室發願建造的禪宗最高寺院，寺內供奉釋迦牟尼、善財童士及十六羅漢等。當你來此禪寺，有許多景點為遊客必賞，包含寺外有兩層的三門(名為天下龍門，高約22公尺)、幽靜的大小方丈庭院(國寶)及水路閣，都是被列為日本京都重要文化遺產。水路閣(疏水)在建造的時候，據說參考古代羅馬時代的水道橋，以紅磚砌成，在明治時代的時候，民眾利用水路閣將琵琶湖的湖水送往京都，建置水力發電使用。而每年春天賞櫻、秋天賞楓紅的季節，此地已成為遊客必來景點。

DATA

🏠 京都市左京區南禅寺福地町　📞 075-771-0365
🕐 12/1～隔年2/28、29為09:00～16:30；3/1～11/30為08:30～17:00　💲 方丈庭園、三門各別收門票(一般日幣500円、高校生日幣400円、中小學生日幣300円)，南禪院(一般日幣300円、高校生日幣250円、中小學生日幣150円)　🌐 www.nanzen.net　🚌 建議待50分鐘遊玩
MAP 參閱地圖P.151

如何前往南禪寺

• 從JR京都駅可搭乘5巴士至南禪寺、永觀堂道站牌下車，步行約8分鐘即可抵達；或搭乘地鐵烏丸線至烏丸御池駅，再轉乘地鐵東西線至蹴上駅1號出口，步行約8分鐘即可抵達。

• 從河原町或祇園出發的話，可先步行10分鐘至三条京阪駅搭乘地鐵東西線蹴上駅1號出口，步行約8分鐘即可抵達。

銀閣寺、哲學之道、南禪寺建議步行路線

32、203、急行100、急行102 京都巴士銀閣寺前站牌
5、17、急行100 京都巴士銀閣寺道站牌
銀閣寺町／銀閣寺／白川通／法然院／よーじやCafé銀閣寺店／哲學之道／白川通／京都巴士東天王町站牌／**204、203、5、急行100**／熊野若王子神社／東大路通／平安神宮／岡崎公園／京都巴士岡崎公園、動物園前站牌／**46、32**／**46、5、急行100、急行110**／京都巴士岡崎公園站牌／仁王門通／京都市美術館／京都動物園／永觀堂禪林寺／南禪寺／東山駅／地下鐵東西線／仁王門通／隧道(Twisted Tunnel)／蹴上駅

1.從地鐵蹴上駅1號出口步行約1分鐘看到隧道(Twisted Tunnel)右轉進去可直達南禪寺／2.三門／3.水路閣(疏水)

永觀堂禪林寺
楓紅時節觀賞池中倒影

　　原名為禪林寺，也稱為紅葉永觀堂，通常來到永觀堂之前，會先前往南禪寺參觀，然後再步行約5分鐘抵達。永觀堂庭園的範圍寬闊，包括釋迦堂、開山堂、弁天島、古方丈、瑞紫殿、阿彌陀堂本堂等。阿彌陀堂內有80cm大小的阿彌陀如來立像(鎌倉時代初期)，人稱「回首阿彌陀」。堂內還收藏許多國寶文物，但都禁止攝影。寺院內種植約3,000株楓葉樹，每當秋天紅葉季節的時候，若站在夢庵亭內，可看見弁天池水中的紅葉倒影哦！

如何前往永觀堂禪林寺

- 從JR京都駅可搭乘急行100巴士經祇園至東天王町站牌下車，步行約8分鐘即可抵達；或搭乘地鐵烏丸線至烏丸御池駅，再轉乘地鐵東西線至蹴上駅1號出口，步行約13分鐘即可抵達。
- 從銀閣寺經哲學之道步行約25分鐘即可抵達。

DATA ✉ 京都市左京區永觀堂町48　☎ 075-761-0007　🕐 09:00～17:00(最後入場時間16:00)　💲 一般(18歲以上)日幣600円、高中生及中小學生日幣400円、小學學齡前兒童免費　🌐 www.eikando.or.jp　🅿 建議待40分鐘遊玩　MAP 參閱地圖P.151

1.弁天島、弁天池之景／2.阿彌陀堂旁／3.永觀堂中門／4.永觀堂總門

玩樂篇

平安神宮
紀念日本平安朝歷史文化

日本經歷了明治維新的政局改革，為了復興當時荒廢的京都，於1895年重新創建平安神宮，同時也紀念平安建都1100年的歷史文化，神宮內供奉恆武天皇以及孝明天皇，主體建築除了以鮮豔紅色為主的外觀之外，還包括高24.4公尺的大鳥居、應天門、大極殿、蒼龍樓、白虎樓及神苑。一年四季的神苑庭園都有美麗的花朵可欣賞，尤其春季櫻花、秋季紅葉，都是遊客必來朝聖的景點之一。

✉ 京都市左京區岡崎西天王町　☎ 075-761-0221
🕐 平安神宮：12/31～隔年2/14、11/1～12/30為06:00～17:00；2/15～3/14、10/1～10/31為06:00～17:30；3/15～9/30為06:00～18:00。神苑：元旦～2/28、29、11/1～12/31為08:30～16:30；3/1～3/14、10/1～10/31為08:30～17:00；3/15～9/30為08:30～17:30
💲 平安神宮免費、神苑大人日幣600円、兒童日幣300円　🌐 www.heianjingu.or.jp　⏱ 建議待40分鐘遊玩
🗺 參閱地圖P.151

如何前往平安神宮
- 從JR京都駅可搭乘5、急行100巴士經祇園至岡崎公園、美術館、平安神宮前站牌下車，步行約5分鐘即可抵達，或搭乘地鐵烏丸線至烏丸御池駅，再轉乘地鐵東西線至東山駅1號出口，往神宮道方向步行約10分鐘即可抵達。
- 從河原町出發，搭乘46巴士經祇園至岡崎公園、美術館、平安神宮前站牌下車，步行約5分鐘抵達。

1.神苑入口處白虎樓旁／2.平安神宮應天門／3.平安神宮蒼龍樓

平野神社
區內稀有櫻花樹種遍地綻放

平野神社是京都著名的賞櫻勝地之一，雖然神社的範圍不大，但這裡櫻花是京都市內密集度相當高的神社，於每年櫻花季節的時候可以看到約400多棵櫻花樹，種類約60幾種的櫻花，例如八重櫻、枝垂櫻、吉野櫻、魁櫻、寢覺櫻、平野妹背櫻、手弱女櫻等稀有櫻花品種，神社舞殿旁有顆樹齡約400年的神木，據說只要用手摸摸或抱抱神樹之後，就會充滿了精神與活力，樹旁還有一座充滿磁力的神奇靈石。若你有空餘時間的話，可以去看看神社所賣的御守及幸運小白籤，這時候你就可以發現，代表神社的吉祥動物是松鼠哦！

DATA ✉ 京都市北區平野宮本街1 ➡ 從JR京都駅可搭乘205、50巴士至衣笠校前站牌下車步行約3分鐘即可抵達；若從嵐山駅搭乘京福嵐電至帷子ノ辻駅，再轉乘北野線到北野白梅町駅，出站步行10分鐘即可抵達 ☎ 075-461-4450 🕐 06:00～17:00，櫻花季節夜間參觀時間至22:00 💲 無 🌐 www.hiranojinja.com 🚌 建議待30分鐘遊玩 🗺 參閱地圖P.155

1.平野神宮鳥居／2.舞殿／3.樹齡約400年的神木

北野天滿宮
向學問之神請益智慧

北野天滿宮主要供奉「學問之神」菅原道真，從小就學識淵博的他，被周圍的人稱為神童，成年時在朝為官，也是漢詩學者兼政治家，每年學生準備升學考試之前都會來此祈求學業順利。從大鳥居進入參拜道的途中可以看到很多牛雕像，據說菅原道真出生及歿世皆在丑(牛)年，他與牛之間流傳了許多感人故事，最後牛也成為天神的使者，只要去摸摸牛雕像就會保佑你身體健康。

天滿宮每年都會舉行很多各式的祭典活動，包括新年祈福、梅花祭、天神緣日、誕辰祭等，梅苑開放期間預定為2月上旬到3月下旬(開放時間為10:00～16:00)，春天的櫻花及秋天的楓葉的美景也值得讓你來此一遊。

DATA ✉ 京都市上京區馬喰町 ☎ 075-461-0005 🕐 4月～9月為05:00～18:00、10月～3月為05:30～17:30 💲 大梅苑大人日幣1,000円、兒童日幣500円 🌐 www.kitanotenmangu.or.jp 🚌 建議待50分鐘遊玩 🗺 參閱地圖P.155

如何前往北野天滿宮

- 從JR京都駅搭乘205巴士，車程約35分鐘，在「北野白梅町」下車，步行約5分鐘即可抵達，或搭乘急行101，車程約30分鐘，在「北野天滿宮前」下車即可抵達。
- 從嵐山駅搭乘嵐電(京福電鐵)到北野白梅町駅，出站往前直走，沿今出川通步行500公尺約6分鐘抵達。
- 從河原町駅及四條通路口搭乘203巴士，車程約40分鐘，在「北野天滿宮前」下車即可抵達。
- 從銀閣寺道搭乘急行102巴士，車程約25分鐘，在「北野天滿宮前」下車，再步行約5分鐘即可抵達。

金閣寺
屹立數百年的燦爛典雅

　　原名為鹿苑寺，因為寺內「舍利殿」的外觀全是金箔建築，所以被稱為「金閣寺」，內部供奉舍利佛(觀世音菩薩的骨頭)。舍利殿是一座3層樓閣狀的建築，1F是平安時代貴族建築風格的「法水院」，2F是鎌倉時期武士建築風格的「潮音洞」，3F則是中國唐朝禪宗佛殿建築風格的「究竟頂」，以及屋頂的金鳳凰。寺內庭園以鏡湖池為中心，範圍還包含600多年的陸舟之松(五葉松)、白蛇之塚、龍門瀑布、義滿緣之泉、夕佳亭、不動堂寺等。

DATA

🏠 京都府京都市北區金閣寺町1　☎ 075-461-0013
🕐 09:00~17:00　💲 大人日幣400円，兒童日幣300円
http www.shokoku-ji.jp　🚌 建議待50分鐘遊玩　MAP 參閱地圖P.155

如何前往金閣寺

- 從JR京都駅搭乘急行101或205巴士，車程約40分鐘，在「金閣寺道」下車，再步行約5分鐘抵達。
- 從JR京都駅搭乘地鐵烏丸線到北大路駅，再轉搭乘急行101、急行102、204及205巴士，車程約10分鐘至「金閣寺道」下車，再步行約5分鐘即可抵達。
- 從四条河原町(河原町通的H&M門口)搭乘59號京都市營巴士，車程約45分鐘，在「金閣寺道」或「金閣寺前」下車，再步行約5分鐘即可抵達。
- 從嵐山駅搭乘嵐電(京福電鐵)到北野白梅町駅，出站往左走，再沿著西大路通步行1.2公里約15分鐘即可抵達。
- 從銀閣寺道搭乘急行102巴士，車程約30分鐘，在「金閣寺道」下車，再步行約5分鐘即可抵達。

平野神社、北野天滿宮、金閣寺建議步行路線

京都巴士金閣寺道站牌　北大路通
205、204、急行101、59、12

金閣寺

鞍馬口通

205、204、急行101、59、12
京都巴士金閣寺道站牌

氷室通

鏡石通

西大路通

蘆山寺通

御前通

平野神社

上立売通

北野天滿宮

京都巴士北野天滿宮前站牌
203、急行101、急行102、50、55

北野白梅町駅

京福電鐵北野線

203、急行101、急行102、50、55
京都巴士北野天滿宮前站牌

仁和寺
滿開御室櫻的賞櫻名所

於888年創建至今，仁和寺位於京都府京都市右京區的佛教寺院，主要奉祀的是阿彌陀如來，於1994年被認定為世界文化遺產。寺內的範圍包括五重塔、御影堂、仁王門、鐘樓、經藏、靈寶館、黑書院、金堂及茶室等，並有許多建築都被指定列為國寶及京都重要文化財。

仁和寺種植的櫻花品種很多，以「御室櫻」的櫻花聞名，獲選為日本賞櫻名所百選之一，以前只有日本皇室及貴族的人才能欣賞，園內種植數量約有200多棵，大約於4月中旬盛開，會開得非常茂密，除此之外，還有其他品種包括染井吉野櫻、枝垂櫻、八重櫻等等。

DATA ✉ 京都府京都市右京区御室大内33 ◑ 從京都駅搭乘京都市營巴士26號，車程約40分鐘即可抵達
◐ 075-461-1155 ◷ 3～11月09:00～17:00(最後入場時間16:30)，12～2月09:00～16:30(最後入場時間16:00)
💲 御殿大人、高校生日幣500円，中、小學生日幣300円；靈宝館(期間限定)大人日幣500円，高校生、中學生日幣300円；伽藍特別入山大人、高校生日幣500円，中、小學生日幣200円 ⊕ www.ninnaji.jp ☗ 建議待1小時遊玩 ⊙ 參閱地圖P.156

如何前往仁和寺
● 從JR京都駅搭乘京都市營巴士26號至御室仁和寺駅巴士乘車處，車程約45分鐘即可抵達。
● 從JR京都駅搭JR山陰線至太秦駅，再步行約3分鐘前往京福電鐵(嵐電)北野線的攝影所前駅，再搭乘京福電鐵前往御室仁和寺駅下車，步行約3分鐘即可抵達。
● 從大阪梅田駅可搭乘京急京都線至西院駅，步行約4分鐘至轉乘京福電鐵嵐山本線西院駅前往帷子之辻駅，再轉乘京福電鐵北野線前往御室仁和寺駅下車，車程約85分鐘，再步行約3分鐘即可抵達。
● 從嵐山駅可搭乘京福電鐵嵐山本線至帷子之辻駅，再轉乘京福電鐵北野線前往御室仁和寺駅下車，車程約30分鐘，再步行約3分鐘即可抵達。

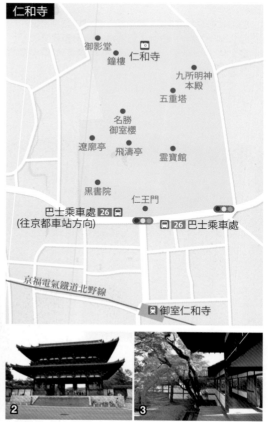

仁和寺

御影堂　鐘樓　仁和寺
九所明神本殿
五重塔
名勝御室櫻
遠廊亭　飛濤亭　靈寶館
黑書院　仁王門
巴士乘車處 26
(往京都車站方向)　　26 巴士乘車處
京福電氣鐵道北野線
御室仁和寺

1.御影堂／2.仁王門／3.御殿庭園迴廊

1.售票處／2.仁王門／3.五重塔／4.本殿

探索嵐山

嵐山地區（トロッコ）
向恬靜幽雅的戶外風光進發

京都嵐山觀光地區的範圍很大，景點包含嵐山渡月橋、天龍寺、竹林步道、野宮神社、大覺寺、常寂光寺、保津川遊船、嵐山嵯峨野觀光小火車等。若你在賞櫻花及賞楓紅季節來到嵐山地區的話，建議你早上前來，原因是早上人潮比較少，等到接近中午時段，人潮的數量多到會影響交通。嵐山地區的範圍很大，建議至少預留5～6小時在此地遊玩。

如何前往嵐山地區

● 從JR京都駅(31～33月台)搭乘JR山陰本線至嵯峨嵐山駅，車程約14分鐘即可抵達。

● 從JR京都駅(經四条大宮駅)可搭乘28巴士前往嵐山地區，車程約45分鐘即可抵達。

● 從京都四条大宮駅搭乘京福電鐵嵐山電車至嵐山駅，車程約25分鐘即可抵達。

● 從京都河原町駅搭乘阪急京都線電車至桂駅，再轉搭乘阪急嵐山線電車至嵐山駅，車程約25～30分鐘即可抵達。

嵐山嵯峨野觀光小火車
坐小火車欣賞沿途峽谷風光

嵯峨野觀光小火車鐵路全長約7.3公里，從嵯峨駅搭乘到龜岡駅單程約25分鐘(來回約1小時)。每班次共有5節車廂，前4節車廂為指定席座位，第五節車廂為自由席及站票，小火車沿著保津川的溪谷行駛，春天賞櫻花、夏天看山林綠葉、秋天賞楓紅、冬天則可眺望雪白世界。想搭乘小火車(指定席)的話，需在搭乘日的前1個月內在JR西日本關西機場站或JR京都駅的綠色窗口現場購買火車票。可接受網路訂票，但當地日本人有主場優勢可預先購買火車票，之後座位所剩無幾，尤其在櫻花及楓葉旺季，若在關西機場JR　Office(綠色窗口)買不到指定席車票的話，建議你當天早上現場在トロッコ 3個車站現場排隊購買第五節車廂的站票，分別為嵯峨駅(早班09:07發車)、嵐山駅(早班09:10發車)及龜岡駅(早班09:35發車)。

DATA

✉ 京都市右京區嵯峨天龍寺車道町(嵯峨嵐山駅) ➡ 從JR京都駅搭乘JR山陰本線至嵯峨嵐山駅，因與嵯峨野線的トロッコ嵯峨駅相鄰，則步行約1分鐘抵達；也可以直接搭乘JR山陰本線至馬堀駅，再步行約8分鐘至トロッコ龜岡駅搭車(反向搭乘小火車的走法) ☎ 075-861-7444 🕐 09:00～17:00(營業期間為3/1～12/29，櫻花季、黃金週、暑假、紅葉期間每天行駛)，每週三公休日(若遇日本國定假日時，則照常行駛)，冬季維修期間為1/1～2/28、29(小火車停駛) 💲 12歲以上日幣630円、6～12歲日幣320円(以上為單程票價，需現金購票，JR Pass、SUICA、ICOCA等IC卡皆不能使用) http www.sagano-kanko.co.jp MAP 參閱地圖P.161

嵐山渡月橋
河上泛舟河岸輕鬆漫步

以前日本貴族時常在渡月橋下的河岸邊郊外踏青，大堰川為上游河川，可戲水泛舟，桂川為下游河川，為京都洛西地區用水及農作物灌溉用水，以一ノ井堰作為分界。渡月橋全長約155公尺，橋墩建材為鋼筋建造，橋面為木頭建造。每當遇到櫻花、楓葉季及連續假期時，道路與橋面會執行交通管制，且僅能禮讓巴士通行，若遇到人潮眾多時，要小心行走，尤其是小朋友要照顧好哦！

DATA ✉ 京都市右京區嵯峨天龍寺芒之馬場町 ☎ 075-861-0012(嵐山保勝會) ⏰ 24hrs 🚶 建議待60分鐘遊玩(包含河畔) 🗺 參閱地圖P.161

1.2.嵐山公園及河畔

竹林步道
小徑漫步，消磨清幽時光

來到嵐山地區的話，嵯峨竹林步道一定要去走走，有清幽小徑的感覺，令人流連忘返，步道的範圍包含野宮神社、天龍寺北門、トロッコ嵐山駅及常寂光寺，若你從天龍寺北門出來的話，往右側是前往野宮神宮(步行約5分鐘)，而往左側是前往トロッコ嵐山駅及常寂光寺(步行約10分鐘)。

DATA ✉ 天龍寺北門至常寂光寺之間 ⏰ 24hrs 🚶 建議待20分鐘遊玩 🗺 參閱地圖P.161

天龍寺
如詩如畫的美麗庭園

大本山天龍寺位於京都市右京嵐山地區，寺院的範圍包括友雲庵、龍門亭、法堂、禪堂、大方丈、曹源池、小方丈、祥雲閣、甘雨亭及多寶殿等，每年櫻花季及楓葉季的時候，是遊客必來朝聖的名勝之一。曹源池庭園是天龍寺最著名的日式庭園，瀑布流水及石橋的整體配置，美得像是一幅畫，你可自費日幣100円走進大方丈內的迴廊欣賞庭園。寺內有一處為地下80公尺深的「平和觀世音菩薩及愛之泉」，據說喝了這泉水的人可得愛與幸福，也有許多遊客將銅板投入池水裡許願，祈求愛與幸福。

> **DATA**
> ✉ 京都府京都市右京區嵯峨天龍寺芒ノ馬場町68 ➡ 走出京福電鐵嵐山駅的站口，步行約8分鐘即可抵達售票處；搭乘JR山陰線至嵯峨嵐山駅，步行約13分鐘即可抵達售票處；若從南禪寺前往天龍寺的話，在東天王町站牌可以搭乘93巴士至嵐山天龍寺前站牌下車，步行約5分鐘即可抵達售票處 ☎ 075-881-1235 🕐 3/21～10/20為08:30～17:30；10/21～隔年3/20為08:30～17:00 💲 高中生以上日幣500円、中小學生日幣300円(曹源池庭園、百花苑)，參拜大方丈、書院、多宝殿各處需各另加日幣100円 🌐 www.tenryuji.com 📌 建議待40分鐘遊玩 MAP 參閱地圖P.161

1.枝垂櫻／2.大本山天龍寺／3.曹源池庭園

野宮神社
撫摸神石達成祈求心願

保有原始、古老的木材與樹皮所建造而成黑木鳥居，是野宮神社的最大特色之一，神社內有放置一顆龜石(神石)，據說只要摸了龜石就可以實現你所祈求的願望。除此之外，

神社奉祀許多神明可以讓民眾祈求姻緣、生育求子、財運滾滾、身體健康及學業進步等。

> **DATA**
> ✉ 京都府京都市右京區嵯峨野宮町1 ➡ 可搭乘京福電鐵電車至嵐山駅，步行約5分鐘即可抵達；若搭乘JR山陰線至嵯峨嵐山駅，步行約10分鐘即可抵達 ☎ 075-871-1972 🕐 09:00～17:00 💲 無 🌐 www.nonomiya.com 📌 建議待20分鐘遊玩 MAP 參閱地圖P.161

1.龜石(神石)／2.野宮神社

常寂光寺
登高展望嵯峨地區美景

　　位於京都嵐山地區小倉山腳下，常寂光寺是櫻花及紅葉名勝景點之一，寺院國寶級代表建築為多寶塔，寺院的範圍包括仁王門、本堂、妙見堂、開山堂、時雨亭等，沿著石台階前往至高處可以眺望嵯峨野地區的美景！

DATA
☎ 京都市右京區嵯峨小倉山小倉町3 ➡ 可搭乘京福電鐵電車至嵐山駅，步行約20分鐘抵達；若搭乘JR山陰線至嵯峨嵐山駅，步行約16分鐘抵達；若從JR京都駅或四条大宮駅可搭乘28巴士至嵯峨小學校前站牌下車，步行約10分鐘即可抵達 ☎ 075-861-0435 ⏰ 09:00～17:00 (最終入場時間16:30) 💲 日幣500円 http www.jojakko-ji.or.jp 註 建議待30分鐘遊玩 MAP 參閱地圖P.161

1.山門／2.古老多寶塔／3.枝垂櫻

嵐山地區建議步行路線

常寂光寺
JR嵯峨嵐山駅
トロッコ 嵯峨駅
JR山陰本線
JR嵐山駅
野宮神社
天龍寺北門
京福電鐵
トロッコ嵐山駅
竹林步道
中村屋総本店
嵐電嵯峨駅
天龍寺
京都巴士
嵐山天龍寺前站牌
永明院　28、93
京福嵐山駅
寶嚴院
ARINCO嵐山本店
臨川寺
嵐山
大堰川　一之井堰
嵐山渡月橋
桂川
嵐山公園
京都巴士
嵐山公園站牌　28
阪急嵐山駅
阪急嵐山線

仁王門

祈福之旅

伏見稻荷大社
穿越千本鳥居祈求興隆

創建於711年，因大社本殿於應仁之亂中被燒毀，於1499年重建。第一次來到京都旅行，很值得推薦前往伏見稻荷大社一遊，大多數遊客是為了數千座朱紅色的鳥居(稱為千本鳥居)及長廊步道而來。稻荷供奉神道教守護稻米的農業之神，而狐狸是神社的使者，祈求生意興隆、五穀豐收、學業成就、身體健康及家族運勢昌隆等。

1

DATA 📧 京都市伏見區深草薮之內町68番地 ➡ 從京都駅可搭乘JR西日本奈良線到稻荷駅，出口處就是稻荷表參道；若從河原町出發，先步行3分鐘至祇園四条駅搭乘京阪本線電車前往伏見稻荷駅，約步行5分鐘即可抵達
📞 075-641-7331 🕐 全年開放 💲 免費 🌐 inari.jp
🚌 建議待60分鐘遊玩 MAP 參閱地圖P.162

伏見稻荷大社、東福寺

東福寺駅 🚃　　　🚌 208、207、202
　　　　　　🚌 208、207、202
京都巴士東福寺巴士車站
京都巴士東福寺巴士車站

📷 東福寺

東光寺 ●
● 念佛寺
🚃 鳥羽街道駅
京阪本線　JR奈良線
● 極樂寺
🚃 伏見稻荷駅

📷 伏見稻荷大社

JR稻荷駅 🚃　表參道

1.狐狸御守／2.千本鳥居／3.天神的使者狐狸

1

2

東福寺
擁有日本禪寺中最古老山門

　　位於京都洛南地區的東福寺，是日本秋季百大賞楓名勝之一，尤其是院內通天橋與溪谷周圍的紅葉美得令人嘆為觀止。方丈是東福寺內的主要建築之一，四周分別是東、西、南、北4座庭園，園內設計展現釋迦牟尼的八相成道，所以也被稱為八相庭園。日本禪寺的山門當中，屬東福寺的三門(國寶)最古老，據說山門前的佛陀雕像是16位僧侶所雕塑而成。

DATA
🚇 京都市東山区本町15-778 ➡ 可搭乘JR奈良線至東福寺駅下車，步行約10分鐘即抵；或搭市營巴士208至東福寺站下車，步行約12分鐘即抵；若從河原町出發，先步行3分鐘至祇園四条駅搭乘京阪本線電車前往東福寺駅下車，步行約10分鐘即抵 ☎ 075-561-0087 🕐 4/1～10/30為09:00～16:00，11/1～12月初為08:30～16:00，12月初～3/31為09:00～15:30 💲 方丈庭園大人日幣400円(小中學生日幣300円)，通天橋及開山堂大人日幣400円(小中學生日幣300円) 🌐 www.tofukuji.jp 🕑 建議待40分鐘遊玩 🗺 參閱地圖P.162

1.2.東福寺方丈庭園入口處
3.東福寺為賞楓名選之一

平等院
具體實現極樂淨土信仰

於1052年平安年間，藤原賴通將父親(藤原道長)遺留給他的別莊(宇治殿)改建成平等院，並創建佛寺，將廣泛流傳於社會各階層信仰的夢中極樂淨土再現，之後於1053年建造鳳凰堂(阿彌陀堂)，堂內供奉木造阿彌陀如來坐像(正尊)及26尊雲中供養菩薩像等，千年的建築及佛像流傳至今，都是日本重要的國寶文物。

DATA 📍京都府宇治市宇治蓮華116 🚃 從京都駅可搭乘JR奈良線至宇治駅下車，步行約12分鐘抵達；若從河原町出發，先步行3分鐘至祇園四条駅搭乘京阪本線電車前往中書島駅，再轉京阪宇治線至宇治駅下車，步行約10分鐘抵達 ☎ 0774-21-2861 🕐 08:30～17:30，平等院博物館鳳翔館09:00～17:00，鳳凰堂09:10～16:10 💰 庭園＋平等院博物館鳳翔館成人日幣600円、初中高中生日幣400円、小學生日幣300円，鳳凰堂內部參觀需要另付參觀費，每人日幣300円 🌐 www.byodoin.or.jp 📝 建議待40分鐘遊玩 🗺 參閱地圖P.164

1.觀音堂旁的櫻花盛開／2.鳳凰堂／3.鳳凰堂旁的櫻花盛開

平等院

京阪宇治駅
京阪宇治線
紫式部石像
永楽屋
細辻伊兵衛商店
中村藤吉平等院店
放生院
宇治橋
JR奈良線
宇治駿河屋
JR宇治駅
辻利一本店
平等院表參道
宇治上神社
ますだ茶舖
朝霧橋
宇治神社
観光案内所
中村藤吉本店
平等院
宇治警察署
伊藤久右衛門平等院店

醍醐寺
因豐臣秀吉賞櫻花會而知名

曾經因戰亂而被燒毀的醍醐寺，於1598年，豐臣秀吉為了展現他一統天下、治理國運昌隆與登峰造極之氣勢，下令重建醍醐寺院及五重塔，並在此舉辦醍醐賞櫻花大會，從此之後醍醐寺也因醍醐賞櫻花而聞名於世。

醍醐寺的範圍包括三寶院(御殿及庭園)、伽藍(金堂及五重塔)、靈寶館(寶物)等，每年櫻花季及賞楓季的遊客絡繹不絕，若你想購買共通券的話，必須在關閉40分鐘之前抵達，售票人員才會把共通券賣給旅客。

1

2

1.三寶院殿舍／2.醍醐竹林步道／3.金堂與五重塔

DATA

☒ 京都市伏見區醍醐東大路町22 ➡ 從京都駅可搭乘JR奈良線至JR六地藏駅，先步行2分鐘至地鐵東西線的六地藏駅，轉搭乘地鐵東西線電車前往醍醐駅，你可以選擇購買DCB巴士一日券日幣300円，巴士平均15～20分鐘一班前往醍醐寺，或選擇步行約12分鐘即可抵達；若從河原町出發，先步行10分鐘沿著鴨川至三条駅搭乘地鐵東西線電車前往醍醐駅2號出口，可選擇步行約15分鐘即可抵達 ☏ 075-571-0002 ⏰ 3月初～12月第一個週日為09:00～17:00，12月第二個週一～隔年2月底為09:00～16:00 ⑤ 春季、秋季期間拜觀券(三寶院、靈寶館、伽藍)大人日幣1,500円；平時拜觀券(三寶院、靈寶館、伽藍)大人日幣800円；入山拜觀券(三寶院、靈寶館、伽藍)大人日幣600円 ⊕ www.daigoji.or.jp ⊕ 建議待60分鐘遊玩 ⊠ 參閱地圖P.165

醍醐寺

地下鐵東西線

出口2

醍醐寺駅

醍醐道

畑山商店

醍醐寺三寶院表書院

巴士醍醐寺前站牌

雨月茶屋

醍醐寺

醍醐寺五重塔

醍醐道

3

貴船神社
祭拜水神的結緣神社

位於京都府京都市左京區的貴船神社是京都最著名的結緣神社，一年四季皆適合來此參拜旅遊，春天可以賞櫻，夏天可體驗清涼爽口的川床流水麵，秋天可在龍船閣欣賞楓葉，冬天下雪之後，神社參道石階入口處的兩排石燈籠頭頂都覆蓋上了白雪。

貴船神社主祀水神，以前京都人祈求降雨時會獻祭黑馬，祈求晴天時會獻祭白馬，現今已改成繪馬。詩籤採用水占卜，將抽到的紙籤浸到水中，可看到文字顯示出現。神社內的杉樹據說象徵夫妻可以白頭偕老，前來祈求愛情、姻緣、良緣的情侶及民眾絡繹不絕。

DATA ✉ 京都市左京区鞍馬貴船町18 ➡ 從大阪淀屋橋駅可搭乘京阪電車前往出柳町駅，轉乘叡山電車至貴船口駅，再搭乘巴士33號至貴船巴士站牌，步行約6分鐘即可抵達；從京都駅搭乘京都地鐵烏丸線至國際會館駅，轉乘京都巴士52號至貴船口乘車處，再轉乘巴士33號至貴船巴士站牌，步行約6分鐘即可抵達 ☎ 075-741-2016 ⏰ 5～11月06:00～20:00，12～4月06:00～18:00，元旦1/1～1/3為06:00～20:00 💲 免費 🌐 kifunejinja.jp 🚌 建議待30小時遊玩 🗺 參閱地圖P.167

1.京都巴士33號貴船巴士乘車處／2.貴布禰總本宮——貴船神社／3.貴船神社鳥居

鞍馬寺
帶有眾多傳說的神話廟宇

鞍馬寺有許多的傳說，據說於日本平安時代末期，出身於河內源氏的武士源義經(牛若丸)年少時曾在這裡修行，也有傳說站在本殿金堂旁的金剛床能得到滿滿的能量，另有一說曾有天狗在鞍馬寺居住生活，也因此在鞍馬寺旁可以看到天狗像。鞍馬寺附近有許多地方值得一探究竟，包括仁王門、多寶塔、由岐神社、本殿金堂、靈寶殿及奧之殿等。

DATA ✉ 京都府京都市左京区鞍馬本町1074 ➡ 從出町柳駅搭乘叡山電鐵鞍馬線前往鞍馬駅，步行約3分鐘抵達仁王門 ☎ 075-741-2003 ⏰ 09:00～16:30 💲 愛山費300円 🌐 www.kuramadera.or.jp 🚌 建議待2～3小時遊玩 🗺 參閱地圖P.167

1.鞍馬天狗像／2.鞍馬寺本堂

行家密技　鞍馬+貴船，登山健行者最愛

喜歡登山健行的旅行者，通常會安排「鞍馬+貴船之旅」。以下為建議路線：

【從鞍馬駅起始】

▶ 步行約3分鐘 ▶ **山門(仁王門)**

▶ 步行約5分鐘 ▶ **由岐神社**

▶ 步行約20分鐘(九十九折参道)

▶ **鞍馬寺本殿金堂、金剛床**

▶ 步行約30分鐘(經過大杉権現社、不動堂、義經堂) ▶ **魔王殿**

▶ 步行約20分鐘 ▶ **貴船神社**

▶ 步行約30分鐘 ▶ **貴船口**

貴船神社、鞍馬寺

北

木の根道
義経公背比べ石
大杉権現社
霊寶殿
義經堂
奥の院参道
不動堂
本殿金堂
魔王殿
光明心殿
本坊
金剛床
巽の弁財天社
転法輪堂
洗心亭
弥勒堂
貞明皇后行啓御休息跡
玉杉大黒天
多宝塔
貴船神社
西門
中門
多宝塔駅
貴船口巴士乘車處
いのちの像
義經公供養塔
川上地藏堂
山門駅
由岐神社
魔王の滝
普明殿
吉鞍稲荷社
放生池
九十九折参道
鞍馬山保育園
去程　返程
鞍馬寺 仁王門
33 貴船巴士乘車處
「鞍馬天狗」顏像
往出町柳駅方向
貴船巴士乘車處 33
鞍馬街道
叡山電鐵鞍馬線
貴船口駅
鞍馬駅

美山町
保存重要民俗的北陸小合掌村

DATA

📧 京都府南丹市美山町北 📞 077-175-1906 🕐 24小時
(因實際情況發生變更時,不另行通知) 💲 免費
🌐 www.kayabukinosato.com 🏠 建議待2~3小時遊玩
🗺 參閱地圖P.169

彷彿人間祕境、童話世界的茅草合掌房屋,在京都郊區也可以看得到,位於京都南丹市的美山町(美山かやぶきの里),有北陸小合掌村之美名,開車自駕的距離約60公里,當地還保有日本鄉村部落、與世隔絕、原始生活及豐富自然的特色景觀,於1993年被選為日本國家重要傳統建造物群保存地區。

村落附近還可前往參觀美山民俗資料館,及歷史悠久的知井八幡神社,資料館內展示著村落居民所使用的器具。神社創建於1071年,每年10月會舉行祭典活動,為民眾的安全祈禱。美山町最令人期待的就是每年冬季的雪灯廊(ゆきとうろう),祭典活動期間為每年1月底至2月初,除了有茅草合掌房屋點燈之外,還有傳統美食及工藝、DIY體驗製作雪燈籠等攤位可以遊玩。

若你想安排來美山町一日旅行的話,建議早上從JR京都 出發,在園部 西口或日吉 轉乘南丹市營巴士前往美山町。另因美山町內供餐的鄉土美食及麵包店鋪很少,且營業時間為不定期,建議自備輕食前往。

如何前往美山町

依據南丹市營巴士所提供的時刻表,建議從JR京都駅搭乘JR山陰線列車至園部駅西口或日吉駅,再轉乘南丹市營巴士前往美山町,車程約90~100分鐘即達「北かやぶきの里」巴士乘車處。

1.美山民族資料館/2.知井八幡宮/3.茅草合掌房屋咖啡館

貼心 小提醒

- 因巴士班次少,在規畫行程時,需預先查詢南丹市營巴士官方網站時刻表,網址:kyotomiyama.jp/information。
- 在JR京都駅搭乘電車時,要先確認車廂標示的方向(福知山駅或園部駅),以免搭錯而折返。尤其有些班次車廂有8節,1～4節車廂抵達園部駅時,會與5～8節車廂(往福知山駅方向)分開,1～4節車廂則準備返回京都,而5～8節車廂則繼續前往福知山駅方向。
- 從園部駅西口可搭乘南丹市營巴士前往北かやぶき

の里(大人車資約日幣900円),但目前僅早上及傍晚各一班車次,從日吉駅搭乘南丹市營巴士前往北かやぶきの里,車資約大人車資約日幣600円。
- 從日吉駅搭乘南丹市營巴士前往知見口的路線:日吉駅→經安掛(道之駅)→北かやぶきの里(在此站牌下車)→知見口(自然文化村)→美山町自然文化村。
- 從日吉駅出發車程約45～50分鐘抵達美山町「北かやぶきの里」。
- 南丹市營巴士尖峰時間為大型巴士,離峰時間為中型巴士,於新年期間12/29～隔年1/3停駛。

美山町地區

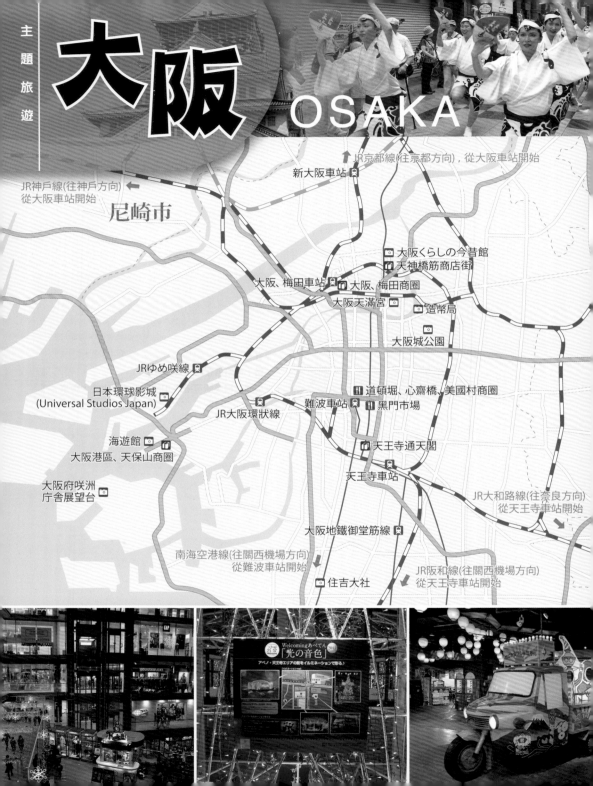

大阪 OSAKA

JR京都線(往京都方向)，從大阪車站開始

新大阪車站

JR神戶線(往神戶方向)
從大阪車站開始 ←

尼崎市

大阪くらしの今昔館

天神橋筋商店街

大阪、梅田車站

大阪、梅田商圈

大阪天滿宮

造幣局

大阪城公園

JRゆめ咲線

道頓堀、心齋橋、美國村商圈

日本環球影城
(Universal Studios Japan)

難波車站

黑門市場

JR大阪環狀線

海遊館

大阪港區、天保山商圈

天王寺通天閣

天王寺車站

JR大和路線(往奈良方向)
從天王寺車站開始

大阪府咲洲
庁舍展望台

大阪地鐵御堂筋線

南海空港線(往關西機場方向)
從難波車站開始

JR阪和線(往關西機場方向)
從天王寺車站開始

住吉大社

玩樂篇

驚喜樂園

不斷成長變化的主題樂園

日本環球影城
(Universal Studios Japan)

於 2001年3月31日，以好萊塢電影為主題打造成主題樂園，開幕至今深受遊客的喜愛。最近令人驚喜的是，環球影城打造了第十個園區，於2014年7月15日開幕，名為哈利波特的魔法世界(The Wizarding World of Harry Potter)，自開幕以來，每天的人潮絡繹不絕。

園區除了有侏儸紀公園飛天翼龍、蜘蛛人、魔鬼終結者、史瑞克歷險記、芝麻街、水世界、回到未來，以及魔幻星光大遊行等遊樂設施之外，2015年的夏季增設置新世紀福音戰士、進擊的巨人、惡靈古堡、怪妞凱莉等遊樂設施，並且還有可愛小小兵紀念品專賣店，販賣各式小小兵的文具、帽子、手套等商品，還有最受歡迎的小小兵肉包及爆米花桶。

大阪環球影城每年求新求變，2016年暑假又新增了七龍珠Z、海賊王(Onepiece)劇場，以及死亡筆記本等遊樂設施，若你是動漫迷的話，怎麼能錯過呢！

交通資訊這裡查

1. 從大阪駅或天王寺駅可搭乘JR大阪環狀線至西九條駅，轉乘JRゆめ咲線至環球影城駅即可抵達；若搭乘JR大阪環狀線是直達桜島駅方向的話，則無需在西九條駅轉車。

2. 從關西機場駅可搭乘JR関空快速班車往大阪京橋方向，經天王寺駅至西九條駅，轉乘JRゆめ咲線至環球影城駅即可抵達。

3. 從神戶三宮(阪神)駅前往近鐵奈良方向，搭乘快速急行班車前往西九條駅，再轉乘JRゆめ咲線至環球影城駅即可抵達。

4. 從京都駅可搭乘JR京都線至大阪駅，轉乘JR大阪環狀線至西九條駅，再轉乘JRゆめ咲線至環球影城駅即可抵達。

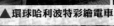

▲Hello Kitty彩繪電車　　▲史奴比彩繪電車

▲環球哈利波特彩繪電車

驚喜樂園 日本環球影城 (Universal Studios Japan)

入場券售價(日幣)

種類	大人 (12歲以上)	老年人 (65歲以上)	小朋友 (4～11歲)
影城入場 1日券	7,900円含稅	含稅7,100円	5,400円含稅
影城入場 2日券	13,400円含稅	N/A	9,000円含稅
1.5日券 (午後15:00 入場)	10,900円含稅	N/A	7,400円含稅
生日1日券	6,900円含稅	N/A	4,800円含稅
生日2日券	12,400円含稅	N/A	8,400円含稅

※ 成人與兒童的區分是把4月1日作為新學年開始的日期，
同年4月分將升入中學的人，進入影城的日期在3月31
日之前(包括3月31日)為兒童票價，4月1日起為成人票
價。如果上述情況不適用，則規定按照進入影城的日
期，年齡為4～11歲的人為兒童票價，12歲起以上為成
人票價，0～4歲免費入場，但需大人陪同。

※ 2018年2月1日票價調整，資料時有異動，以現場或官方
公告為準。

大阪環球影城快速通關票券售價一覽表

快速通關票券種類	價錢(日幣)
環球快速通關 (Express Pass)票券 7	約7,600円含稅～15,500円含稅
環球快速通關 (Express Pass)票券 6	約6,980円含稅～8,180円含稅
環球快速通關 (Express Pass)票券 4	約6,300円含稅～7,600円含稅
環球快速通關 (Express Pass)票券 3	約5,200円含稅～6,800円含稅
環球快速通關 (Express Pass)票券 2	約2,600円含稅～3,500円含稅

※ 因排隊遊玩熱門的遊樂設施要花很多時間，為了節省遊
客時間，園區則以使用者優先的概念推出快速通關票
券，可讓有快速通關票券的遊客優先遊玩設施。

※ 快速通關票券版本很多，包括XR乘車遊、飛天翼龍、逆
轉世界等。

※ 快速通關票券版本及售價會隨著每季的設施活動不同而
異動。

※ 快速通關票券的使用者不分大人、老年人及小朋友，售
價都一樣，雖然年齡4歲以下免費入園，但每項設施都有
限制身高及年齡，所以無法參與遊玩。

※ 2018年2月1日票價調整，資料時有異動，以現場或官方
公告為準。

❶

❷

❸

1.關西機場一航廈1F Travel Desk購買環球影
城一日入場券／2.整理券機台／3.票券宅配版

▲環球影城門口

▲霍格華茲魔法與巫術學院

環球影城官方網站(Web)購票方法

Step 1 登入網站

登入網站連結www.usj.co.jp

當天營業時間的資訊
票券查詢及購買

Step 2 門票查詢專欄

購物車及合計金額

入場券　年票
選擇你要入場的日期
快速通關票券(Express Pass)
個別遊樂設施的門票※

※ 個別遊樂設施的門票，例如：惡靈古堡、海賊王劇場版、天使的奇蹟等。

Step 3 選擇入場券門票

スタジオ・パス(入場券)
執行選項及購入

1日入場券
身心障礙者1日入場券
皇室1日券※
(Royal Studio Pass)
星光票券※
(スプリング トワイライト パス)
2日入場券※
生日1日券
生日2日券※

※ 皇室1日券(Royal Studio Pass)：入場券週期限量(含快速通關券)，當天可遊玩多種遊樂設施(請參閱官方網站介紹)，本方案付款可選擇信用卡及便利商店繳費，但僅為宅配領取的服務。

※ 星光票券(スプリング トワイライト パス)：午後15:00才能入場

※ 2日入場券：需連續2天使用

※ 生日2日券：需連續2天使用

驚喜樂園 日本環球影城
(Universal Studios Japan)

Step 4 選擇快速通關票券

▶ ユニバーサル・クールジャパン・エクスプレス・パス 6 ～バイオハザード®～
- ウィザーディング・ワールド・オブ・ハリー・ポッターエリア入場確約券付き
- 「ユニバーサル・クールジャパン 2016」を確実に体験できる「ザ・エスケープ 2」の体験確約付き
- 期間限定
- ▶ 詳しい内容を確認する
- ¥6,463（税込 ¥6,9
- ※入場日によって価格が異

環球快速通關(Express Pass)票券6 惡靈古堡版

▶ ユニバーサル・クールジャパン・エクスプレス・パス 5
※「バイオハザード®・ザ・エスケープ 2」は含
- ウィザーディング・ワールド・オブ・ハリー・ポッターエリア入場確約券付き
- 「ユニバーサル・クールジャパン 2016」…
- ▶ 詳しい内容を確認する
- ¥4,167（税込 ¥4,5
- ※入場日によって価格が異

環球快速通關(Express Pass)票券5 普通版

▶ ユニバーサル・クールジャパン・エクスプレス・パス 2 ～XRライド＆バイオハザード®～
- 「きゃりーぱみゅぱみゅ XRライド」の待ち時間を短縮
- 「バイオハザード®・ザ・エスケープ 2」の体験確約付き
- 大人／子ども／シニア共
- ¥4,149（税込 ¥4,4

環球快速通關(Express Pass)票券2 惡靈古堡或怪妞凱莉XR乘車遊版

▶ ユニバーサル・エクスプレス®・パス 7 ～ザ・フライング・ダイナソー～
- ウィザーディング・ワールド・オブ・ハリー・ポッターエリア入場確約券付き
- 全部で7つの人気アトラクションの待ち時間を短縮
- 大人／子ども／シニア共
- ¥6,389（税込 ¥6,9
- ※入場日によって価格が異

環球快速通關(Express Pass)票券7 飛天翼龍版

▶ ユニバーサル・エクスプレス®・パス 7 ～XRライド～
- ウィザーディング・ワールド・オブ・ハリー・ポッターエリア入場確約券付き
- 全部で7つの人気アトラクションの待ち時間を短縮
- 大人／子ども／シニア共
- ¥6,389（税込 ¥6,9
- ※入場日によって価格が異

環球快速通關(Express Pass)票券7 怪妞凱莉XR乘車遊版

Step 5 選擇其他票券

▶ ワンピース・プレミアショー 2016
- 期間限定
- ▶ 詳しい内容を確認する
- 子ども[4～11歳]
- ¥ 908（税込 ¥ 980）～
- ※シートによって価格が異なります

海賊王劇場版(夏季活動)

▶ バイオハザード®・ザ・エスケープ 2
- 期間限定
- ▶ 詳しい内容を確認する
- シニア共通価格：
- ¥2,750（税込 ¥2,980）
- 【当日】
- ¥3,223（税込 ¥3,480）

惡靈古堡密室脫逃

▶ スターライト・チェックイン・パス
光り輝く夜のパレード「マジカル・スターライト・パレード」を、特別観賞エリアでゆっくり楽しめる！
- 観賞エリア「スターライト・エリア」への入場
- ▶ 詳しい内容を確認する
- 大人／子ども／シニア共通価格：
- ¥649（税込 ¥700）

魔幻星光大遊行

Step 6 購買1日入場券

入場日の選択[必須]

📅 2016年08月14日 ⬍

選擇入場日期

受取方法の選択[必須]

下記より、ご希望の受取方法をご選択ください。

✓ ダイレクトイン　[カード][コンビニ]

下載票券(含QR Code)

◉ パーク引換え　[カード][コンビニ]

購買證明與明細(含購買番號)至現場換票

チケットブースにて、購入時にご利用のクレジットカードをご提示の上、「WEBで購入済み」とお伝えください。
- 「コンビニ支払い」の場合
  入場日の3日前まで申込みできます。（支払い期限は申込翌日の23:59まで）
  コンビニエンスストアにて支払い完了後、購入履歴画面または「チケット引換番号」が通知されます。「チケット引換番号」が記載されている支払い完了メールまたは購入履歴画面を印刷またはスマートフォンに画面保存の上、ご持参ください。

◉ 宅配　[カード][コンビニ]

宅配(需寄送至日本地址，每件郵資需加收日幣600円)

- 「コンビニ支払い」の場合
  入場日の11日前まで申込みできます。（支払い期限は申込翌日の23:59まで）
  コンビニエンスストアにて支払い完了後、翌日より配送作業を始めます。

 ローソン店頭引取

至Lawson便利商店付款取票的說明(須會操作Loppi機台)

- リンク先のサイト「ローソンチケット WEB」…のローソン店頭で代金を支払いの上、チケットをお受取りください。

大人[12歳以上]
¥6,852（税込¥7,400）　[1]枚

選擇大人/老年人/小朋友的購票張數

シニア[65歳以上]
¥6,158（税込¥6,650）　[0]枚

ⓘ 4～11歳は子ども価格、12～64歳は大人価格、65歳以上はシニア価格です。
ただし、12歳で小学生の場合は子ども価格です。3歳以下のお子さまは無料です。

大人価格と子ども価格は、パーク入場日時点の年齢またはお子さまで決定します。
4月1日を基準年齢とします。同じ小学6年生でも誕生日が3月31日までは子ども価格、4月1日以降は大人価格とします。このケースに詳しくない場合は、パーク入場日時点の年齢が4～11歳で子ども価格、12歳以上は大人価格とします。

このチケットの小計　¥7,400（税込）

加入購物車裡

🛒 カートに追加する

※お客さまの個人情報は利用によって、暗号化されて送信されます

玩樂篇

行家密技　追加快速通關票

以購買環球快速通關(Express Pass)票券7
飛天翼龍版為例：

Step 1　カートに商品を追加する

●必ず、以下の必須項目すべてをご選択ください。
選択漏れがある場合は、ボタンが表示されず、先に進めません。

選択されている商品：
☑ ユニバーサル・エクスプレス・パスフ〜ザ・フライング・ダイナソー〜（詳細はこちら）

選擇入場日期

📅 2016年08月12日

★ **這符號代表有魔幻星光大遊行的活動**

選擇鈕

表示票券所剩不多

Step 2　方法の選択[必須]

より、ご希望の受取方法をご選択ください。

○ ダイレクトイン　　カード　コンビニ

下載QR Code的方式

・「クレジットカード決済」の場合
　入場日のアトラクション体験開始時間の30分前まで購入できます。
　購入後、すぐにQRコード付きのチケットが発行されます。
・「コンビニ支払い」の場合
　入場日の3日前まで申込できます。（支払期限は申込日翌日の23:59まで）
　コンビニエンスストアにて支払完了後、「QRコード付きのチケットが発行されます。

○ 宅配　　カード　コンビニ

宅配方式（需寄送至日本地址，每件郵資需加收日幣600円）

・「コンビニ支払い」の場合
　入場日の11日前まで申込できます。（支払期限は申込日翌日の23:59まで）
　コンビニエンスストアにて支払完了後、翌日より配送作業を始めます。

購入枚数の指定[必須]

大人／子ども／シニア共通価格
¥12,223（税込）¥13,200　　　　0　枚

ⓘ 入場日によって、価格が異なります。カレンダーより、あらかじめ入場日をご選択ください。
ⓘ 販売状況により、ご希望の時間帯で枚数がご選択いただけない場合があります。
ⓘ 大人／子ども／　　ただし、アトラク

選擇購票張數（大人／老年人／小朋友價格相同）

Step 3　体験時間帯の選択[必須]

○ 体験時間を選択してください
　体験時間を選択してください。
　9:30〜19:40

假設挑選8月12日09:30〜17:30的時段

15:10〜19:20
15:20〜18:20
15:50〜18:50

¥13,200（税込）

購入時に、こちらの時間をお選びください

↓	ザ・フライング・ダイナソー体験開始（先乗り）	ウィザーディング・ワールド・オブ・ハリー・ポッター™エリア入場開始	ハリー・ポッター・アンド・ザ・フォービドゥン・ジャーニー™体験開始	フライト・オブ・ザ・ヒッポグリフ™体験開始	ザ・フライング・ダイナソー体験開始（後乗り）
9:00〜19:10	–	9:00〜	9:20〜9:50	9:50〜10:20	18:40〜19:10
9:10〜19:20	–	9:10〜	9:30〜10:00	10:00〜10:30	18:50〜19:20
9:20〜19:30	–	9:20〜	9:40〜10:10	10:10〜10:40	19:00〜19:30
9:30〜17:30	9:30〜10:00	16:10〜	16:30〜17:00	17:00〜17:30	–
9:30〜19:40	9:30〜	9:30〜	9:50〜10:20	10:20〜10:50	19:10〜19:40

※除依09:00〜17:30時段的安排結果，於09:30
〜10:00這段期間是飛天翼龍體驗時間，16:10開始〜
進入哈利波特魔法世界園區，16:30〜17:00遊玩設施
禁忌之旅，17:00〜17:30遊玩設施鷹馬的飛行。確認
好期間之後，按下「カートに商品を追加する」。

Step 7　會員登入或新增會員

按下購物車可以確認購買明細

カートに商品を追加しました！

あわせて購入するなら、こちらがおすすめ！

若是會員者請直接登入（ログイン、Login），並輸入Mail帳號及密碼

年間パス（入場券）

新增加入會員

ユニバーサル年間パス

異動票券內容

刪除商品

若需要再購買其他票券的話，請點選「他のチケットを探す」

他のチケットを探す

驚喜樂園 日本環球影城 (Universal Studios Japan)

行家密技　購買生日入場券的方法

　　例如：會員的小孩是9月20日生，並且也加入名單內，在8月分的時候登入環球影城官方網站購買生日票券時，可以在9/1～10/30的這段期間內挑選某一天前來遊玩，最多可以購買5張生日入場券(包含會員本人)，購買方法請參閱Step 6。

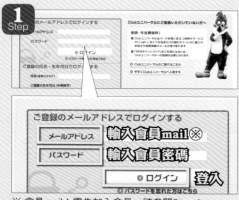

1 Step

ご登録のメールアドレスでログインする

| メールアドレス | 輸入會員mail※ |
| パスワード | 輸入會員密碼 |

● ログイン　登入

※ 會員mail：需先加入會員，請參閱Step 8

2 Step

選擇入場的日期

加入親朋好友的生日資訊

※ 除了會員本身的生日之外，也可以加入親朋好友的生日。請輸入親朋好友的姓名、生日西元年月日、性別，以及與會員之間的關係。若漢字姓名出現亂碼，可更改為護照英文名字。輸入完成後，按下「会員情報を変更する」

Step 8 註冊與新增會員資訊

例如：「林」、「小明」，或護照(信用卡)的英文姓Lin、名字Ming(名字相連不要空格)

WEBチケットストア購入者情報

輸入姓名(お名前)

生年月日(西曆)

性別

日文片假名(フリガナ)的姓名

例如：「リン」、「シァォミン」(名字相連不要空格)。請參閱中文名字轉譯日文網站dokochina.com

輸入E-mail　　　為會員帳號，所有交易結果會用此E-mail通知

輸入密碼

連絡電話及行動電話號碼(擇其一填寫)，可參考飯店電話

填寫地址　　　郵便番号、都道府県、市区町村、丁番地及ビル・マンション名など，可參考飯店地址，文字及數字請使用半形字登打

『上記に同意の上、確認画面へ進みますか?』要打勾

按下「お支払い情報登録へ」

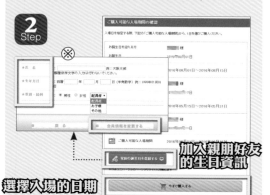

玩樂篇

Step 9　付款及取票的方法

使用信用卡付款(例如：VISA、Master、JCB等) 下載及列印票券

使用LAWSON便利商店付款取票

カード番号 → 輸入卡號16碼

輸入卡號16碼

輸入有效月/年

信用卡背面後三碼

請選「一括払い」(一次付清)，再點選注文內容確認

購買一日入場券的明細與確認

異動變更

購買環球快速通關(Express Pass)票券5 的明細與確認

確認總金額

購買明細再次確認(三個選項請勾選)

按下「購入を決定する」後，則信用卡交易程序完成

票券QR Code選項表示　　**購買明細**

購買番號

下載及列印入場票券(含QR Code)

下載及列印快速通關(Express Pass)票券5 (含QR Code)

下載及列印票券(含QR Code)時，假設購買3張，就會有3個連結可以下載

▲入場票券(含QRCode) 範本

▲快速通關(Express Pass)票券5 (含QRCode) 範本

Step 10 購買查詢及確認

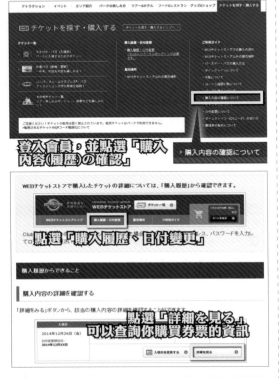

登入會員，並點選「購入內容(履歷)の確認」

點選「購入履歷、日付變更」

點選「詳細を見る」可以查詢你購買券票的資訊

若顯示「入場日を變更する」的話，還可以執行日期異動一次，但每張票需付日幣200円手續費；若顯示「日付變更不可」的話，表示無法再異動；若顯示「購入キャンセル」的話，則還有機會取消票券。

▲ 水世界

設施名稱看這裡

　　快速通關票券(Express Pass)種類與所搭配的設施時常因季節異動，列出熱門項目中日文對照表：

日文遊樂設施名稱	中文遊樂設施名稱
ザ・フライング・ダイナソー	侏儸紀公園飛天翼龍
ウィザーディング・ワールド・オブ・ハリー・ポッター	哈利波特魔法世界
ハリー・ポッター・アンド・ザ・フォービドゥン・ジャーニー	禁忌之旅
フライト・オブ・ザ・ヒッポグリフ	鷹馬的飛行
きゃりーぱみゅぱみゅ XRライド	怪妞凱莉XR乘車遊
ザ・リアル 4-D(進撃の巨人)	進撃的巨人
エヴァンゲリオン・ザ・リアル	新世紀福音戰士
モンスターハンター・ザ・リアル	魔物獵人
バイオハザード®・ザ・エスケープ	惡靈古堡密室脫逃 (BIOHAZARD)
アメージング・アドベンチャー・オブ・スパイダーマン・ザ・ライド	蜘蛛俠驚魂歷險記乘車遊
シュレック 4-D アドベンチャー	史瑞克4-D歷險記
ターミネーター	魔鬼終結者
ハリウッド・ドリーム・ザ・ライド～バックドロップ	好萊塢美夢乘車遊逆轉世界
ハリウッド・ドリーム・ザ・ライド	好萊塢美夢乘車遊
バックドラフト	浴火赤子情
ジュラシック・パーク・ザ・ライド	侏儸紀公園乘船遊
ジョーズ	大白鯊
スペース・ファンタジー・ザ・ライド	太空幻想列車
マジカル・スターライト・パレード	魔幻星光大遊行
天使のくれた奇跡～The Voice of an Angel～	天使的奇蹟(冬季聖誕活動)
ユニバーサル・RE-BOOOOOOOORN(リ・ボーン)・パーティ	環球Reborn Party遊行活動
ワンピース・プレミアサマー	海賊王劇場版(夏季活動)
ドラゴンボールZ・ザ・リアル 4-D	七龍珠Z(夏季活動)
デスノート・ザ・エスケープ	死亡記事本(Death Note)
ユニバーサル・スタジオ・ジャパン	環球影城

玩樂篇

- 官方網站有公告，禁止票券轉售，或者在非官方授權場所購買而造成QR Code無法使用入場的話，大阪環球影城公司不會負任何責任。
- 大阪環球影城一日入場券的售票地點包括環球影城售票窗口、國內與環球合作的旅行社、環球官方合作的飯店、關西機場一航廈1F的Travel Desk、關西空港駅2F的JR Office Ticket(綠色窗口)、Lawson便利商店內的Loppi機台。
- 環球影城2日入場券、生日1日入場券及生日2日入場券、年票、快速通關票券(Express Pass)等，可以在環球影城官方網站或現場售票處購買，但有些快速通關(Express Pass)票券是一定要在官方網站買才有的哦！而且都是每日限量，簡單的說，在官方網站購票時，若點選不到你要的票券選項的話，只有3種原因，其一是當日售票已經賣完了；其二是此遊樂項目下架了；其三是尚未開放購票，是你手腳太快啦！
- 2日入場券、2日生日入場券及年票等其他票券在網路購買時，無法選擇下載QR Code的方式，但可以選擇宅配或拿購買證明及番號至環球影城售票處換券。選擇宅配者，需擁有居住在日本親朋好友的地址，以便追蹤票券信件是否確實送達到目的地，若你寄送飯店而沒有收到票券信件的話，大阪環球影城公司不會負任何責任。
- 網路票券(含QR Code)下載後，請自行列印紙本帶在身上，以便入場驗票，若使用手機下載QR Code版，要保證網路連線暢通，且必須確保手機面板的保護貼或包膜不會影響QR Code的感應，才能確保入場無誤。
- 網路購買的日期與張數一定要確認後再購買，通常環球購票系統會選擇在半夜改版，若遇系統異常或其他票券等相關問題者，請自行撥打客服中心語音專線0570-20-0606，或國際電話IP Phone為06-6465-4005，從台灣打電話到日本需打002或其他電信國際代碼+81(日本國碼)+6(區域號碼去零)＋6465-4005(用戶電話號碼)，例如：002+81+6+6465-4005。
- 當哈利波特魔法園區實施入場管制時，一旦離開園區即不得再次入場。
- 使用快速通關票券遊玩指定設施時，以一次為限，若想玩第二次者，請另行排隊入場，而領取入場整理券者，每項設施也以一次為限。
- 娛樂設施維護期間一定要事先查詢，請上網www.usj.co.jp/tw/attraction

其他遊行及表演活動中日對照

日文遊行及表演名稱	中文遊行及表演名稱
セサミストリート™・ファンキー・パーティ	芝麻街舞蹈
ミニオンMinion Plaza	小小兵樂園表演秀BEE-DO！救援大作戰～小小兵滅火中！
ウォーターワールド	水世界
世界一のツリーのしらべ	冬季聖誕樹煙火秀
ユニバーサル・モンスター・ライブ・ロックンロール・ショー	環球魔物搖滾秀
フロッグ・クワイア	魔法世界青蛙合唱團
トライウィザード・スピリット・ラリー	魔法世界魔法三強錦標賽表演

環球影城官網這裡查

日本環球影城中文官網
http www.usj.co.jp/tw/attraction

日本環球影城地圖導覽
http www.usj.co.jp/tw/common/studiomap.pdf

日本環球影城

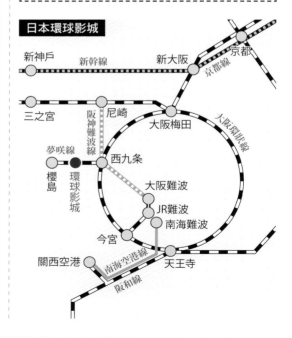

懷古之旅

大阪城公園
展現豐臣幕府的燦爛光華

大阪城公園的範圍包含大阪城天守閣、西之丸庭園、護城河、修道館、大阪城音樂堂、大阪國際平和中心等。

水上巴士
河上巡弋大阪城市之美

搭乘大阪水上巴士(Aqua-Liner)可遊覽大川河岸的四季景色，水上巴士的路線會依照大阪城碼頭(JR環狀線大阪城公園駅西側)、八軒家浜碼頭(京阪電車與地鐵谷町線的天滿橋駅B1 17號出口)、淀屋橋碼頭(京阪本線與地鐵御堂筋線的淀屋橋駅14A出口旁)及OAP港(JR環狀線櫻之宮駅，需步行約8分鐘)等4個乘船處，以每小時循環1圈，當然也可以選擇搭乘到某個碼頭下船，路線與費用的部分請參閱官方網站。

DATA ☎ 057-003-5551 ⏰ 大阪城港乘船處10:00～16:00(每小時1班次)，每年1/13、1/14、2/17、2/18停航、7/25下午航班全部停航，根據天候因素及河流狀況公告臨時停航 $ 以單點碼頭往返一圈大人船票日幣1,740円、兒童日幣870円。休息日為4/1～21、1/8～9、2/19～20的所有班次、7/25的下午班次，打折期間為3/20～03/31 🌐 suijo-bus.osaka 🅿 建議待60分鐘遊玩 🗺 參閱地圖P.181

造幣局
年度賞花必遊勝地

每年4月初～4月中旬，大川河畔兩旁的櫻之宮公園及大阪造幣局博物館前的步道(桜の通り抜け)都會開滿櫻花。此地櫻花種類很多，約120多個品種與350多株櫻花樹，是旅客每年櫻花季節必來朝聖的地方。每年4月分桜の通り抜け開放日期為7天，因每年展期不固定，所以請先至官方網站查詢，開放時間為10:00～21:00。

博物館內還有展示日本各年代的貨幣，以及世界各國的貨幣。每年造幣局都會推出有價值的紀念幣，例如新幹線版的紀念幣、櫻花版的紀念幣等，你可以前往造幣局製品販賣所參觀，若有興趣收集的話，可以購買回家保存與紀念哦！

DATA ✉ 大阪市北區天滿1-1-79 ⏰ 從天王寺駅可搭地鐵谷町線至天滿橋駅(1號出口)，步行約15分鐘抵達；從京都祇園四条駅可搭京阪本線至天滿橋駅(13號出口)，步行約15分鐘抵達；從東梅田駅可搭地鐵谷町線至南森町駅(4A號出口)，步行約15分鐘抵達 ☎ 06-6351-5361 ⏰ 平日09:00～16:45 (最後入館時間16:00)，4/10～4/17及年底～元旦休館 $ 無(需至門口警衛櫃檯登記，或換入場證件) 🌐 www.mint.go.jp 🅿 建議待40分鐘遊玩 🗺 參閱地圖P.170、181

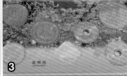

1.造幣局櫻花季百花盛開／2.造幣局博物館展示品／3.櫻花版紀念幣

玩樂篇

大阪城天守閣
以現代鋼筋再現往日風華

豐臣秀吉在日本戰國時代一統天下時建造的大阪城，歷經許許多多的天災及大小戰役的燒毀(包括豐臣秀吉時代、德川江戶時代及明治時代)，於1931年根據大阪夏之陣戰役的屏風畫，運用現代鋼筋混凝土的建築工法，讓大阪城風華再現，於1997年成為日本重要文化遺產。

天守閣博物館內有8層樓，第8層為展望台，可360度俯瞰大阪城庭園、護城河及市區周圍美景，7F以下為博物館，放置許多歷史資料、日用器具、武器(鎧甲及刀)、古文書、屏風繪畫等古物，2F可以體驗戴頭盔、穿著陣羽織戰衣及小袖和服(每人需另付日幣300円)拍照留念。

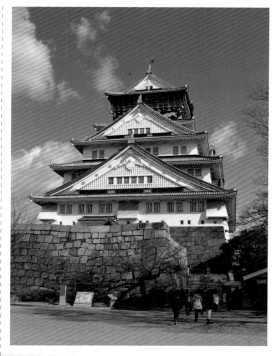

DATA ✉ 大阪市中央區大阪城1-1 ☎ 06-6941-3044 ⏰ 09:00～17:00(最終入館時間16:30)，3/26～4/10為09:00～19:00，12/28～翌年元旦休館 💰 大人日幣600円、國中生以下免費，使用大阪周遊卡免費參觀 🌐 www.osakacastle.net ⏱ 建議待40分鐘遊玩 🗺 參閱地圖P.170、181

如何前往大阪城天守閣

- 從天王寺駅或JR大阪駅可搭乘JR環狀線至大阪城公園駅(3號出口)或森之宮駅(1號、3B號出口)，步行約20分鐘抵達。
- 從天王寺駅可搭乘地鐵谷町線至谷町四丁目駅(2號、1B號、9號出口)或天滿橋駅(3號出口)，步行約20分鐘抵達。
- 從難波駅可搭乘地鐵御堂筋線至本町駅，再轉搭中央線至谷町四丁目駅(2號、1B號、9號出口)，步行約20分鐘抵達。
- 從心齋橋駅可搭乘地鐵長堀鶴見綠地線至森之宮駅(1號出口)，步行約20分鐘即可抵達。
- 從京都祇園四条駅可搭乘京阪本線至天滿橋駅(14號出口)，步行約22分鐘抵達。

大阪城天守閣及周邊地區

海洋生態

大阪港區
從經濟貨運轉為觀光娛樂

明治維新時代，大阪港曾經是日本主要的國際貿易大港之一，當時與神戶港共稱為阪神港。之後大阪港主要的功能偏向為貨運中轉的服務，同時大阪港區也漸漸發展成觀光娛樂園區。範圍包含天保山公園、購物中心、摩天輪、海遊館、渡船碼頭等，很適合父母親帶著小朋友前來遊玩。

如何前往大阪港區
- 從梅田、淀屋橋、心齋橋、難波及天王寺等站出發，均可搭乘地鐵御堂筋線至本町駅，轉搭乘地鐵中央線至大阪港駅(1號出口)，步行約8分鐘即可抵達。
- 從神戶出發可搭阪神電車至尼崎駅，轉乘阪神難波線至九条駅，再轉乘地鐵中央線至大阪港駅(1號出口)，步行約8分鐘即可抵達。

大阪港區
天保山購物中心 (Market Place)
天保山大觀覽車
帆船型觀光船／サンタマリア號碼頭
海遊館
大阪港駅
大阪文化館・天保山
海岸通
地下鐵中央線
コスモスクエア駅(宇宙廣場站)
貿易中心前駅
大阪府咲洲庁舎展望台

海遊館
世界級多樣生物水族館

世界級的天保山水族館興建於1990年，館內展示約620種海洋生物，數量約30,000個海洋生物。水族館分別設置約19個主題，包括海底隧道、日本森林、阿留申群島、南極大陸、大堡礁、瀨戶內海、太平洋等，最吸引人的水中魚類哺乳動物就是巨大鯨鯊，除了展示各種魚類之外，還有企鵝、海獺、海豚、海獅、海豹、龍蝦、水母、大海龜，以及水鳥等。若你下午前來海遊館的話，可以等待到傍晚左右，感受一下白天與夜晚不同時段的海洋生態哦！

DATA

✉ 大阪市港區海岸通り1-1-10 ☎ 06-6576-5501
🕐 10:00～20:00(最終入場時間為19:00) 💲 成人(16歲以上)日幣2,300円、年長者60歲以上日幣2,000円、學生(7歲～15歲)日幣1,200円、幼兒(4歲～6歲)日幣600円、3歲以下免費入場，根據季節會有變動，每年1月及2月中旬的週三、週四休館，以官方網站公告為主
🌐 www.kaiyukan.com/index.html ⏲ 建議待60分鐘遊玩 🗺 參閱地圖P.170、182

1.海遊館外觀／2.巨大鯨鯊

天保山大觀覽車
世界級最大最高摩天輪

世界上最大最高的天保山摩天輪興建於1997年7月12日，直徑約100公尺，地面距離最高位置約112.5公尺，搭乘迴轉一圈時間約15分鐘，天氣能見度好的話，可以眺望到六甲山、環球影城、關西機場及明石海大橋等風景。每到夜晚時，會搖身變成彩色版的摩天輪哦！

⊠ 大阪市港區築港3-11-8 ☎ 06-6576-6222 ⏰ 10:00～22:00(最後入場時間21:30)，休息日與海遊館相同 ⑤ 3歲以上日幣800円，使用大阪周遊卡可免費搭乘 🌐 www.kaiyukan.com/thv/ferriswheel 註 建議待15分鐘遊玩 MAP 參閱地圖P.182

大阪府咲洲庁舍展望台
(大阪港咲洲行政大樓展望台)
遠眺大阪港灣美景

行政大樓的高度為252公尺，展望台能見度好的話，可360度眺望大阪港灣、明石海大橋、關西機場及京瓷巨蛋等美景。建議下午先在大阪港灣天保山及海遊館等處遊玩，之後在傍晚前到展望台看夕陽。進入行政大樓時，依標示往1F購票或登記，搭乘電梯到52F後，再搭乘手扶梯到55F就可以看到美麗的風景啦！

⊠ 大阪市住之江區南港北1-14-16 ➡ 從大阪港駅搭乘地鐵中央線至宇宙廣場駅，轉搭乘新電車南港港城線至貿易中心前駅2號出口，往連絡通路方向步行約4分鐘即可抵達 ☎ 06-6615-6055 ⏰ 平日13:00～22:00、週六、週日、國定假日11:00～22:00，休館日依官方網站公告為主 ⑤ 高中生以上700円、中學生及小學生400円，使用大阪周遊卡可免費入場 🌐 sakishima-observatory.com 註 建議待40分鐘遊玩 MAP 參閱地圖P170、182

なにわ食いしんぼ横丁
(浪花橫丁)
懷想昭和時期風味美食

天保山購物中心(Market Place)2F，以日本昭和時代為主題仿造關西懷舊美食街。裡面約有20間復古美食店鋪，包括北極星的蛋包飯、自由軒的咖哩飯、大和やまと的拉麵、會津屋的章魚丸子燒及創作和菓子工房芭蕉庵等。

⊠ 大阪市港區海岸通り1-1-10 ⏰ 依各店鋪規定 ⏰ 11:00～20:00 🌐 www.kaiyukan.com/thv/marketplace 註 建議待60分鐘遊玩 MAP 參閱地圖P.182(天保山購物中心)

帆船型觀光船サンタマリア號
(聖瑪麗亞號)
乘坐渡船繞行大阪灣

渡船碼頭位於天保山海遊館的旁邊，聖瑪麗亞號(サンタマリア)是參考哥倫布發現新大陸時的船型仿造而成，船班於平均每小時整點出發，遊船的時間約45分鐘，航行範圍為大阪港灣附近。

⊠ 大阪市港區海岸通り1-1-10 ☎ 05-7004-5551 ⏰ 11:00～16:00每小時1班(班船時間會根據季節及天候因素而變動)，公休日為12/31、1/12～2/5、2/17～2/18(以官方網站公告為主) ⑤ 大人日幣1,600円、兒童日幣800円，使用大阪周遊卡可免費搭乘 🌐 www.kaiyukan.com/thv/cruise 註 建議待50分鐘遊玩 MAP 參閱地圖P.182

◆◆◆ 城區訪勝 ◆◆◆

あべのハルカス300
(阿倍野天空庭園展望台)
代表性的電鐵共構商區

　　天王寺從2014年3月開始出現新的地標啦！就是日本最高的電波塔，以及阿倍野(日文為あべのハルカス，英文為Harukas)天空庭園展望台，近鐵阿倍野摩天大廈高約300公尺，也稱為Harukas 300，大廈結合了近鐵阿倍野橋駅、近鐵百貨公司(B2～14F)、阿倍野美術館(16F)、複合式商業辦公(17F、18F及21F～36F)、大阪萬豪都酒店(19F～20F、38F～55F及57F)及展望台(58F～60F)，是大阪市相當具代表性的電鐵共構及綜合商業的建築。

　　前往60F展望台之前，先要到16F購買入場門票，然後再搭乘一段16F～60F的快速電梯，不論是電梯上升或下降，在電梯內只要抬起頭就可以看到一段很美的流星雨。到達60層樓高時，電梯大門打開的那瞬間，一眼望去與內心的感動浮現，景色真的很美，尤其是夜景更美。若白天來到Harukas 300，可以到服務櫃檯申請前往室外樓頂看白天的景色(每小時整點1場，費用每人需加收日幣500円)。

DATA ✉ 大阪市阿倍野區阿倍野筋1-1-43　➡ 從大阪駅可搭乘JR環狀線至天王寺駅；從梅田駅、難波駅及心齋橋駅可搭乘地鐵御堂筋線至天王寺駅；若從關西機場出發的話，可搭乘JR關空快速或JR特級はるか至天王寺駅；若從JR奈良駅出發的話，可搭乘JR大和路線快速列車至天王寺駅(摩天大廈位於天王寺駅旁)　☎ 06-6621-0300　🕐 09:00～22:00，請在21:00前買票入場　💲 大人日幣1,500円、12～17歲日幣1,200円、6～11歲日幣700円、幼兒4歲以上幼兒日幣500円　🌐 www.abenoharukas-300.jp　🚌 建議待40分鐘遊玩　🗺 參閱地圖P.186

天王寺公園
日夜不同的美感精采

　　歷史悠久的天王寺公園於1960年開放給市民成為公眾休閒的場所，公園範圍還包括慶沢園、市立美術館、天王寺動物園等。自從2014年Harukas 300開幕與動物園100週年之後，天王寺公園也規畫成為ハルカス散步てんしば公園，於每年預定11月初至12月25日期間舉辦「大阪•光の饗宴」活動(Welcoming あべてん•光の音色)，活動的範圍也擴大至周邊的購物商場，包含Hoop(フープ)、天王寺Mio、Q's Mall(あべのキューズタウン)等。

DATA ✉ 大阪市天王寺區茶臼山町　➡ 天王寺駅地下街近あべちか3號或4號出口　☎ 06-6771-8401　🕐 慶沢園、市立美術館09:30～17:00，每年光の饗宴LED點燈活動17:00～24:00　💲 公園免費，慶沢園、市立美術館及天王寺動物園需門票　🌐 www.abeno-tennoji.jp　🚌 建議待30分鐘遊玩　🗺 參閱地圖P.186

天王寺動物園
百年歷史動物園

　　日本成立的第三個動物園就是天王寺動物園(Tennoji Zoo)，1915年開幕至今已超過100年了，園區內分為北園及南園，面積約11公頃，動物包括北極熊、貓熊、企鵝、浣熊、蹬羚、大象、獅子、狼、老虎、黑猩猩、獼猴、河馬、紐西蘭國鳥及可愛小動物等300多種。除此之外，還可看到犰狳、蜥蜴等夜行性動物。非洲熱帶草原草食性動物區有長頸鹿、斑馬等熱帶動物。

DATA
✉ 大阪市天王寺區茶臼山1-108 ➡ 可從JR天王寺駅Mio中央口或地下街近あべちか3號出口步行約6分鐘即可抵達，若從地鐵谷町線天王寺駅3或4號出口前往的話，步行約4分鐘即可抵達 ☎ 06-6771-8401 🕐 09:30～17:00，每週一及12/29～隔年1/1公休 💲 成人日幣500円，小學、中學生日幣200円，使用大阪周遊卡免費入場 🌐 www.city.osaka.lg.jp/contents/wdu170/tennojizoo 🏠 建議待90～120分鐘遊玩 🗺 參閱地圖P.186

1.天王寺動物園門口處／2.大象

四天王寺
千年歷史之日本第一座佛教寺廟

　　日本第一座佛教寺廟為四天王寺，於6世紀時期，聖德太子為了讓日本接納佛教，卻與反對佛教的日本宗派發動戰爭，據說太子當年在佛祖及四大天王面前祈禱而獲得戰爭的勝利，因此建造了這座有1,400年歷史的四天王寺。由於歷經多次的天災燒毀及戰爭破壞，現在的伽藍是於1963年前重新再建造的迴廊建築物。寺院內供奉觀音菩薩，而地藏王菩薩約400尊，寺院範圍包含中門、五重塔、金堂和講堂。

DATA
✉ 天王寺區四天王寺1-11-18 ➡ 前往四天王寺可搭乘地鐵谷町線至四天王寺前夕陽丘駅4號出口，步行約6分鐘即可抵達 ☎ 06-6771-0066 🕐 4～9月08:30～16:30，10～隔年3月08:30～16:00 💲 大人日幣300円、高校生、大學生日幣200円、小學生、中學生免費 🌐 www.shitennoji.or.jp 🏠 建議待40分鐘遊玩 🗺 參閱地圖P.186

1.鳥居／2.迴廊

住吉大社
護佑人民的海洋守護神

　神社供奉的是航海的守護神，保佑大阪地區的民眾五穀豐收、生意興隆賺大錢，住吉大社也被稱為大海神社，古老的建築均已被指定為日本國寶，大社表參道兩旁有600多個石造燈籠，水池中有一座很特別的紅色太鼓橋(拱形橋)，據說走過太鼓橋後，會消除不好的惡運。

DATA

✉ 大阪市住吉區住吉2丁目9-89 ➡ 可從關西空港或難波駅搭乘難海電車至住吉大社駅，步行約3分鐘抵達；或從天王寺駅搭乘阪堺電軌上町線至住吉鳥居前駅，步行約1分鐘抵達；搭乘阪堺電軌阪堺線也是到住吉鳥居前駅，步行約1分鐘抵達 ☎ 06-6672-0753 ⏰ 24hrs 💲 無
http www.sumiyoshitaisha.net 🏠 建議待40分鐘遊玩
MAP 參閱地圖P.170、186

1.正殿／2.鳥居表參道

住吉大社

阿倍野、天王寺公園及周邊地區

玩
樂
篇

インスタントラーメン發明記念館（日清泡麵發明紀念館）
親手DIY獨一無二的專屬泡麵

你在便利商店或大賣場有買過日清泡麵嗎？喜歡日清泡麵嗎？若是有機會來到大阪的話，泡麵發明紀念館是小朋友與大人之間互動同樂的好地方，可以一同感受與體驗DIY做泡麵杯的樂趣，見證日清泡麵的創辦人安藤百福先生，如何改變了全球人類的飲食文化。服務台有中文導覽手冊可以自行取閱瀏覽，館內設施包括泡麵展示館、紀念館商店、飲食區、泡麵隧道、親手DIY雞湯拉麵(需預約及收費)及親手DIY體驗工房等。

DATA ✉ 大阪府池田市滿壽美町8-25 ➡ 從梅田駅搭乘阪急電車寶塚線急行的班車至池田駅下車，車程約20分鐘，往滿壽美町方面出口，經一風堂拉麵店，步行約7分鐘抵達 ☎ 072-752-3484 ⏰ 09:30～16:00 (最後入場時間15:30)，休館日：每週二(若週二為公休日時，改在週三休館)，年末年初 💲 入場免費，親手DIY雞湯拉麵體驗工房小學生日幣300円，中學生以上日幣500円 🌐 www.instantramen-museum.jp 🕐 建議待90分鐘遊玩 🅼🅰🅿 參閱地圖P.187

日清泡麵發明紀念館

阪急池田駅 🚉

ダイコク阪急池田駅前100円起商品店 🛍
一風堂 🍴

インスタントラーメン發明記念館 📷

行家
密技 **親手DIY製作泡麵簡易步驟**

1 Step　購買泡麵空杯(1F的自動販賣機，1杯日幣300円)

2 Step　清洗消毒雙手

3 Step　DIY繪製及設計自己的泡麵杯

4 Step　取泡麵

5 Step　選澤湯頭粉(4選1)

6 Step　選擇食材(選4種)

7 Step　封杯蓋、包膜

8 Step　充氣包裝

大阪天滿宮
升學考試祈求金榜題名

天滿宮殿內供奉的是學問之神菅原道真，每年一到升學考試的季節，考生們會來此祈求金榜題名及學業順利，每年7月24日及7月25日這兩天會舉辦天神祭，與京都八坂神社的祇園祭，以及東京神田神社的神田祭共稱為日本三大祭典。

DATA ✉ 大阪市北區天神橋2-1-8 ➡ 可搭乘地鐵谷町線、堺筋線至南森町駅4A出口，步行2分鐘抵達；或 JR大阪東西線大阪天滿宮駅4A出口，步行2分鐘抵達 ☎ 06-6353-0025 🕐 09:00～17:00 💲 無 http www.tenjinsan.com 🅿 建議待20分鐘遊玩 MAP 參閱地圖P.170、188

天神橋筋商店街
日本第一長商店街

從天神橋1丁目到7丁目全長約2,600公尺的天神橋筋商店街，全程步行需花40分鐘左右的時間，是大阪市區最長的商店街，也是日本最長的商店街。商店街兩側有各式各樣的店鋪，包括服裝、雜貨、書籍、藥妝用品及餐飲等，是一條繁華的商業街。

DATA ✉ 北區天神橋1-7丁目 ➡ 可搭乘地鐵堺筋線至扇町駅、天神橋筋六丁目駅、南森町駅，或搭乘JR大阪環狀線至天滿駅，下車後依路標指示即可抵達 ☎ 06-6358-0459 🅿 建議待30～60分鐘遊玩 MAP 參閱地圖P.170、188

大阪天滿宮、大阪今昔館及周邊地區

天神橋筋六丁目駅
地下鐵谷町線
地下鐵堺筋線
大阪くらしの今昔館
6丁目
JR大阪環狀線
5丁目
天滿駅
扇町駅
扇町公園
4丁目
天神橋筋商店街
3丁目
2丁目
JR東西線
地下鐵谷町線
南森町駅
JR大阪天滿宮駅
名代宇奈とと南森町店
大阪天滿宮

1.天神橋筋2丁目／2.3.4.天神橋筋祭典活動遊街

大阪くらしの今昔館
(大阪今昔館)
穿古時服裝逛大街

想體驗穿著日式和服逛大街嗎？來到大阪くらしの今昔館就對了，館內是模仿江戶時代大阪的真實場景街道、木屋建築，以及大阪人當時的生活情境。雖然今昔館內面積並不大，但保有許多城市建築與街道的模型供遊客參觀。當天若想體驗和服的話，首先要先到售票機購買票券(每人日幣200円)，接下來等待服務人員叫號與指示，衣服及隨身物品需放入寄物櫃裡，領取白色衛生襪子穿木屐，並等待通知及挑選和服款示，服務人員會協助更換衣服及綁腰帶，女生還可再另外選一個手提足包上街，衣物規定於30分鐘內歸還。

DATA
✉ 大阪市北區天神橋6-4-20 ☎ 06-6242-1170
🕐 10:00～17:00 (最終入場時間16:30)，每週二(如逢日本國定假日則延至隔天休息)，每月第三週的週一(如逢日本國定假日則延至當週週三休息)，年末年初休館，館場可能臨時休館，需事先至官方網站查詢 💲 大人日幣600円，高中生日幣300円(中學生以下免費)，使用大阪周遊卡免費入場 🌐 konjyakukan.com 🚌 建議待60～100分鐘遊玩 🗺 參閱地圖P.170、188

如何前往大阪今昔館

- 從天王寺駅可搭乘地鐵谷町線至天神橋筋六丁目駅。
- 若從JR大阪駅及梅田駅出發的話，可先步行至東梅田駅搭乘地鐵堺筋線至天神橋筋六丁目駅。
- 若從難波駅出發的話，可搭乘地鐵千日前線至日本橋駅再搭乘地鐵堺筋線至天神橋筋六丁目駅。
- 若從心齋橋駅出發的話，可搭乘地鐵長堀鶴見綠地線至長堀橋駅，再搭乘地鐵堺筋線至天神橋筋六丁目駅。

以上皆前往3號出口，可以看到大阪市立住まい情報センター，搭上電梯至8樓即可抵達。

1.2.3.4.古江戶時代的造景

萬博紀念公園
親子同遊賞四季花海

位於大阪府吹田市的萬博紀念公園是一座世界博覽會的公園，園區範圍約260公頃，包括自然文化園、日本庭園、太陽の塔(Tower of the Sun)、森の足湯、國立民族學博物館等設施，很適合親子同遊一整天。每年2月時梅花盛開，春天有櫻花、玫瑰花、油菜花、鬱金香和罌粟花，秋天則有波斯菊花海欣賞，不定期舉辦各種慶典和娛樂活動。

✉ 大阪府吹田市千里万博公園1-1 ☎ 06-6877-7387
🕐 09:30～17:00，每週三公休 💲 各館場設施因營業時間而異 🌐 expo70-park.jp 🚉 建議待3～4小時以上遊玩 Ⓜ 參閱地圖P.190

LaLaport EXPOCITY購物中心
購物娛樂兼優

位於萬博紀念公園旁的三井LaLaport EXPOCITY是大阪地區知名的大型娛樂與購物商圈，1～3樓以光之廣場為中心，匯集許多國際知名品牌的精品店鋪，包括LoFt、ZARA、Michael Kors、Samantha、PLAZA、KIDDY LAND、WEGO等，附近有摩天輪(Redhorse OSAKA WHEEL)、Nifel水族館、ANIPO戶外兒童樂園等。

✉ 大阪府吹田市千里萬博公園2-1 ☎ 06-6170-559
🕐 10:00～21:00，美食街 11:00～22:00。部分店鋪的營業時間有所不同 💲 購物中心免費入場 🌐 mitsui-shopping-park.com/lalaport/expocity 🚉 建議待3～4小時遊玩。部分商品無提供免稅服務 Ⓜ 參閱地圖P.190

1.EXPOCITY購物中心鋼彈及摩天輪／2.太陽之塔

如何前往萬博紀念公園及LaLaport EXPOCITY購物中心

- 從天王寺、難波、心齋橋及大阪梅田駅可搭地鐵御堂筋線至千里中央駅，再轉乘大阪單軌(Monorail)電車至萬博紀念公園駅，車程時間約25～35分鐘，再步行約3分鐘即可抵達公園及購物中心。

- 從京都河原町或烏丸駅可搭阪急京都線準急列車至南茨木駅，再轉乘大阪單軌(Monorail)電車至萬博紀念公園駅，車程時間約60分鐘，再步行約3分鐘即可抵達公園及購物中心。

萬博紀念公園

往彩都西駅
日本庭園
自然文化園
公園東口駅
太陽の塔
萬博紀念公園
中央口
中國自動車道
大阪單軌電車
中國自動車道
中國自動車道
往門真市駅
萬博紀念公園駅
NIFREL
(生きているミュージアム ニフレル)
萬博紀念公園
總合案內所
EXPOCITY購物中心

臨空城購物中心
離境前必訪購物熱點

　　臨空城Outlets(RINKU PREMIUM OUTLETS)位於大阪府泉佐野市(關西空港對岸)，從關西空港前往，不管是搭乘電車或巴士，交通都非常便利，從りんくうタウン駅步行前往Outlets途中，會經過摩天輪(大観覧車りんくうの星)及美食街。

　　購物中心的建築富含歷史悠久的美式港口風格，範圍主要分為Main Side及Sea Side，聚集百家服飾、包包、生活家具品牌的店鋪，包括Michael Kors、COACH、GAP、Levi's、BALLY、T-fal、Le Creuset 、Honeys、Sanrio等等。在準備要離開關西空港之前，不妨安排半天時間在此盡情享受購物的樂趣。

DATA
☒ 大阪府泉佐野市Rinku往來南3-28　☎ 072-458-4600
🕙 10:00～20:00，休息日為每年2月的第三個週四　💲 購物中心免費入場　🌐 www.premiumoutlets.co.jp/cht/rinku　🎫 建議待3～4小時遊玩　🗺 參閱地圖P.191

如何前往臨空城購物中心

- 從關西空港(第一航廈12番乘車處)可搭乘專線巴士前往臨空城Outlets，車程約20分鐘(大人單程車資為日幣200円，兒童日幣100円)即可抵達。
- 從關西空港駅可搭乘JR關西空港線関空快速及直快列車，或南海空港線機場急行列車前往りんくうタウン駅，車程約6分鐘，再步行約6分鐘即可抵達。
- 從JR大阪駅及JR天王寺駅，可搭乘JR阪和線関空快速列車前往りんくうタウン駅，車程分別約60分鐘及44分鐘，再步行約6分鐘即可抵達。
- 從南海難波駅搭乘南海機場急行列車前往りんくうタウン駅，車程約40分鐘，再步行約6分鐘即可抵達。
- 從JR京都駅可搭乘JR東海道本線新快速列車前往JR大阪駅，轉乘關空快速列車前往JR新今宮駅，再步行前往南海電新今宮駅前往りんくうタウン駅，車程+步行時間約100分鐘，再步行約6分鐘即可抵達。

臨空城

JR關西空港線火南海電気港線
関西國際空港連絡橋

巴士乘車處 🚌　　🚉 りんくうタウン駅
クラブ遊キッズ 🏢
大観覧車 りんくうの星 ●
🏢 臨空城購物中心

● Rinku Pleasure Town Seacle

1.2.臨空城購物中心白天景觀／3.臨空城Outlets吉祥物／
4.臨空城購物中心夜晚景觀

神戸 KOBE

山陽新幹線
往大阪方向 →

六甲山

神戸市

摩耶山

新神戸駅

阪神甲子園球場、
甲子園歴史館

北野異人館街(風見雞の館、萌黄の館、
ラインの館、北野天満神社)

三宮、元町商圏

神戸ポートタワー、神戸海洋博物館

JR神戸駅

神戸港灣購物商城(Umie、MOSAIC)

山陽新幹線
往姫路方向
←

神戸アンパンマンミュージアム

舞子公園
(舞子海上プロムナード、孫文紀念館)

明石
海峡

明石海峡大橋

大阪湾

淡路島

城區訪勝

北野異人館街
保留明治開放後外人生活點滴

　　神戶市北野異人地區充滿異國風情的文化，街道上有許多建築的外觀充滿西洋風格，每間異人館(非日式建築)各有獨特風格，很受觀光遊客的喜愛，例如：風見雞の館、萌黃の館、萊茵の館、仏蘭西館(洋館長屋)、香りの家・オランダ館等。神戶海港於日本明治時代開放之後，很多外國人來神戶北野地區居住，約有60棟的異人館建築留存至今，目前約有20棟對外開放，包含收費參觀、經營咖啡屋、民宿、服飾及美食商店。

DATA
📧 神戶市中央區北野町3-10-20(北野風見雞の館前) 🚶 從JR三ノ宮駅、阪神電鐵神戶三宮駅，或阪急電鐵神戶三宮駅出發，步行約20分鐘抵達；或從JR新神戶駅步行約10分鐘抵達；亦可從三宮中心街東口站牌(6號)或地鐵三宮站前站牌(7號)搭乘City Loop至北野異人館站牌(10號)約17分鐘抵達 ☎ 078-251-8360 🕐 3月～10月09:00～18:00；11月～2月09:00～17:00 🌐 www.ijinkan.net 註 建議待120分鐘遊玩 🗺 參閱地圖P.192、193

萌黃の館 (萌黃之館)
前美國領事官邸

　　建於1903年，為一座2層樓木製的美國總領事宅邸(前美國領事亨特・夏普公館)，釘上壁板帶有2個不同的凸窗。室內在每個房間的壁紙、瓷磚，以及暖爐的壁爐台等處都可以看到當年的精心設計及巧思。已被指定為重要文化建築物。

DATA
📧 神戶市中央區北野町3-10-11 ☎ 078-222-3310 🕐 4～11月09:00～18:00，12月～3月09:00～17:00，每年2月分第三週的週三及週四休館 💲 日幣350円 🌐 www.kobeijinkan.com/ijinkan_list/moegi 註 建議待25分鐘遊玩 🗺 參閱地圖P.193

子供室

北野異人館街及周邊地區

● ウィーン、オーストリアの家

● 香りの家オランダ館

📷 北野天滿神社

● 北野ガラス館　　　　　　往新神戶駅方向 →

📷 風見雞の館　　　　神戶北野美術館

北野町広場　　　　　　　📷 ラインの館
　　　● 神戶六甲牧場　　　● City Loop 10番站牌

📷 萌黃の館　異人館 パラスティン邸 ●　ベンの家
　　風見雞本舗　　　　　　　英國館

スターバックス
神戶北野異人館店(星巴克)
🏠

↓ 往JR三之宮、阪神、
阪急神戶三宮駅方向

風見雞の館 (風見雞之館)

以三角屋頂上明顯風標為標誌

於1910年德國貿易商人G・托馬斯先生所建蓋成一座紅磚結構的房屋，位置在北野町廣場、北野觀光案內所及北野天滿神社鳥居旁邊，房屋最大的特色是風見雞(風標)站立在三角形的屋頂上，屋內裝飾豪華氣派，1F有客廳、起居室及餐廳，2F有臥室及放置許多娃娃玩偶的房間，感覺很溫馨，是國家指定的重要珍貴文化遺產。

1

DATA
神戸市中央區北野町3-13 3 078-242-3223
09:00～18:00(結束營業30分鐘前截止入場)，每年2月、6月的第一個週二休館，若逢日本國定假日，則隔日順延休館 日幣500円，與黃萌館共通券日幣650円 www.kobe-kazamidori.com/kazamidori 註 建議待25分鐘遊玩 MAP 參閱地圖P.193

2

3

1.風見雞の館屋頂風標／2.風見雞の館外觀／3.風見雞の館室內走廊

ラインの館 (萊茵館)

保存歷史震災資料

舊J. R. Drewell公館是一座木製的2層樓館，室內設有休息室和紀念品(明信片、小方巾等)商店，2F還有展示北野異人館街的歷史及相關地震災害的資料。已被日本指定為重要文化建築物。萊茵館的旁邊是北野美術館，但並不是真的美術館，而是一間餐廳。

DATA
神戶市中央區北野町2-10-24 078-511-0515 9:00～18:00，每年6月及2月的第三個週四為休息日(遇到假日時，則再延後一天公休) www.kobe-kazami-dori.com/rhine 註 建議待25分鐘遊玩 MAP 閱地圖P.193

1

2

1.萊茵館外觀／2.地震災害的展示資料

北野天滿神社

登高遠眺周遭街道美景

神戶北野異人觀光地區除了參觀風見雞館及萌黃館之外，位於北野町廣場旁還有一間天滿神社可以前去參拜日本學問之神菅原道真，神社販賣的書包及戀愛御守造型很可愛，有興趣者可前去挑選購買。雖然神社範圍不大，但地理位置可遠望神戶市的街道美景，若能見度好的話，可以看到神戶港及大海哦！

DATA
神戶市中央區北野町3-12 078-221-2139
24hrs 無 www.kobe-kitano.net 註 建議待20分鐘遊玩 MAP 參閱地圖P.193

玩樂篇

神戶ポートタワー (神戶港塔)
造型獨特鐵塔世界唯一

　　神戶港塔(神戶ポートタワー)高約108公尺，合計8層，是座管狀結構的觀光塔，外觀建築以32支紅色的鋼枝包圍，也是世界上唯一具有獨特造型的鐵塔。塔內設有紀念品商店及餐廳，可以看到全日本各式高塔的照片展示，神戶港塔的觀景台可以遠眺淡路島、明石海峽大橋、大阪灣、MOSAIC廣場、六甲山、關西國際機場及神戶市區街道等風景。

神戶港塔、海洋博物館

DATA ✉神戶市中央區波止場町5-5 ➡從JR元町、阪神電鐵元町駅至神戶港塔，經元町商店街三丁目至四丁目交界左轉往神戶港灣方向，步行約15分鐘抵達；或從神戶高速鐵道花隈駅至神戶港塔，經元町商店街三丁目至四丁目交界左轉往神戶港灣方向，步行約15分鐘抵達；從市營地鐵海岸線Minato元町駅2號出口，步行約8分鐘即可抵達 ☎078-391-6751 🕐3月～11月09:00～21:00(最後入場20:30)，12月～隔年2月09:00～19:00(最後入場18:30) 💲大人(高校生以上)日幣700円、兒童(小·中學生)日幣300円 🌐 www.kobe-port-tower.com 🚏建議待40分鐘遊玩 🗺️參閱地圖P.192、195

神戶海洋博物館
帆船造型的神戶港象徵

　　神戶海洋博物館的外觀設計為帆船造型，是神戶港的象徵之一。博物館以海、船、港為主題，介紹川崎重工集團的歷史，館內除了展示各式帆船、郵輪與貨輪之外，也包含重型機車、鐵路電車設備與儀器、機械模型、海上船舶及飛行模擬航空器等科技產品。

DATA ✉神戶市中央區波止場町2-2 ➡位於神戶港塔旁200公尺處 ☎078-327-8983 🕐09:00～21:00，海洋博物館：10:00～17:00(入場至16:30)，每週一公休(遇國定假日改為隔日休)，會依季節有所改變 💲大人(高校生以上)日幣600円、兒童(小·中学生)日幣250円 🌐 www.kobe-port-tower.com 🚏建議待40分鐘遊玩 🗺️參閱地圖P.192、195

舞子公園
展望巨大跨海大橋

舞子公園是位於明石海峽大橋靠近神戶一側的臨海公園，公園的範圍包含舞子海上體驗展覽中心、明石海峽大橋、孫文紀念館(移情閣)、橋之科學館、舊武藤山治邸等。當你來此時，記得要與世界第一明石海峽大橋拍照留念哦！

DATA.
➡ 從大阪、神戶或姬路方向出發，搭乘JR山陽本線至舞子駅，走人行空橋往舞子公園、明石海峽大橋方向步行約5分鐘即抵；若搭乘山陽電鐵舞子公園駅，走人行空橋往舞子公園、明石海峽大橋方向步行約7分鐘可抵
http 參閱地圖P.192、197

明石海峽大橋
世界最長跨海公路吊橋

明石海峽大橋於1998年完工通車，長約4公里、寬35公尺、兩邊距離為960公尺，橋墩跨距1,991公尺，橋塔高約298.3公尺，連接日本神戶、淡路島與四國之間跨海公路大橋，目前是世界最長的吊橋。

DATA.
➡ 請參考舞子公園
http 參閱地圖P.197

孫文紀念館 (移情閣)
紀念國父拜訪神戶的歷史

移情閣是一棟中國式八角三層的樓閣別墅，因外觀形狀如六角，當地人也稱為舞子的六角堂，這棟樓閣曾是華僑吳錦堂先生的松海別莊，室內展示吳錦堂與移情閣的故事，以及神戶與孫文的歷史等。孫文於1913年3月14日前往神戶時，曾與當地華人、政界及經濟界等人士在此聚會，於1983年11月神戶華僑總會將移情閣捐贈給兵庫縣政府，之後為了紀念孫文，於1984年11月12日孫文誕辰日，將本館更名為孫中山紀念館，於2005年10月，孫中山紀念館更名為孫文紀念館。

DATA.
✉ 神戶市垂水區東舞子町2051 ☎ 078-783-7172 🕐 10:00～17:00，每週一(如逢節日時第二天調休)、12月29日～1月3日休館 💲 大人日幣300円，兒童日幣150円 http sonbun.or.jp/ch 🕐 建議待30分鐘遊玩 MAP 參閱地圖P.192、197

1.孫文紀念館外觀／2.天下為公石碑

玩樂篇

舞子海上プロムナード
(舞子海上觀覽展望台)
展示大橋建造過程並體驗美景

　　舞子海上體驗展覽中心陳列明石海峽大橋在建造的過程與照片，以及其他世界吊橋的詳細資料。展覽中心外的橋墩設施，包含舞子海上散步走廊，環狀走廊全長約317公尺，海面距離海面高約46公尺，可站在玻璃地板上面再向下看，觀景台上可眺望明石海峽與大阪灣的美麗風景。若你有空餘時間的話，記得到紀念商店挑選多樣款式的魚造型明信片哦！

DATA
🏠 神戶市垂水區東舞子町4-115 JB本四高速舞子ビル2F
☎ 078-785-5090　🕐 09:00～18:00 (最後入場17:30)，10月～隔年3月第二個週一及12月29日～12月31日休館，若遇日本暑假與黃金週開放到19:00(最後入場18:30)　💲 週六、週日日幣300円，平日日幣250円，高中生以下免費，舞子海上プロムナード、移情閣、橋的科學館3館共通票日幣680円　http www.hyogo-park.or.jp/maiko　🚶 建議待60分鐘遊玩　MAP 參閱地圖P.192、197

舞子公園及周邊地區

舞子公園駅
山陽電鐵
舞子駅
JR山陽本線
橋的科學館
明石海峽大橋
舞子公園
明治天皇歌碑
舞子海上プロムナード
孫文紀念館
旧武藤山治邸

1.舞子海上觀覽展望台／2.入口處／3.4.眺望海景

4

行家密技 明石海峽大橋Akashi Kaikyo Bridge登頂見學

見學期間：每年4月～11月，週四～週日及日本國定假日，一日2回

預約期間：

見學日前60天內(早上10:00開放預約)

早上：09:30～12:10 (報到09:15～09:30)

下午：13:30～16:10 (報到13:15～13:30)

費用：大人(16歲以上)日幣3,000円、兒童(13～15歲)日幣1,500円，(費用包含「橋的科學館」及「舞子海上プロムナード(觀覽展望台)」入館料金)

預約網址：www.jb-honshi.co.jp/english/bridgeworld/net_ap.html

1 Step　網路預約

2 Step　收到預約番號的確認E-mail

3 Step　報到核對身分及繳費(只收現金，記得借取翻譯解說機)

4 Step　進入說明室進行分組及見學活動說明、影片觀賞

5 Step　前往「橋の科学館」，由工作人員介紹明石海峽大橋的結構及建造過程等相關科學知識

6 Step　到舞子海上プロムナード(觀覽展望台)，登橋步行在維修通道上，前往第一根塔柱

7 Step　分批搭乘電梯至塔頂(98層樓高，海平面約300公尺，搭乘時間約2分)

8 Step　至塔頂眺望淡路島及神戶區的風景及拍照，拍攝團體照留念

9 Step　返回說明室，領取登頂見學證書及團體照片、紀念品(明石海峽大橋鋼纜細線或介紹明石海峽大橋的DVD光碟)

- 預約成功後會收到含有預約番號的電子確認郵件。
- 見習日的5天前會再收到E-mail的提醒內容。
- 若要變更預約(取消或改日)請記得通知ブリッジワールド事務局，E-mail：bwinfo@jb-honshi.co.jp。
- 若預約後無故不參加，下次永遠不再接受你的預約。

Time
見習時間需
4～5小時

玩樂篇

棒球狂熱

阪神甲子園球場
造訪日本高中棒球聖地

　　阪神甲子園球場簡稱為「甲子園」，也是職棒阪神老虎隊的主場，球場可容納約5萬人看棒球賽。甲子園與東京的明治神宮野球場並稱為「日本野球聖地」，日本全國各縣市於每年春天和夏天會舉辦高中學校棒球比賽，最後準決賽會指定在甲子園球場舉行，各隊職業棒球隊的球探都會在此時發掘優秀的選手！

> **DATA** 🚇 兵庫縣西宮市甲子園町1-82 ➡ 建議搭乘阪神電車前往會比較方便。從大阪梅田、難波、神戶、三宮等車站出發，搭乘阪神電車至「甲子園」駅下車，往西出口方向步行約2分即可抵達阪神甲子園球場門口，甲子園歷史館位於球場入口外圍第16號門旁邊 ☎ 0798-47-1041 🕐 依棒球比賽時程而定 http www.hanshin.co.jp/koshien/ ➡ 建議待90分鐘遊玩(含甲子園歷史館) MAP 參閱地圖P.193、199

甲子園歷史館
記錄青春汗水的光榮歷史

　　歷史館於1924年成立至今，內部陳列歷年高中棒球比賽及阪神虎隊選手的棒球相關物品，當然也有台灣電影《KANO》所描寫的西元1931年(第17屆甲子園比賽)，嘉義農林學校獲得亞軍的紀錄，許多歷史回顧及精彩影片值得你觀賞。假如你想參觀球場(人工草皮的部分)、3壘選手席、3壘牛棚、3壘球員更衣室、觀眾席、媒體採訪區、貴賓室樓層，以及其他設施的話，可以到官方網站預約，或電話預約(僅日語通話)，全程參觀時間約50分鐘。

> **DATA** 🚇 兵庫縣西宮市甲子園町1-82 ➡ 建議搭乘阪神電車前往比較方便。從大阪梅田、難波、神戶、三宮等車站出發，搭乘阪神電車至「甲子園」駅下車，往西出口方向步行約2分即可抵達阪神甲子園球場門口，甲子園歷史館位於球場入口外圍第16號門旁邊 ☎ 0798-49-4509 🕐 10:00～18:00(3月～10月)、10:00～17:00(11月～隔年2月)，每週一公休(出發前請至官網查詢) 💲 大人日幣600円，兒童(4歲～中學生)日幣300円 http www.koshien-rekishikan.com MAP 參閱地圖P.193、199

甲子園

阪神甲子園駅 🚉
西口　東口
巴士站牌 🚌
甲子園警察署
阪神高速3號神戶線
阪神高速3號神戶線
📷 阪神甲子園球場
📷 甲子園歷史館

1.阪神虎甲子球棒球場／2.電影《KANO》相關紀念物品／3.阪神虎歷代球衣

拜訪姬路

姬路城
日本指定國寶的極致美感

　　位於日本兵庫縣姬路市的姬路城，因城牆為白色，且外觀像似展翅的白鷺，所以也被稱為白鷺城。姬路城除了是日本政府指定的國寶及國家特別史跡之外，也於1993年登錄為世界遺產，所以吸引很多觀光遊客前去朝聖及參觀。

　　姬路城的大天守閣高約31.5公尺，經過幾年的保存修整之後，於2015年3月27日開放遊客前往參觀。大天守閣有地上6層，地下1層，在第六層樓可以俯瞰姬路城公園，以及市區的街道建築。姬路城公園一年四季都很美，尤其在櫻花季的時候來此更是美不勝收。

姬路城

姬路城
天守閣售票處
姬路公園
姬路市立動物園
姬路城大手門

山陽電鐵
山陽百貨　山陽姬路駅
　　　　　Piole (UNIQLO、星巴克等)
觀光案內所
JR姬路駅　JR山陽本線
山陽新幹線
新幹線姬路駅

①

　　每年於日本元旦(門票免費)、櫻花季(3/27～4/10)、春季假期(4/29～5/8)、盂蘭盆節假期(8/11～8/15)、秋季假期(9/17～9/25、10/8～10/10)等特殊節慶因遊客眾多，在人潮擁擠狀況之下，管理單位會實施發放號碼牌(整理券)，只開放前15,000名遊客參觀。

DATA
✉ 姬路市本町68番地(姬路城三之丸廣場北側) ➡ 從大阪、神戶方向，可搭乘JR山陽新幹線或JR山陽本線至姬路駅，從中央口沿著大手前通方向步行約12分鐘即可抵達大手門城前入口處；若搭乘阪神電車、山陽電鐵本線至山陽姬路駅，往大手前通方向步行約11分鐘即可抵達；從廣島、岡山方向，可搭乘JR山陽新幹線或JR山陽本線至姬路車站，往大手前通方向步行約12分鐘即可抵達 ☎ 079-285-1146 ⏰ 9/1～隔年3/31為09:00～17:00 (最後入城16:00)，4/27～8/31為09:00～18:00(最後入城17:00) 💲 大人(18歲以上)日幣1,000円，兒童(小學生、國中生、高中生)日幣300円，學齡前兒童免費 🌐 www.himejicastle.jp ⏳ 建議待90～120分鐘遊玩 🗺 參閱地圖P.200

貼心 小提醒

號碼牌發放注意事項：

- 依現場情況發放，發放地點在姬路城售票口門前。
- 持有整理券的遊客才可登上大天守閣，限每人領取1張，僅當天有效。
- 上午09:00準時發放，若遊客數量太多，會根據擁擠狀況，提前30分鐘發放號碼牌。

拜訪竹田

竹田城跡
百大名勝雲海古城

充滿神祕色彩的竹田城跡被稱為天空之城，位於日本兵庫縣朝來市和田山町，因遠眺整座山城的形狀看起來很像老虎躺著的模樣，所以也稱為虎臥城，海拔高度約353.7公尺，東西兩側距離長約100公尺，南北距離長約400公尺。竹田城跡於2006年入選為日本百大名城之一，現存大手門、石垣、堀、井戶等遺跡，為日本文化財級國家史跡，城跡的石垣城牆保存非常完整。

喜歡欣賞及拍攝雲海古城美景的朋友，可於每日清晨，天未亮、能見度佳，且氣候溫差大之前，搭車(可選擇搭乘民宿飯店專車、計程車或是租車自駕)前往立雲峽展望台，才有機會眺望得到雲海古城。尤以每年秋季(10/1～11/30)的清晨，機率比較高。

近幾年許多遊客慕名前來登山健行，可以從竹田駅走表米神社登山步道(1.2公里)，或 裏登山步道(0.9公里)上山至入口處，也可搭乘天空巴士，從竹田駅至竹田城跡巴士乘車處(單程大人日幣260円，或考慮購買天空巴士1日券，日幣500円，當日乘車不限次數)，再步行200公尺即可抵達入口處。

DATA

✉ 兵庫県朝来市和田山町竹田古城山169番地 ☎ 079-672-400 ⏰ 3/1～5/31為08:00～18:00(最終登城時間17:30)，6/1～8/31為06:00～18:00(最終登城時間17:30)，9/1～11/30為04:00～17:00(最終登城時間16:30)，12/1～隔年1/3為10:00～14:00(最終登城時間13:00)，1/4～2月底休園，全面禁止人車入山及登城(當天出發前請先至官網查詢天候狀況，以免因大雨、洪水、暴風、颱風、積雪等因素而管制無法入城) 💲 成人(高中生以上)日幣500円、中學生以下免費 🌐 www.city.asago.hyogo.jp/takeda 🕐 建議待2～3小時 🗺 參閱地圖P.203

竹田城跡

第一展望台　第二展望台
第三展望台
立雲峽停車場
竹田城下町觀光停車場
表米神社登山道(1.2公里)
竹田城跡巴士乘車處
立雲峽
觀光案內所
天空巴士站牌
出口
山城之鄉
JR竹田駅
入口　料金售票處
竹田城跡
山城之鄉停車場
駅裏登山道(0.9公里)
北

如何前往竹田駅

- 從JR大阪駅3番月(09:38)或JR三ノ宮駅(09:57)出發，可搭乘JR特級はまかぜ列車前往竹田駅(往浜坂駅方向)，車程分別約125分鐘及106分鐘。

- 從JR大阪駅或神戶三宮搭乘「JR特級こうのとり列車」前往和田山駅(往城崎温泉方向)，再轉乘JR播但線至竹田駅，車程約135分鐘即可抵達。

- 從JR京都駅搭乘「JR特級きのさき列車」前往和田山駅(往城崎温泉方向)，再轉乘JR播但線至竹田駅，車程約115分鐘即可抵達。

- 從新大阪駅搭乘山陽新幹線列車前往姬路駅，再轉乘JR播但線至竹田駅，姬路駅至竹田駅中途須於寺田駅轉乘，往和田山駅方向，車程最快約135分鐘即可抵達。

💛 **貼心 小提醒**

注意天候與交通班車情況

前往竹田城跡之前要再到官方網站查詢天氣狀況及交通班車的狀況，以免因天候及交通因素而不開放參觀。

1.天空巴士／2.城跡入口處／3.4.5.竹田遺跡／6.城跡眺望美景

主題旅遊 奈良 NARA

城 區 訪 勝

奈良公園
與上千愛吃小鹿相會

　　位於奈良市東部的奈良公園，面積約660公頃，範圍包含興福寺、奈良國立博物館、東大寺、春日大社等名勝古蹟。奈良公園周圍環境除了保有歷史與自然美之外，最大的特色是植有1,700多株櫻花樹，以及1,000多頭的梅花鹿在此生活，可愛的小鹿是觀光遊客的最愛，你可以購買鹿仙貝(鹿餅乾)餵食及拍照！

　　當你在餵食餅乾給小鹿吃的模樣雖然可愛，但小鹿群為了搶吃食物還是會很粗魯哦！請注意餵食自身安全，若是小朋友在餵食小鹿時，要特別小心手別被咬到。

DATA ✉ 奈良市芝辻町543 (奈良公園事務所) ➡ 從近鐵奈良車站2號出口，步行約3分鐘即可抵達；或從JR奈良車站東口往三条通方向步行約15分鐘抵達；或JR奈良車站東口2號公車站牌搭乘(2號市內循環外回り)，在「縣廳前」站牌下車抵達 ☎ 0742-22-0375 🌐 nara-park.com 🗺 參閱地圖P.205

玩樂篇

興福寺
收藏豐富日本國寶級佛雕

①

興福寺又稱為鹿公園，寺院建物包含中金堂、東金堂、北圓堂、南圓堂、五重塔、三重塔、國寶館等。寺院內保留著鐮倉時代後期的殿堂和佛塔，以及太平時代的佛教雕刻藝術品等日本國寶，五重塔高約50.1公尺，塔內第一層內部四面分別供奉了藥師三尊像(東面)、釋迦三尊像(南面)、阿彌陀三尊像(西面)、彌勒三尊像(北面)。

②

DATA 📍奈良市登大路町48番地 🚋從近鐵奈良車站2號出口，往奈良公園方向步行約5分鐘抵達；或從JR奈良車站東口2號公車站牌搭乘(市內循環外回り)，在「縣廳前」站牌下車，再步行約2分鐘抵達；從JR奈良車站東口，往三条方向步行約16分鐘抵達 ☎0742-22-7755 🕐09:00～17:00 💲一般參拜：成人日幣700円、高中生日幣600円、小學生日幣300円，國寶館、東金堂連帶共通券：成人日幣900円 🌐www.kohfukuji.com 📝建議待30分鐘遊玩 🗺參閱地圖P.205

1.五重塔／2.東金堂外觀

奈良公園、東大寺、春日大社及周邊地區

東大寺

奈良縣警察本部 ⊗

奈良縣廳 ●

奈良縣廳

東大寺南大門

大佛布丁
(東大寺門前市場) 🍴

奈良公園

冰室神社

奈良志津香釜飯公園店 🍴
奈良公園

興福寺國寶館 📷
興福寺 📷

奈良國立博物館 ●

N7 奈良交通巴士站牌
🚌 東大寺大佛殿、春日大社前

萬葉植物園

往近鐵奈良駅方向

三条通

一の鳥居

春日大社表參道

春日荷茶屋

春日大社寶物殿

猿沢池

N8 🚌 奈良交通巴士站牌
春日大社表參道

春日大社

荒池

若宮神社 ●

東大寺
世界最大木造建築

東大寺也稱為「金光明四天王護國之寺」，距今約有1,200多年的歷史，寺內大佛殿正面寬約57公尺、深約50公尺、高約48公尺，為世界最大的木造建築，大佛殿內有一尊高約15公尺的奈良大佛(盧舍那佛)，現今是世界最大的青銅佛像。東大寺於1998年成為「古都奈良的文化財」的一部分，並列入世界文化遺產。

東大寺院內還有南大門、二月堂、三月堂、正倉院等。南大門有高8米以上的雙體金剛力士像。二月堂能夠俯視大佛殿和眺望奈良市區。

大佛殿內有根巨大原木柱下，有個約一人肩膀寬的智慧洞，據說順利爬過那個洞，可以實現一個願望或變得聰明有智慧，所以經常可見日本學生們排隊爬智慧洞。

DATA

✉ 奈良縣奈良市雜司町406-1 ➡ 從近鐵奈良車站2號出口，往奈良公園方向步行約15分鐘抵達東大寺南門；或從JR奈良車站東口2號公車站牌搭乘(市內循環外回り)，在「N7東大寺大仏殿、春日大社前」站牌下車，再步行約2分鐘抵達；亦可從JR奈良車站東口，往三条通方向步行約16分鐘抵達 ☎ 0742-22-5511 🕐 11月～2月08:00～16:30，3月08:00～17:00，4月～9月07:30～17:30，10月07:30～17:00 💲 大佛殿、法華堂(三月堂)、戒壇堂，成人日幣600円 🌐 www.todaiji.or.jp 🅿 建議待50分鐘遊玩 Ⓜ 參閱地圖P.205

1.世界最大的青銅佛像／2.智慧洞／3.南大門／4.金堂

春日大社
走在千座石燈籠參道間

若是早上來到奈良，建議先去春日大社走走，因為大社表參道在清晨的時候很寧靜，可以很悠閒地與小鹿同行，享受著森林與大自然之美。春日大社每年2月及8月分會舉辦燈節，會沿著表參道兩旁點亮千座石燈籠，從一之鳥居步行表參道到南門約16分鐘。春日大社正殿旁的朱紅色迴廊也懸掛千盞吊燈籠，迴廊與吊燈籠所呈現的漸層美感，也是遊客來此喜愛拍攝照片的地方。

DATA
✉ 奈良市春日野町160 ➡ 從近鐵奈良駅5號出口旁的1號巴士乘車站牌搭乘2號(市內循環外回り)奈良巴士，在「N8春日大社表參道」站牌下車，再步行約12分鐘抵達；或從JR奈良車站東口，在2號巴士乘車站牌搭乘2號(市內循環外回り)奈良巴士，在「N8春日大社表參道」站牌下車，再步行約12分鐘抵達 ☎ 0742-22-7788 ⏰ 正殿前特別參拜 08:30～16:00，春夏(4月～9月) 06:00～18:00，秋冬(10月～3月) 06:30～17:00 💲 成人日幣500円 🌐 www.kasugataisha.or.jp 🕐 建議待40分鐘遊玩 🗺 參閱地圖P.205

冰室神社
燦爛春櫻時節引人讚賞

冰室神社有一棵枝垂櫻樹齡約400百年，樹高約20公尺，每到春天櫻花盛開的時候，很多遊客都會前來朝聖。主殿主祭神分別為鬪雞稻置大山主命、大鷦鷯命及額田大仲彥命，神社每年5月1日會舉行獻冰祭，將鯉魚(代表河川)和鯛魚(代表海洋)冰封於1公尺高的冰柱和花冰(鯉魚躍瀑)一起祭祀冰之神，保佑製冰相關產業及店家業者事業興盛。

DATA
✉ 奈良縣奈良市春日野町1-4 ➡ 從JR奈良駅或近鐵奈良駅搭乘奈良交通2巴士(市內循環外回り)約5～10分鐘抵達冰室神社、國立博物館前站牌下車即可抵達；或從近鐵奈良駅1號出口步行約10分鐘即可抵達 ☎ 0742-23-7297 ⏰ 4月～10月06:00～18:00，11月～3月06:30～17:30 💲 無 🌐 1st.geocities.jp/himurozinzya/index.html 🕐 建議待20分鐘遊玩 🗺 參閱地圖P.205

1.春日大社朱紅色迴廊／2.白鹿籤之御守／3.表參道充滿莊嚴與寧靜的氣息

行程規畫

假如你沒有任何想法、沒有方向、沒有時間準備自由行規畫的話，
可以參考本篇介紹的單日精選及套裝精選行程，不管你的目標是哪
裡？只要照著規畫走，也能愉快地購物血拼、享用美食、遊玩主題
樂園，以及感受古都風情之美。

單日精選行程

京都 Kyoto

單日精選行程A
和服體驗、清水寺、祇園

08:30 ~ 09:00 京都河原町前往岡本織物本店
搭乘207巴士車程約12分鐘，車資約日幣230円，行經祇園後，在「五条坂」站牌下車，步行五条坂及茶碗坂方向約6分鐘抵達。若前往清水坂店的話，步行五条坂約9分鐘抵達。

09:00 ~ 12:00 清水寺(和服體驗)
挑選服飾與更衣時間需要花1～1.5小時左右。從岡本織物本店或清水坂店(步行約4分鐘)→仁王門(步行約5分鐘)→清水寺本堂(步行約2分鐘)→地主神社(步行約8分鐘)→音羽瀑布。

12:00 ~ 13:00 產寧坂、二年坂
穿著和服步行速度比較慢，從清水寺到產寧坂步行約8分鐘，從產寧坂(步行約7分鐘)→二年坂(步行約7分鐘)→八坂塔。你可以在古街附近用餐。

13:00 ~ 14:00 高台寺、寧寧之道
休息片刻之後，你可以先歸還和服，再前往高台寺、寧寧之道、石塀小路等。
從產寧坂(步行約13分鐘)→高台寺(步行約3分鐘)→寧寧之道(步行約1分鐘)→石塀小路。

14:00 ~ 14:50 茶寮都路里
吃抹茶冰淇淋。茶寮都路里高台寺店的位置在寧寧之道及掌美術館旁，需要花點時間排隊哦！

14:50 ~ 15:20 井安金比羅宮
從石塀小路到井安金比羅宮步行約8分鐘，參觀御本殿、緣切石碑(緣切り緣結び碑)等。

15:20 ~ 16:20 八坂神社、圓山公園
從井安金比羅宮到八坂神社宮步行約8分鐘，圓山公園適合於每年櫻花盛開時前去。八坂神社(步行約5分鐘)→圓山公園。

16:20 ~ 17:50 祇園、花見小路
從圓山公園到祇園步行約10分鐘，花見小路通位於建仁寺與三条通之間。

17:50 ~ 20:00 夜逛河原町商圈＆休息
從祇園到河原町步行約6分鐘，夜逛百貨商圈及用餐，回飯店休息。

Itinerary Planning

單日精選行程B
京都嵐山地區、嵯峨龜岡小火車

08:30 ~ 09:00 前往JR嵯峨嵐山駅
從JR京都駅搭乘JR山陰本線(31～33月台)普通電車到JR嵯峨嵐山駅約需17分鐘(車資約日幣240円)。

09:00 ~ 09:40 トロッコ嵯峨野駅
JR嵯峨嵐山駅往南口方向步行約1分鐘抵達トロッコ嵯峨駅。嵯峨駅營業時間為早上09:00，若你想在櫻花及楓葉旺季搭小火車，只能買站票，需要花點時間排隊！建議購買下午時段，從トロッコ嵯峨駅或トロッコ嵐山駅出發的第五列車立席票。單程車資約日幣630円。可參觀19世紀蒸氣火車展示。

09:40 ~ 10:50 嵐山渡月橋
從トロッコ嵯峨駅到嵐山渡月橋步行約15分鐘。トロッコ嵯峨駅(步行約5分鐘)→中村屋總本店吃可樂餅(步行約10分鐘)→嵐山渡月橋。欣賞桂川河岸景色，若遇櫻花及楓葉旺季時，需耐心隨人潮漫步前進。

10:50 ~ 12:00 天龍寺
從嵐山渡月橋到天龍寺步行約10分鐘。若遇櫻花及楓葉旺季時，需耐心排隊購票入場。

12:00 ~ 14:00 野宮神社
從天龍寺北門出口往右側方向前往野宮神社，步行約4分鐘。可前往立石町附近用餐吃美食，休息片刻一下。

14:00 ~ 14:20 竹林步道
從野宮神社到竹林步道步行約4分鐘(天龍寺北門左側)。享受竹林裡的幽靜。

14:20 ~ 14:50 常寂光寺
從竹林步道到常寂光寺步行約10分鐘。看看日本古老的多寶塔。

14:50 ~ 15:10 トロッコ嵐山駅
從常寂光寺到トロッコ嵐山駅步行約5分鐘。若在旅遊旺季期間需提早到車站現場購票，預定搭乘15:10的班車，實際班車時間以現場公告為主。

15:10 ~ 15:40 トロッコ龜岡駅
小火車預定15:30抵達トロッコ龜岡駅。

15:40 ~ 20:00 京都駅、京都塔
從トロッコ龜岡駅到JR馬堀駅，步行約8分鐘抵達。再搭乘JR山陰本線回到京都車站，車資約日幣330円，車程約24分鐘，可前往京都塔展望台、拉麵小路吃晚餐、夜逛伊勢丹百貨及3C電器賣場ヨドバシ(Yodobashi)，回飯店休息。

單日精選行程C
金閣寺、銀閣寺、哲學之道、
永觀堂、南禪寺

08:30
～
10:30

前往金閣寺
從JR京都駅搭乘205或急行101巴士前往金閣寺的車程約45分鐘(車資約日幣230円)，在金閣寺道站牌下車，再步行約6分鐘抵達。出發前可購買京都巴士1日券。

10:30
～
12:00

前往銀閣寺
從金閣寺道站牌搭乘急行102巴士前往銀閣寺的車程約40分鐘，在銀閣寺道站牌下車(車資約日幣230円)，再步行約9分鐘抵達。

12:00
～
14:00

哲學之道、よーじや
中午用餐休息片刻一下，步行前往哲學之道，步行約20分鐘，經よーじや銀閣寺店，可悠閒享用冰品及蛋糕下午茶。

14:00
～
15:30

哲學之道、永觀堂
下午茶過後，從よーじや銀閣寺店步行前往永觀堂，步行約20分鐘抵達。

15:30
～
16:30

南禪寺
從永觀堂步行前往南禪寺步行約5分鐘抵達。

16:30
～
20:00

京都駅、京都塔
從南禪寺回到JR京都駅，可選擇步行約8分鐘前往南禪寺、永觀堂站牌搭乘5巴士回到京都駅，車程約35分鐘，車資約日幣230円。另一種交通選擇可步行約8分鐘前往蹴上駅搭乘地鐵東西線到四条駅，再轉乘烏丸線至京都駅，車程約27分鐘，車資約日幣260円，可夜逛伊勢丹百貨及3C電器賣場ヨドバシ(Yodobashi)，回飯店休息。

玩樂篇

單日精選行程D
東本願寺、西本願寺、
京都鐵道博物館

09:00 ~ 10:00　涉成園(枳殼邸)
從JR京都駅中央口往烏丸通方向前進，經東本願寺噴水池時，再往右邊「正面通」方向前進，步行約12分鐘即達。

10:00 ~ 10:50　東本願寺
從涉成園前往東本願寺距離約300公尺，步行約5分鐘即達。

10:50 ~ 12:00　西本願寺
從東本願寺前往西本願寺，可沿著花屋町通步行約15分鐘即達。

12:00 ~ 17:00　京都鐵道博物館
中午用餐休息片刻一下，步行前往哲學之道，步行約20分鐘，經よ一じや銀閣寺店，可悠閒享用冰品及蛋糕下午茶。

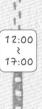

17:00 ~ 20:30　京都駅
從京都鐵道博物館可搭乘京都市營巴士急行103、急行104、急行110、86、88號等前往JR京都駅，車資約日幣230円，車程約10分鐘；也可選擇步行至JR梅小路京都西駅，搭乘JR山陰線至JR京都駅，車程約3分鐘，車資約日幣150円；若選擇步行者約22分鐘抵達。可夜逛伊勢丹百貨及3C電器賣場ヨドバシ(Yodobashi)，回飯店休息。

單日精選行程E
貴船神社、鞍馬寺、
下鴨神社

09:30 ~ 11:30　鞍馬寺
從出町柳駅搭乘叡山電鐵前往鞍馬駅，車程約31分鐘，大人車資約日幣430円，步行約30~40分鐘抵達本堂。若你從大阪前來可考慮購買京都、大阪觀光乘車券(鞍馬&貴船地區擴大版)，日幣1,500円。

11:30 ~ 13:30　貴船神社
返回鞍馬駅搭乘叡山電鐵前往貴船口駅，車程約3分鐘，大人車資約日幣210円，步行約2.1公里，35~40分鐘抵達貴船神社。可選擇搭乘京都巴士33號至貴船巴士站牌，大人車資約日幣160円，步行約6分鐘抵達貴船神社。

13:30 ~ 15:30　下鴨神社
返回出町柳駅前往下鴨神社，經河合神社，步行約12分鐘抵達。

15:30 ~ 20:30　祇園、河原町商圈
從出町柳駅搭乘京阪電鐵準急或特級列車前往祇園四条駅，車程約5分鐘，大人車資約日幣220円，夜逛祇園、河原町商圈。

20:30 ~ 21:00　京都駅&休息
從大丸百貨前往四条駅搭乘京都地下鐵，往京都駅方向，車程約5分鐘，車資約日幣220円。飯店休息。

大阪 Osaka

單日精選行程A
大阪城、天滿宮、梅田空中庭園展望台

08:30 ~ 09:10
天王寺前往大阪城
從JR天王寺駅搭乘JR環狀線到大阪城公園駅車程約12分鐘(車資日幣160円)，往3號出口行經大阪城公園，步行約20分鐘即可抵達大阪城天守閣。

09:10 ~ 10:20
大阪城公園、天守閣
若在櫻花及楓葉季節，要多留點時間在公園內走走，參觀天守閣日本百年文物及歷史。

10:20 ~ 11:20
造幣局
從大阪城公園到造幣局博物館門口步行約20分鐘，要從京阪国道的入口警位窗口處登記後，才能去博物館。若在櫻花季節，大川沿岸的天滿宮公園及毛馬桜之宮公園美不勝收。

11:20 ~ 12:10
名代宇奈とと
從造幣局博物館到名代宇奈とと南森町店步行約15分鐘，要沿著京阪国道往南森町駅方向前進，建議在11:40之前吃鰻魚飯。

12:10 ~ 12:30
大阪天滿宮
從名代宇奈とと南森町店到大阪天滿宮步行約1分鐘。若有空餘的時間，可以順便逛逛天神橋筋商店街。

12:30 ~ 15:30
大阪くらしの今昔館
從大阪天滿宮到大阪くらしの今昔館，可從南森町駅搭乘地鐵堺筋線或搭乘地鐵谷町線到天神橋筋六丁目駅約8分鐘，車資約日幣180円，再從3號地下道出口步行約1分鐘(住まい情報センタービル8樓)抵達。可租和服體驗江戶風情。

15:30 ~ 17:30
梅田駅
從大阪くらしの今昔館到梅田可搭乘地鐵谷町線到東梅田駅車程約5分鐘(車資約日幣180円)。遊逛大阪梅田購物百貨商圈。

17:30 ~ 19:00
滝見小路
從JR大阪駅桜橋口到滝見小路步行約10分鐘，吃大阪燒(きじスカイビル店)，建議平日傍晚17:30前用餐，才不會排隊很久。

19:00 ~ 20:00
梅田空中庭園展望台
從滝見小路到梅田空中庭園展望台步行約1分鐘抵達，可使用大阪周遊卡上展台看大阪市夜景。

20:00 ~ 20:40
前往天王寺
到大阪駅搭乘JR大阪環狀線回到天王寺車程約25分鐘(車資約日幣200円)，或搭乘地鐵御堂筋線到天王寺車程約18分鐘(車資約日幣280円)，夜宿天王寺。

玩樂篇

單日精選行程B
天保山商圈、心齋橋、道頓堀

09:00 ~ 09:50

難波前往大阪港
從難波駅搭乘地鐵御堂筋線到本町駅，再轉地鐵中央線到大阪港駅車程約30分鐘(車資約日幣280円)，往1號出口直走往天保山方向再步行約7分鐘抵達。

09:50 ~ 13:30

大阪港天保山商圈
天保山商圈範圍包含海遊館、浪花美食橫丁、天保山大觀摩天輪及聖瑪麗亞號等，很適合親子旅遊，中午可在浪花美食橫丁用餐。

13:30 ~ 14:00

前往心齋橋、道頓堀
從大阪港駅搭乘地鐵中央線到本町駅，再轉地鐵御堂筋線到心齋橋駅車程約25分鐘(車資約日幣280円)，往6號出口即可抵達心齋橋筋商店街。

14:00 ~ 20:30

心齋橋、道頓堀商圈
心齋橋、道頓堀商圈是購買血拼藥妝、百貨服飾，吃美食的天堂，可使用大阪周遊卡前去搭乘道頓堀水上觀光船、參觀上方浮世繪館等。

20:30 ~ 21:00

前往難波
到心齋橋駅搭乘御堂筋線回到難波車程約3分鐘(車資約日幣180円)，或道頓堀→難波，步行約10分鐘，夜宿難波。

單日精選行程C
黑門市場、千日前商圈、
天王寺、通天閣

09:00 ~ 09:30
大阪梅田前往黑門市場
從梅田駅搭乘地鐵御堂筋線到難波駅，再轉地鐵千日前線到日本橋駅車程約16分鐘(車資約日幣240円)，往10號出口直走再步行約1分鐘即可抵達。

09:30 ~ 10:30
黑門市場
建議早上09:30～11:30期間到黑門市場吃海鮮壽司及海鮮丼飯，因中午期間人潮較多。

10:30 ~ 11:30
千日前商圈、BIC CAMERA
日本橋及千日前商圈有許多電器3C用品店可以逛逛，從日本橋到千日前步行約6分鐘。電器賣場BIC CAMERA營業時間為10:00～21:00，中午開始人潮較多。

11:30 ~ 13:30
心齋橋、道頓堀商圈
從千日前商圈到心齋橋、道頓堀商圈步行約6分鐘，血拼購物、吃美食的天堂，可使用大阪周遊卡前去搭乘道頓堀水上觀光船、參觀上方浮世繪館等。

13:30 ~ 14:00
通天閣
從心齋橋駅搭乘地鐵御堂筋線到動物園前駅車程約6分鐘(車資約日幣230円)，往1號出口或5號出口，步行約7分鐘抵達。

14:00 ~ 16:00
通天閣商圈、JANJAN橫町
通天閣商圈、JANJAN橫町有許多美食，包括日式餃子、串燒炸物、拉麵等，可使用大阪周遊卡前去新世界泡溫泉，及參觀通天閣等。

16:00 ~ 20:30
天王寺、阿倍野商圈
從動物園前駅搭乘地鐵御堂筋線到天王寺駅車程約3分鐘，MIO出口即可抵達。附近有天王寺地下街、天王寺公園、動物園、近鐵百貨、阿倍野展望台等。

20:30 ~ 21:00
大阪梅田
到天王寺駅搭乘地鐵御堂筋線回到梅田車程約20分鐘(車資約日幣280円)，夜宿梅田。

神戶
Kobe

單日精選行程A
City Loop 一日遊

09:00 ~ 09:30
前往北野異人館
從三宮中心街東口站牌(6號)，或地鐵三宮站前站牌(7號)搭乘City Loop觀光巴士前往北野異人館。約17分鐘抵達，車資約日幣260円。

09:30 ~ 13:00
北野異人館
街道上有許多異國建築，例如：風見雞の館、萌黃の館、萊茵の館、仏蘭西館(洋館長屋)、香りの家・オランダ館等。

13:00 ~ 14:00
神戶港塔
從北野異人館站牌(10號)搭乘City Loop觀光巴士前往美利堅公園(16號站牌)，車程約10分鐘抵達，車資約日幣260円，再步行約6分鐘抵達。

14:00 ~ 20:00
MOSAIC、Umie
從神戶港灣步行約10分鐘可以抵達購物中心MOSAIC、Umie、麵包超人博物館等。

20:00 ~ 20:40
神戶三宮&休息
離開購物中心，沿著地下街步行約5分鐘抵達JR神戶駅，搭車回到三ノ宮駅(車資約日幣130円)，回飯店休息。

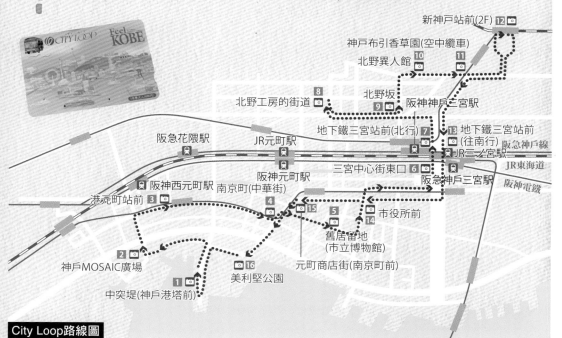

新神戶站前(2F) 12
神戶布引香草園(空中纜車)
北野異人館 10 11
北野坂
北野工房的街道 8
北野坂 9 阪神神戶三宮駅
地下鐵三宮站前(北行) 7 13 地下鐵三宮站前
阪急花隈駅 JR元町駅 (往南行) 阪急神戶線
阪神元町駅 三宮中心街東口 6 JR三ノ宮駅 JR東海道
阪神西元町駅 南京町(中華街) 阪急神戶三宮駅 阪神電鐵
港元町站前 3 4 15 5 市役所前 14
神戶MOSAIC廣場 2 舊居留地(市立博物館)
16 美利堅公園 元町商店街(南京町前)
中突堤(神戶港塔前) 1

City Loop路線圖

單日精選行程B
舞子海上體驗展覽中心、姬路城

09:00
～
09:30

前往舞子公園
從JR三ノ宮駅前往JR舞子駅，車程約23分鐘抵達，車資約日幣310円，步行約5分鐘抵達舞子公園明石海峽大橋及舞子海上體驗展覽中心。

09:20
～
11:00

舞子海上體驗展覽中心
舞子公園有許多景點可以參觀，例如：舞子海上プロムナード(觀覽展望台)、孫文紀念館、橋の科學館等。

貼心 小提醒

City Loop搭乘時間與費用
City Loop觀光巴士平日早上09:00從三宮中心街東口(6號)發車，最後一班下午17:34從神戶港塔前站牌(1號)發車；週六、週日及假日早上09:00從三宮中心街東口(6號)發車，最後一班下午17:58從神戶港塔前站牌(1號)發車。
City Loop觀光巴士不能使用任何IC卡及任何電車的周遊券，搭乘一次大人車資日幣260円、兒童(小學生以下6歲～11歲)日幣130円，一位大人陪同可以帶2位小朋友(1歲～6歲未滿者)免費搭乘。City Loop一日券日幣680円、兒童日幣340円。

11:00
～
12:00

前往姬路駅
從JR舞子駅搭乘快速班車前往姬路駅，約44分鐘抵達，車資約日幣680円，若有的班車從舞子駅只到明石駅時(約4分鐘)，可再轉乘新快速班車往姬路駅約31～37分鐘即可抵達。

12:00
～
16:00

姬路城
車站附近有各式商店、餐廳及百貨，休息之後從JR姬路駅中央口出發，步行約12分鐘抵達大手門城前入口處。參觀姬路城公園，範圍包括天守閣等。

16:00
～
20:00

三宮商店街
JR姬路駅搭乘JR山陽線新快速的班車，約41分鐘抵達三ノ宮駅(車資約日幣990円)，夜逛三宮商店街，回飯店休息。

奈良 Nara

單日精選行程
興福寺、奈良公園、冰室神社、東大寺、春日大社

08:30~09:00 近鐵奈良駅前往春日大社
近鐵奈良車站5號出口旁，可前往1號公車乘車站牌搭乘2號巴士(市內循環外回り)，在「N8春日大社表參道」站牌下車，車資日幣220円，再步行約12分鐘即可抵達。(可參考奈良巴士1日券500円)

09:00~09:50 春日大社
奈良在清晨時候的遊客不多，建議早上先前往春日大社時，沿路表參道旁的小鹿與你相處的時光另有一番風趣！

09:50~10:30 奈良公園
奈良公園範圍很大，到處可以找小鹿拍照，買鹿仙貝餅乾餵食小鹿，光是從春日大社走出來，就需步行約12分鐘。

10:30~12:00 志津香釜飯
志津香釜飯在奈良地區很有名，建議早上10:30就先到公園店排隊，每週二公休，建議出發前先瀏覽志津香官方網站查詢營業公告。

12:00~12:30 冰室神社
冰室神社在志津香公園店附近，步行約1分鐘。

12:30~13:00 奈良大佛布丁
從冰室神社前往東大寺門前市場，步行約5分鐘。雖然中餐很早享用，但接下來可以趁此時間享用甜點大佛布丁。

13:00~14:20 東大寺
參觀東大寺。從南大門前往東大寺本殿，步行約6分鐘。欣賞日本第一青銅大佛。

14:20~15:00 興福寺
從東大寺前往興福寺，步行約15分鐘。欣賞日本鎌倉時代後期所留下來的國寶文物。

15:00~17:00 三条通、小西櫻花通、東向通
三条通、小西櫻花通、東向通等商店街在近鐵奈良駅旁，從興福寺前往商店街，步行約5分鐘抵達。因奈良地區比較純樸，商店街的店鋪也比較早關門，可安排早點回飯店休息。

JR奈良駅交通平面圖

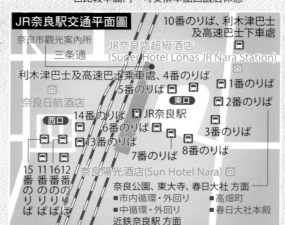

10番のりば，利木津巴士及高速巴士下車處

奈良市觀光案內所
三条通
JR奈良站超級酒店
(Super Hotel Lohas JR Nara Station)

利木津巴士及高速巴士乘車處，4番のりば
5番のりば
1番のりば

奈良日航酒店
2番のりば

14番のりば
JR奈良駅 東口
6番のりば
3番のりば

西口
13番のりば
7番のりば
8番のりば

15番のりば　11番のりば　16番のりば　12番のりば
奈良陽光酒店(Sun Hotel Nara)

奈良公園、東大寺、春日大社 方面
■市內循環・外回り　■高畑町
■中循環・外回り　■春日大社本殿
近鉄奈良駅 方面
■近鉄奈良駅　■県庁前

貼心 小提醒

「奈良市內循環外回り」乘車處
若你住宿的飯店在JR奈良駅附近，可在近鐵奈良駅(近3號出口)的巴士乘車處9號站牌，搭乘市內循環外回り，車資約日幣220円。

多日暢遊行程

5天4夜 漫遊京都大阪行程

DAY 1

09:00 ~ 11:20
關西空港
入境時間需依現場狀況為主。
- JR Office Ticket排隊購買車券(二擇一)，關西地區周遊券Kasai Area Pass 1日券，或JR Haruka + ICOCA套票(請第一天使用)
- 可買環球影城入場券。

11:20 ~ 14:00
京都駅、飯店Check-in
從關西機場搭乘Haruka到京都駅車程約78~80分鐘，拉行李至飯店Check-in及附近休憩享用中餐，建議住宿在京都駅附近。

14:00 ~ 15:30
伏見稻荷大社
從JR京都駅搭乘奈良線至JR稻荷駅車程約5分鐘，車資約日幣150円，行經表參道，步行約3分鐘即可抵達。

15:30 ~ 16:30
東福寺
從JR稻荷駅搭乘奈良線至東福寺駅車程約2分鐘，車資約日幣150円，步行約10分鐘抵達。

16:30 ~ 21:00
京都塔&休息
從東福寺駅搭乘奈良線至京都駅車程約3分鐘，車資約日幣150円。逛百貨及享用晚餐，從京都駅中央口就可以看到京都塔，步行約2分鐘抵達。飯店休息。

DAY 2

08:30 ~ 10:00

清水寺、地主神社
從京都駅搭乘206或急行100巴士至五条坂站牌下車，車程約18分鐘，車資約日幣230円，步行約10分鐘即可抵達。

10:00 ~ 11:30

高台寺、寧寧之道
從清水寺步行經三年坂及二年坂至高台寺約18分鐘抵達高台寺。高台寺旁有一條石階小徑可前往寧寧之道，步行約3分鐘即可抵達。

11:30 ~ 12:30
八坂神社
從寧寧之道前往八坂神社步行約7分鐘即可抵達。可在西樓門享用許多攤位販賣的美食。

12:30 ~ 14:00

花見小路
從八坂神社前往花見小路步行約3分鐘即可抵達。路口處有一間星巴克，可以進去看看城市杯，在四条通上也有幾間知名的冰品店。

14:00 ~ 16:00

錦市場、錦天滿宮
從花見小路前往錦市場，步行約12分鐘即可抵達。除了錦小路通必逛之外，還有新京極商店街也非常熱鬧。

16:00 ~ 20:30

河原町通&四条通
從錦小路通走出四条通大馬路，往河原町駅方向，四条通與河原町通交界處有0101與高島屋百貨，地下街第18號出口處有大丸百貨。

20:30 ~ 21:00

京都駅&休息
從大丸百貨前往四条駅搭乘京都地下鐵，往京都駅方向，車程約5分鐘，車資約日幣220円。飯店休息。

DAY 3

09:00 ～ 10:30 大阪
飯店Check-out拉著行李從京都駅前往大阪駅,可搭乘JR京都線新快速班車,車程約29分鐘抵達,車資約日幣570円。建議住宿在大阪駅或梅田駅附近,先將行李寄放在飯店內,晚上再回來辦理Check-in。

10:30 ～ 14:30 大阪梅田商圈
大阪梅田車站附近有LUCUA、LUCUA 1100、Grand Front Osaka、大丸、阪急、Yodobashi等百貨商場,可以讓你盡情享受美食及購物的樂趣。

14:30 ～ 18:30 心齋橋、道頓堀
從梅田駅搭乘地鐵御堂線心齋橋駅6號出口即可抵達,車程約8分鐘,車資約日幣230円。心齋橋筋、道頓堀等商店街,以及美國村可以讓你盡情享受美食及購物的樂趣。

18:30 ～ 20:30 難波
從道頓堀行經千日前通商店街至難波,步行約5分鐘即可抵達,除了美食及服飾商店之外,附近還有BIC CAMERA 3C電器商場。

20:30 ～ 21:00 梅田駅&休息
從難波搭乘地鐵御堂筋線至梅田駅,車程約8分鐘,車資約為日幣230円。飯店休息。

DAY 4

08:00 ～ 20:00 大阪環球影城一日遊
從大阪駅前往ユニバーサルシティ駅,可搭乘JR環狀線往桜島方向,車程約12分鐘抵達,或在西九條駅轉JRゆめ咲線到ユニバーサルシティ駅即可抵達,車程約13分鐘,車資約日幣180円。

DAY 5

09:00 ～ 10:30 大阪城公園
先辦理Check-out,行李寄放櫃檯。從大阪駅可搭乘JR環狀線前往大阪城公園駅,車程約9分鐘抵達,車資約日幣160円。從3號出口步行約20分鐘抵達大阪城。

10:30 ～ 17:30 臨空城購物中心
回到飯店整理行李,從大阪駅可搭乘JR關空快速列車前往りんくうタウン駅,車程70～80分鐘抵達,票價約日幣1,020円。行李可寄放置物櫃。

19:30 ～ 20:00 關西機場
預定晚上22:00航班,從りんくうタウン駅可選擇搭乘JR關空快速列車或南海急行列車前往關西空港駅,車程約6分鐘抵達,票價約日幣370円。

7天6夜 關西物語行程

DAY 1

12:00 ~ 14:20

關西空港

入境時間需依現場狀況為主。
Travel Desk購買車券：
- 阪神電鐵一日券
- 可買環球影城入場券
- 南海自動售票機購前往難波買一般票券日幣930円。

14:20 ~ 16:00

難波駅、飯店Check-in

從關西機場搭乘南海電空港急行班車到難波駅，車程約44分鐘，拉行李至飯店Check-in及附近休息，建議住宿在難波駅附近。

16:00 ~ 17:00

住吉大社

從難波駅搭乘南海電鐵班車到住吉大社駅，車程約10分鐘，車資約日幣210円，步行約3分鐘即可抵達。

17:00 ~ 20:30

天王寺、阿倍野商圈

從住吉鳥居前駅搭乘阪堺上町線電車到天王寺駅，車程約20分鐘，車資約日幣210円。夜逛百貨商圈及阿倍野展望台看夜景。

20:30 ~ 21:30

難波&休息

從天王寺駅回到難波駅及休息。
搭地鐵御堂筋線車程約8分鐘，車資約日幣230円；若搭JR大和線至JR難波駅車程約7分鐘，車資約日幣160円。

DAY 2

08:00 ~ 20:00

大阪環球影城一日遊

從難波駅搭乘阪神難波線至西九條駅，轉乘JRゆめ咲線到ユニバーサルシティ駅即可抵達，車程約25分鐘抵達，車資約日幣370円。

DAY 3

09:00 ~ 11:40

甲子園

這天可使用阪神電鐵一日券，從阪神難波駅搭乘阪神難波線至尼崎駅，轉乘阪神本線至甲子園駅，車程約30分鐘，車資約日幣360円。從甲子園駅步行約3分鐘即可抵達甲子園棒球場。若你是棒球迷的話，可以參觀甲子園歷史博物館。

11:40 ~ 14:00

三宮中心商店街

從甲子園駅搭乘神戶本線至神戶三宮駅約20分鐘即可抵達，車資約日幣270元，可逛丸井0101百貨、SOGO百貨店、三宮OPA等購物中心。

14:00 ~ 15:30

神戶元町商店街

從三宮中心商店街至元町商店街步行約8分鐘即可抵達，可逛南京町中華街、大丸百貨店、UNIQLO、ABC MART。

15:30 ~ 19:30

MOSAIC、Umie

從元町商店街步行15分鐘抵達購物中心MOSAIC、Umie、麵包超人博物館等。夜晚可以欣賞港灣夜景。

19:30 ~ 21:00

難波&休息

步行往地下街JR神戶駅及高速神戶駅的方向，步行約13分鐘，搭乘阪神線回大阪難波飯店休息，車資約日幣540円。

DAY 4

08:30 ~ 10:00

黑門市場
從難波駅步行至黑門市場約10分鐘。

10:00 ~ 12:30

日清泡麵發明紀念館
從難波駅搭乘地鐵御堂筋線至梅田駅，車資約日幣230円，轉搭乘阪急電車寶塚線至池田駅，車資約日幣270円，車程約35分鐘。從池田駅前往日清麵館，步行約8分鐘即可抵達。DIY做泡麵。

12:30 ~ 21:00

難波、心齋橋、道頓堀
步行逛難波、道頓堀、千日前通、心齋橋筋等商店街，除了美食及服飾商店之外，附近還有BIC CAMERA 3C電器商場及藥妝店。步行回到難波飯店休息。

DAY 5

09:00 ~ 10:00

近鐵奈良駅
飯店Check-out拉行李從近鐵難波駅搭乘難波奈良線快速急行班車至近鐵奈良駅，車程約43分鐘，車資約日幣570円。行李寄置物櫃。

10:00 ~ 11:00

春日大社
近鐵奈良駅5號出口旁，可前往1號公車乘車站牌，搭乘2號巴士(市內循環外回り)，在「N8春日大社表參道」站牌下車，車資約日幣220円，再步行約12分鐘即可抵達。

11:00 ~ 13:00

奈良公園、冰室神社
奈良公園範圍很大，而且到處可以找小鹿拍照，買一份鹿仙貝餅乾(日幣100円)餵食小鹿，光是從春日大社走出來，就要步行約12分鐘。冰室神社在奈良博物館附近。中餐及休息。

13:00 ~ 15:20

東大寺、興福寺
參觀東大寺。從南大門前往東大寺本殿，步行約6分鐘。欣賞日本第一青銅大佛。從東大寺前往興福寺，步行約15分鐘。欣賞日本鐮倉時代後期所留下來的國寶文物。

15:20 ~ 17:00

三条通、小西櫻花通、東向通
三条通、小西櫻花通、東向通等商店街在近鐵奈良駅旁，從興福寺前往商店街，步行約5分鐘抵達。因奈良地區比較純樸，商店街的店鋪也比較早關門，可安排早點回飯店休息。

17:00 ~ 20:20

京都駅&休息
拉著行李前往京都駅，飯店Check-in，晚餐後隨處逛逛及休息。從近鐵奈良駅搭乘近鐵特級電車至近鐵京都駅車資日幣1,160円，若你搭乘一般電車要到大和西大寺駅轉乘至京都駅，車資為日幣640円。若搭乘前往國際会館方向的電車，京都地鐵烏丸線可至京都駅，車資約日幣970円。

DAY 6

09:00 ~ 10:40

醍醐寺
可購買京都地鐵一日券，從京都駅搭乘烏丸地鐵至烏丸御池駅轉乘東西線至醍醐駅，車資約日幣330円，再步行約15分鐘即可抵達。

10:40 ~ 13:30

南禪寺、永觀堂
從醍醐駅搭乘地鐵東西線至蹴上駅，車資日幣290円，再步行約10分鐘即可抵達南禪寺。中餐及休息。從南禪寺到永觀堂步行約5分鐘。

13:30 ~ 15:00

平安神宮
從南禪寺步行至平安神宮約20分鐘即可抵達。

15:00 ~ 20:30

京都駅、百貨、京都塔
從平安神宮步行東山駅約15分鐘，從東山駅搭乘地鐵東西線至京都駅約20分鐘即可抵達，車資約日幣260円。夜逛百貨及地下街。

DAY 7

09:00 ~ 10:40 伏見稻荷大社
從JR京都駅搭乘奈良線至稻荷駅車程約5分鐘，車資約日幣150円，行經表參道，步行約3分鐘即可抵達。

10:40 ~ 12:30 關西機場
預定下午14:30航班，整理好行李，辦理Check-out，可到京都駅JR綠色窗口購買JR Haruka優惠車票，搭乘JR　Haruka至關西機場車程約80分鐘，車資原價約日幣2,900円。

10天 9夜 暢遊關西四都行程

DAY 1

09:00 ~ 11:20 關西空港
入境時間需依現場狀況為主。
在南海電鐵自動售票機購買Kansai Int'l Airport to Osaka City Subway，第一天使用。
JR Office Ticket排隊購買車券：
• 關西地區廣域型周遊券(JR Kansai West Rail Pass)，於第四天至第八天使用。
• ICOCA & HARUKA單程方案(第十天使用)。

11:20 ~ 14:00 梅田駅、飯店Check-in
使用剛購買的南海票券，從關西機場駅搭乘南海空港急行的班車到難波駅，車程約44分鐘抵達，再轉搭乘地鐵御堂筋線至梅田駅，拉行李至飯店Check-in及附近休憩享用中餐，建議住宿在大阪梅田駅附近。

14:00 ~ 16:30 難波
從梅田駅搭乘地鐵御堂線至難波駅，步行約5分鐘行經地下街B19出口處，即可抵達BIC CAMERA 3C電器商場，還有千日前商店街、美食及服飾商店。

16:30 ~ 20:30 心齋橋、道頓堀
從千日前商店街步行約6分鐘可抵達道頓堀商店街，還可逛心齋橋筋、美國村等商店街，盡情享受美食及購物的樂趣。

20:30 ~ 21:00 梅田駅&休息
從心齋橋駅搭乘地鐵御堂筋線至梅田駅車程約6分鐘，車資約日幣230円。飯店休息。

DAY 2

08:30 ~ 09:10 大阪駅前往大阪城
從JR大阪駅搭乘JR環狀線到大阪城公園駅車程約12分鐘，車資約日幣160円，往3號出口行經大阪城公園，步行約20分鐘抵達大阪城天守閣。

09:10 ~ 11:00 大阪城公園、天守閣
若在櫻花及楓葉季節，要多留點時間在公園內走走，參觀天守閣日本百年文物及歷史。

11:00 ~ 20:30 天王寺、阿倍野商圈
從大阪城公園駅搭乘JR大阪環狀線到天王寺駅車程約15分鐘，車資約日幣160円，從MIO出口即可抵達。附近有天王寺地下街、天王寺公園、動物園、近鐵百貨、阿倍野展望台等，還可步行至通天閣。

20:30 ~ 21:00 大阪梅田&休息
從天王寺駅搭乘地鐵御堂筋線線回到梅田車程約20分鐘，車資約日幣280円，飯店休息。

DAY 3

09:30 ~ 20:30

大阪萬博紀念公園一日遊
從大阪梅田駅可搭地鐵御堂筋線至千里中央駅，再轉乘大阪單軌(Monorail)電車至萬博紀念公園駅，車程約35分鐘，再步行約3分鐘即可抵達，單程車資約日幣620円。

DAY 4

08:00 ~ 13:00

姬路駅
請開始使用關西地區廣域型周遊券，可搭乘西日本JR電鐵的班車。從JR大阪駅搭乘京都前往JR新大阪駅，車程約3分鐘抵達，車資約日幣160円，轉乘山陽新幹線往姬路駅方向車程最快30分鐘抵達，車資約日幣3,280円。從JR姬路駅中央口步行約12分鐘抵達大手門城前入口處。參觀姬路城公園，範圍包括天守閣等。姬路駅附近有各式商店、餐廳及百貨。

13:00 ~ 13:40

前往新神戶駅
從JR姬路駅搭乘山陽新幹線前往新神戶駅約20分鐘抵達，車資約日幣2,750円。

13:30 ~ 16:30

北野異人館
從新神戶駅，走地下道往南出口方向，步行約10分鐘抵達，街道上有許多異國建築，例如：風見雞の館、萌黃の館、萊茵の館、仏蘭西館(洋館長屋)、香りの家・オランダ館等。

16:30 ~ 17:00

大阪駅&休息
從新神戶駅搭乘山陽新幹線至新大阪駅，車資約日幣1,520円，車程約12分鐘，再轉搭乘前往大阪駅，車資約日幣160円。夜逛梅田商圈及空中庭園，飯店休息。

DAY 5

09:30 ~ 12:20

JR竹田駅
從JR大阪駅出發，建議搭乘09:38的JR特級はまかぜ列車前往兵庫縣竹田駅(往浜坂駅方向)，車程約125分鐘抵達，特級車資約日幣4,060円。建議出發前自行準備輕食，時刻表以官網及車站現場為主。

12:00 ~ 14:20

竹田城跡
從JR竹田駅搭乘天空巴士12:00前往竹田城跡巴士乘車處，單程大人日幣260円，中途經山城之鄉，車程約20分鐘抵達，再步行約4分鐘抵達入口處。若中途停山城之鄉吃中餐的話，建議購買天空巴士1日券。

14:20 ~ 17:30

大阪駅&休息
從竹田城跡巴士乘車處建議搭乘14:20天空巴士前往竹田駅(時刻表以現場公告為主)，單程大人日幣260円，車程約35分鐘抵達。建議等待15:05的JR特級はまかぜ列車前往JR大阪駅。晚餐夜逛後可回飯店休息。

DAY 6

08:00 ~ 09:30

JR奈良駅
辦理Check-out，拉行李搭乘JR大和線的班車前往至奈良。從JR大阪駅搭乘區間快速的班車前往JR奈良駅，車程約60分鐘抵達，車資約日幣810円，中途可以選擇在新今宮駅或天王寺駅轉乘JR大和線至奈良駅。記得將行李放入置物櫃裡。

09:30 ~ 10:50

春日大社
奈良車站東口公車2號站牌搭乘2號巴士(市內循環外回り)，在「N8春日大社表參道」站牌下車，車資日幣220円，再步行約12分鐘抵達。

10:50〜13:00 奈良公園

奈良公園範圍很大,而且到處可以找小鹿拍照,買鹿仙貝餅乾餵食小鹿,光是從春日大社走出來,就需步行約12分鐘。中午用餐與休憩一下。

13:00〜14:50 東大寺、興福寺

參觀東大寺。從南大門前往東大寺本殿,步行約6分鐘。欣賞日本第一青銅大佛。從東大寺前往興福寺,步行約15分鐘。欣賞日本鎌倉時代後期所留下來的國寶文物。

14:50〜16:20 三条通、小西櫻花通、東向通

三条通、小西櫻花通、東向通等商店街在近鐵奈良駅旁,從興福寺前往商店街,步行約5分鐘抵達。

16:20〜20:30 京都駅、京都塔&休息

可在近鐵奈良駅(近3號出口)的巴士9號站牌搭乘市內循環外回り,車資約日幣220円回到JR奈良駅,領回行李搭乘JR奈良線快速班車至京都駅,車程約50分鐘,車資約日幣720円。前往飯店Check-in,晚餐、夜逛商店街、百貨及京都塔看夜景,飯店休息。建議住宿選擇京都駅附近。

DAY 7

08:00〜12:50 美山町

從JR京都駅建議搭乘平日08:05前往日吉駅,再轉搭乘09:10南丹市營巴士前往北(かやぶきの里),車程約100分鐘抵達,單程大人日幣770円。建議出發前自行準備輕食,時刻表以官網及車站現場為主。

12:50〜16:30 二条城

建議搭乘12:51返回京都方向,從JR日吉駅搭乘14:03前往二条駅,單程大人日幣680円,從東口方向再步行約15分鐘抵達。時刻表以現場公告為主。

16:30〜20:30 京都駅&休息

從JR二条駅搭乘JR山陰線回到JR京都駅,車資日幣190円,或從地下鉄烏丸線二条城前駅至烏丸御池駅,再轉乘地下鉄東西線京都駅,車程約12分鐘,單程車資日幣260円,晚餐後須早點休息。

DAY 8

09:00〜10:30 伏見稲荷大社

從JR京都駅搭乘奈良線至稲荷駅車程約5分鐘,車資約日幣150円,行經表參道,步行約3分鐘即可抵達。

玩
樂
篇

10:30 ~ 13:00

宇治、平等院

從JR稻荷駅前往JR宇治駅,搭乘JR奈良線普通班車,車程約20分鐘(車資約240円)→平等院(步行約12分鐘)→宇治街道中餐及休憩。

13:00 ~ 20:00

河原町、錦市場

從JR宇治駅搭乘快速班車至京都駅,車程約20分鐘,車資約日幣240円,再搭乘京都地鐵至四条駅,車程約5分鐘,車資日幣220円。前往河原町及四条通,步行約8分鐘。

20:00 ~ 20:30

京都駅&休息

從四条駅搭乘地鐵烏丸線至京都駅,車程約5分鐘,車資約日幣220円,回到飯店整理行李及休息。

DAY 9

08:00 ~ 12:30

嵐山地區

建議自備輕食(中餐),從JR京都駅搭乘JR山陰本線(31~33月台)普通電車到JR嵯峨嵐山駅約17分鐘即可抵達。車資約日幣240円。從嵯峨嵐山駅→中村屋總本店吃可樂餅(步行約5分鐘)→嵐山渡月橋(步行約10分鐘)→天龍寺(步行約10分鐘)→野宮神社(步行約5分鐘)→竹林步道(步行約5分鐘)→中餐及休憩。

12:30 ~ 13:30

御室仁和寺

從嵐山駅可搭乘京福電鐵嵐山本線至帷子之辻駅,再轉乘京福電鐵北野線前往御室仁和寺駅下車,車程約30分鐘,車資約日幣220円,再步行約3分鐘即可抵達。

13:30 ~ 15:00

金閣寺

從嵐山地區嵐山駅搭乘京福電鐵(嵐電)至北野白梅町駅,中途需在帷子ノ辻駅轉乘北野線,車程約35分鐘,車資約220円,再步行約15分鐘抵達。

15:00 ~ 16:30

北野天滿宮、平野神社(可二擇一)

從金閣寺前往平野神社,步行約10分鐘,再往北野天滿宮,步行約7分鐘抵達。

16:30 ~ 20:30

京都駅&休息

從北野天滿宮前巴士站牌搭乘急行101巴士前往京都駅,車程約30分鐘,車資約日幣230円。

DAY 10

09:00 ~ 11:00

京都御所

從JR京都駅搭乘地鐵烏丸線至今出川駅3號出口,車程約10分鐘,往乾御門方向再步行約5分鐘即可抵達,車資約日幣260円。

11:00 ~ 14:00

關西空港

整理好行李,預定下午16:00的航班,從京都駅搭乘JR HARUKA(車程約80分鐘,車資約日幣2,900円)前往關西機場。

通訊篇
Communication

在關西當地知道如何撥打國際電話回台灣嗎？如何Wi-Fi上網？

上網方案這麼多該如何選擇才適合？本篇介紹各種上網的方式，
以及郵寄明信片的方法。

如何打電話？

雖然手機漫遊很方便，但漫遊費用可不少。緊急時記得可利用公用電話求救喔！

日本一般公用電話可以使用日幣10円、100円硬幣及IC電話卡撥打國內及國際電話，電話卡有日幣500円和1,000円2種，1,000円的電話卡可打105次10円的電話，假如你遇到緊急的狀況，可以撥打119叫救護車及消防車，或者撥打110報警呼救。

從日本關西撥打電話回台灣方法

撥打電話方式	國際碼	國碼	區域代碼	電話號碼
電話撥打台灣市話	001	886	區域代碼去0	XXXX-XXXX
電話撥打台灣手機	001	886	N/A	912-XXX-XXX 手機號碼去0
使用台灣手機撥打電話	N/A	+886	N/A	912-XXX-XXX 手機號碼去0

從台灣撥打電話至日本關西方法

撥打電話方式	國際碼	國碼	區域代碼	電話號碼
台灣電話撥打當地市話	002	81	區域代碼去0	XXXX -XXXX
台灣手機撥打當地市話	002	81	區域代碼去0	6-XXXX-XXXX 手機號碼去0
台灣手機撥打日本手機	002	81	手機號碼去0	70-XXXX-XXXX 手機號碼去0

行動網路通訊APP

A P P

近幾年使用智慧型手機的人愈來愈多，也非常普及，而且依賴APP軟體的人也愈來愈多，只要能夠連線網路，就可以使用行動APP軟體Google Map地圖導航GPS至你前往的景點，也可以使網路通訊APP軟體撥打電話給親朋好友聊聊日本關西旅遊有多好玩！好用的網路通訊APP軟體包括Line、Skype、WhatsApp、Facebook等。

撥打電話小提醒

- 使用自己的台灣手機門號撥打回台灣之前，要先與你的電信公司確認，是否有開通日本國際通話漫遊的服務哦！
- 智慧型手機已成為現代的通訊主流，撥打方法為「0按鍵」壓2秒後顯示為「＋」符號，再撥打886(國家碼)-912-XXXXXX(手機門號)。
- 在日本關西當地撥打市內電話的方法，例如大阪XXX酒店的市內電話號碼為06-XXXX-XXXX，撥打XXXX-XXXX即可。

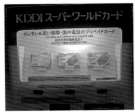

▲機場電話卡販賣機

▲行動網路通訊APP很好用

上網方式

有許多便利的上網方式供你選擇。

日本電信數據公司有docomo、Softbank、au等,在日本上網的方式有租賃Wi-Fi數據機(4G)、手機SIM卡、Wi-Fi等方案,Wi-Fi數據機也稱為Wi-Fi蛋。

數據機連線上網
Mondem

數據機連線接收日本當地的3G或4G數據網路時,會再轉換成Wi-Fi分享給手機、平板電腦或筆記型電腦連線上網。市面上租賃Wi-Fi數據機的公司或業者很多,租賃的方案也很多,每一項方案推出的內容也都不同,例如:下載容量每日100MB、200MB,或不限制下載容量(吃到飽)。租金的部分,例如:每日固定租金新台幣139～299元,或第一天租金新台幣400～600元,第二天起的租金新台幣40～250元不等。

新的機型功能支援多,租金費用就高,相對的舊機型的功能支援少,費用就便宜,租賃機器的押金約新台幣3,000～5,000元,所以要記得歸還設備哦!Wi-Fi數據機可以支援10人～15人同時連線使用,若是多人分享出資使用是滿划算的。

手機SIM卡連線上網
SIM Card

日本電信業者推出的SIM產品卡種類很多,例如:Japan Travel SIM、Yokoso SIM、So-Net SIM等,SIM卡尺寸有分為標準(Standard)卡,Micro卡與Nano卡,近幾年新款手機都使用Nano卡。通常SIM卡使用期限為30～90天,通信數據的最快速度約為150Mbps(此下載速度適合分享其他人使用),下載容量約為5GB～10GB,費用約日幣3,000円～5,000円。

若你短期間5～15天內使用的話,你可以選擇國內旅行社或網購的平台購買SIM卡,通信數據的速度分為128Kbps或256Kbps,下

載速度適合一人使用,雖然下載速度慢,但相對費用比較便宜,下載容量為2GB～5GB的費用約新台幣299～599元,若產品標示不降速的話,費用就比較高。

相關SIM的使用方法請參閱各家業者商品的操作手冊及官方網站。

當地Wi-Fi連線上網

Internet

　　日本Wi-Fi的特色與在台北TPE-Wi-Fi及CHT中華電信Wi-Fi一樣，熱點是固定的，所以你使用Wi-Fi上網時只能在固定有熱點的地方上網。Wi-Fi有分為免費使用與付費使用，通常免費使用的Wi-Fi申請步驟較為複雜，至於好不好使用？無法評論，至於付費的Wi-Fi會保持一定的使用品質。

　　航空機場、都會區的車站、百貨商圈、7-ELEVEN、Lawson、全家便利商、星巴克等地，都有docomo、Softbank等電信公司的Wi-Fi設備，你只要到官方網站申請，就會發E-mail或簡訊告訴你使用的SSID、帳號及密碼。

各種上網方案及優缺點比較表

	租賃Wi-Fi機	SIM方案	電信手機漫遊	Wi-Fi
優點	■ 一台4G Wi-Fi機可以分享多人連線使用。	■ 適合1～2人短天數旅行使用。 ■ 若SIM卡支援通信數據的速度慢的話，建議一人使用；若SIM支援通信數據的速度有300 Mbps的話，可分享多人使用。	■ 4G手機漫遊可隨時上網。 ■ 方便即時使用。	■ 機場、公眾場所Wi-Fi免費。 ■ 飯店住宿Wi-Fi免費。 ■ 與日本電信購買Wi-Fi上網連線方案品質較高，例如docomo Wi-Fi。
缺點	■ 有些方案每日有限制下載容量。 ■ 需要先使用信用卡付Wi-Fi機抵押金。 ■ 偏遠山區若無電信基地台則無法上網使用。	■ 有限制下載速度及流量。 ■ SIM卡不支援電話使用。 ■ 偏遠山區若無電信基地台則無法上網使用。	■ 單日吃到飽費用高。 ■ 若分享他人手機Wi-Fi連線上網，主要手機用電量高。 ■ 偏遠山區若無電信基地台則無法上網使用。	■ 僅能在固定位置使用。 ■ 公眾場所提供免費Wi-Fi申請程序較複雜且不容易連線上網。
費用	■ 每日限速流量費用約新台幣199元～299元。 ■ 每日吃到飽流量費用約新台幣199元～399元。 ■ 可另外參考銀行信用卡公司與租賃Wi-Fi機業者合作的優惠方案。	■ 使用7～14天為基準，有限速度及下載容量為2GB～5GB的費用約台幣299元～599元。 ■ 使用30～60天為基準，速度最高支援988 Mbps，下載容量為5GB～10GB的費用約台幣599元～999元。	■ 單日漫遊上網吃到飽方案，使用一日約新台幣399元、每天新台幣199元上網吃到飽(須申請4～30天)、漫遊上網輕量型方案15天約新台幣199元，上網下載量為1GB。相關方案請參閱各大電信公司官網。	■ 以7～21天使用Wi-Fi方案為基準，費用約新台幣300元～420元。

郵寄

可在當地購買紀念明信片透過郵局寄送給親朋好友。

日本郵局的郵遞業務主要有寄送信件、包裹、明信片、海運國際包裹，以及國際航空快遞(EMS)等方式，其中最常用的是國際航空快遞，這種郵寄方式的好處是通關手續簡單，郵遞速度快(約3～4天)，但缺點是郵資費用比較貴，會依據郵件地區及重量來計算費用。假如你選擇海運郵寄，費用雖然便宜，但等待所需的時間比較長(約28天)。

從日本寄送到台灣或其他亞洲地區的國際明信片郵資為日幣70円。郵局營業時間為09:00～17:00。

郵資
Postage

日本郵政國際快遞EMS價格表(請參閱第1地帶アジア亞洲國家的部分)：

網站：www.post.japanpost.jp/int/charge/list/ems_all.html

▲Hello Kitty紀念郵票　　▲日本郵政的郵筒

明信片的寫法
Postcard

請在明信片空白處，先寫上寄送的地址後，再寫上對方的名字即可。

地址寫法如下：

台湾 台北市XX區XXX路XX號XX樓(台灣也可以寫英文Taiwan)
陳小明收

郵筒分類
Post

郵筒的右邊是投放國際郵件，包含你要寄回台灣的明信片，左邊是投放日本國內一般郵件，若你看到日本傳統紅色郵筒的話，因為沒有分國際郵件及日本國內郵件區，所以請直接將明信片投入郵筒內即可。

應變篇
Emergency

平安就是福氣，
出國在外遊玩不希望發生意外。

日本關西的治安雖然很好，假如不小心遇到意外時，該如何應變？
本篇說明各種突發狀況及處理的方法。

東西遺失怎麼辦？

交番就是派出所。

假如在公共場所(購物商圈、商店、餐廳、球場)及交通運輸場所(車站、電車、巴士、計程車)等處遺失物品的話，可直接向相關場所的遊客服務中心或管理單位詢問，並請求協助。若物品遺失在旅途中的話，可直接向派出所警察單位請求協助。

護照遺失了怎麼辦？
Passport Missing

護照申請補發程序步驟如下：

Step 1 向警察局報失

向警察局報失(護照遺失地點附近)，並取得報失證明。

Step 2 向駐日單位辦理

向駐日單位辦理手續，相關文件如下：

- 報失證明
- 身分證或駕照
- 2張2吋彩色照片
- 返國入境證明函

Step 3 向入國管理局報到

持補發護照或入境證明函出境，若有逾期停留情形，先向入國管理局報到。詳細的內容請參閱外交部領事事務局官方網站，網站：www.boca.gov.tw。

信用卡遺失了怎麼辦？
Credit Card Missing

立即聯絡你的發卡機構，並申請掛失，若有需要另可申請緊急替代卡及緊急預借現金。

單身女性不宜去哪？
Beware

雖然日本關西的治安很好，但是在夜深人靜時，還是有機會遇到喝醉酒的怪叔叔，以及追風飆車族，所以在夜晚時，人生地不熟的你還是結伴比較好，而且百貨公司及商店街於21:00之前都會關店打烊，除了24小時營業的餐飲店及居酒屋有營業之外，建議早早回飯店休息並準備隔天的行程才是王道。

夜晚有哪些地方單身女性不宜前往呢？
- 無人窄巷、街道及公園
- 酒店風化區(切記！不允許拍照哦！)

遇到地震時怎麼辦？
Earthquake

若搭乘電車或新幹線遇到地震而延誤無法前往機場時，須聽從列車長的廣播及指揮，再來搭乘計程車前往機場，但須先請司機確認交通狀況是否安全之後，才可以前往機場。

生病、受傷怎麼辦？

出門在外不怕一萬，只怕萬一。有備無患總是比較好！

台灣每年春、秋、冬3個季節與日本關西地區平均溫度差約10℃左右，假如鼻子或氣管有過敏體質的遊客容易因氣候溫差的影響而感冒，或者你是慢性病者(如長期頭痛、胃痛、糖尿病、高血壓等)，建議請在出國之前自行準備好醫生已開好的長期藥方，並隨身攜帶。

購買成藥
Drugstore

日本大多藥局及藥妝店會有專業的藥劑師，你身體若有感冒的症狀，可以準備一張紙與筆，寫上漢字或英文的症狀來溝通，藥劑師會協助你。例如症狀為感冒，日文為「風邪」；發燒的日文為「発熱」，假如你的皮膚突然過敏紅腫，你可以現場將此症狀給藥劑師看看與諮詢，雖然日本的藥劑師可提供專業諮詢與服藥指導的服務，但若能前往醫院及診所看病才是正確的做法。

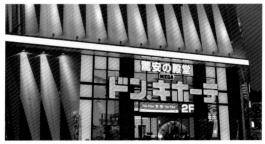

▲知名藥妝店會有專業的藥劑師(例如驚安的殿堂)

如需就診
See a Doctor

非日本國籍的人在日本醫院看病費用很高，且需全額自費，費用包括醫療費及醫藥費，你出國前可以向保險公司投保海外旅行平安險或醫療保險(記得向醫院索取診斷證明)。若遇緊急狀況或發生急病時，請撥打電話110或119叫救護車，並且立即與台灣駐日機關人員聯絡及請求協助。

大阪地區連絡電話為(81)90-8794-4568、(81)90-2706-8277，或旅外國人緊急服務專線886-800-085-095。

▲旅外國人急難救助卡

內急該怎麼辦？

內急需要找廁所，許多地方有免費廁所可提供。

俗話說人生有三急，而其中之一為內急，就是上廁所不要憋，日本這國家最令人印象深刻的地方，除了街道環境很乾淨之外，再來就是公共廁所非常的乾淨，定期會有清潔人員來整理清掃。

免費廁所哪裡找？

Toilet

假如你在旅行的途中突然內急想上廁所的話，可以前往車站、百貨公司、購物商場、知名的神社寺院、停車場旁、公園等公眾場所都有廁所可以使用。而便利商店、餐廳與加油站的部分比較特殊，若遊客要使用廁所的話，要與店員通報才能使用，而不是急忙的衝進去找廁所。對店家來說，客人來用餐或買東西的過程中突然想內急，店內一定會提供好的服務讓你上廁所，但只是單純進去上廁所就離開，以日本的禮節文化來說，是一種失禮的行為哦！

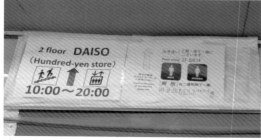

▲京都塔內的廁所指標

廁所禮節

Manners

廁所大多提供的是再生衛生紙，使用過後請直接丟入馬桶內，遇水會馬上分解，女性廁所內會多一個垃圾桶，是提供給女性朋友妥善處理衛生用品之用。

想知道大阪最美的廁所在哪嗎？在天王寺阿倍野展望台59樓的廁所，除了廁所的設備很棒之外，而是你在上廁所的同時，也可以欣賞到美美的景色哦！

應變篇

救 命 小 紙 條

個人緊急連絡卡
Personal Emergency Contact Information

姓名Name：

年齡Age：

血型Blood Type：

護照號碼Passport No：

信用卡號碼Creadit Card Contact Tel：

信用卡海外掛失電話Creadit Card Contact Tel：

旅行支票號碼Traveler's Check No.：

銀行支票海外掛失電話Traveler's Check Contact Tel：

航空公司海外電話Airline Tel：

緊急連絡人Emergency Contact (1)：

聯絡電話Tel：

緊急連絡人Emergency Contact (2)：

聯絡電話Tel：

台灣地址Home Add：(英文地址，填寫退稅單時需要)

投宿旅館Hotel Name：

旅館電話Hotel Tel：

其他備註Others：

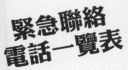

緊急聯絡
電話一覽表

關西旅遊緊急聯絡電話
警察局報案電話：**110**
消防局、救護車：**119**
台北駐日經濟文化代表處
那霸分處
098-862-7008

急難救助專線
漫遊手機撥：
(81)-90-1942-1107
境內電話直撥：
090-1942-1107
旅外國人急難救助
全球免付費專線
001-800-0885-0885

So Easy! 年度銷售排行榜冠軍旅遊書系

So Easy 自助旅行書系

So Easy 專家速成書系

填線上回函，送 "好禮"

感謝你購買太雅旅遊書籍！填寫線上讀者回函，
好康多多，並可收到太雅電子報、新書及講座資訊。

好康 1

每單數月抽10位，送珍藏版「祝福徽章」

方法：掃QR Code，填寫線上讀者回函，
就有機會獲得珍藏版祝福徽章一份。

好康 2

填修訂情報，就送精選「好書一本」

方法：填寫線上讀者回函，並提供使用本書後的修
訂情報，經查證無誤，就送太雅精選好書一本(書
單詳見回函網站)。

＊同時享有「好康1」的抽獎機會

開始在關西自助旅行
（新第四版）

http://goo.gl/SNfLXw

＊「好康1」及「好康2」的獲獎名單，我們會
於每單數月的10日公布於太雅部落格與太
雅愛看書粉絲團。

＊活動內容請依回函網站為準。太雅出版社保
留活動修改、變更、終止之權利。

太雅部落格 http://taiya.morningstar.com.tw

有行動力的旅行，從太雅出版社開始

23

太雅 23 週年慶

發票登錄抽大獎
首獎 澳洲Pacsafe旅遊防盜背包

凡於 **2020/1/1～5/31** 期間購買太雅旅遊書籍(不限品項及數量)
上網登錄發票，即可參加抽獎。

首獎
澳洲Pacsafe旅遊防盜背包 (28L)

RFID晶片
防側錄口袋

專利防盜鎖扣

2名 (市價：5,880元)

普獎
BASEUS防摔觸控靈敏之
手機防水袋

顏色
隨機出貨

80名

掃我進入活動頁面
或網址連結 https://reurl.cc/1Q86aD
活動時間：2020/01/01～2020/05/31
發票登入截止時間：2020/05/31　23:59
中獎名單公布日：2020/6/15

活動辦法

- 於活動期間內，購買太雅旅遊書籍(不限品項及數量)　，憑該筆購買發票至太雅23周年活動網頁，填寫個人真實資料，並將購買發票和購買明細拍照上傳，即可參加抽獎。
- 每張發票號碼限登錄乙次，並獲得1次抽獎機會。
- 參與本抽獎之發票須為正本(不得為手開式發票)，且照片中的發票須可清楚辨識購買之太雅旅遊書，確實符合本活動設定之活動期間內，方可參加。
- 若發票存於電子載具，請務必於購買商品時，告知店家印出紙本發票及明細，以便拍照上傳。

※ 主辦單位擁有活動最終決定權，如有變更，將公布於活動網頁、太雅部落格及「太雅愛看書」粉絲專頁，恕不另行通知。